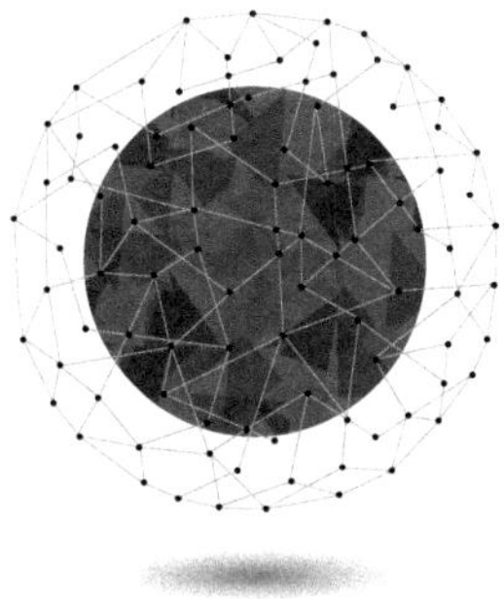

TCP/IP기초와 JAVA/C#을 활용한

네트워크 프로그래밍

장춘서 지음

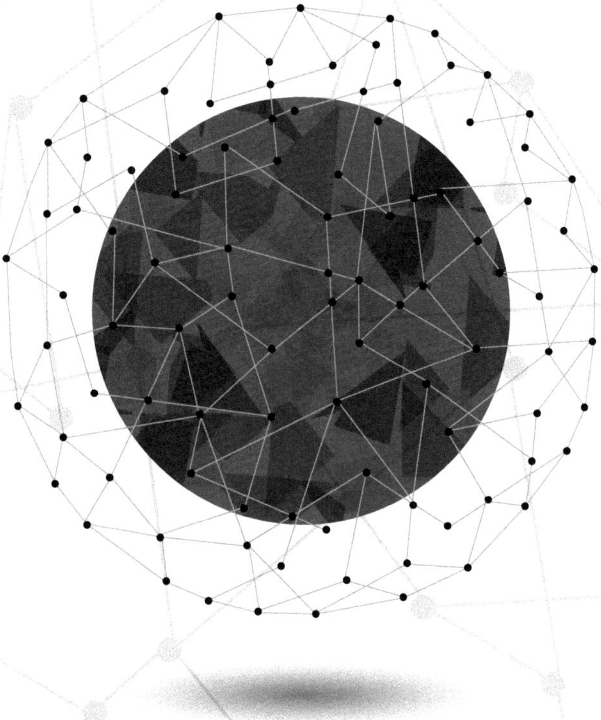

TCP/IP기초와 JAVA/C#을 활용한

네트워크 프로그래밍

카오스북
CHAOS BOOK

TCP/IP기초와 JAVA/C#을 활용한

네트워크 프로그래밍

펴낸날	2014년 8월 1일 초판 1쇄
지은이	장춘서
펴낸이	오성준
펴낸곳	카오스북
출판등록	제 406-2012-000111호
전화	031-949-2765
팩스	031-949-2766
홈페이지	www.chaosbook.co.kr
편집	디자인 콤마
정가	25,000원
ISBN	978-89-98338-42-8 93000

머리글

이 책에서는 네트워크 표준 프로토콜인 TCP/IP에 대한 상세한 설명과 이의 다양한 응용을 다루었다. 먼저 1장에서는 TCP/IP 네트워크 모델, IP 주소 및 클래스, 이더넷 프레임 구조 등에 대해 다루었고 2장에서는 TCP/IP 기본 동작으로써 IP 헤더 및 TCP 헤더의 구조와 기능, TCP 연결 설정과 흐름 제어 등에 대해 상세히 다루었다. 3장에서는 UDP와 IP 멀티캐스트에 대해 설명하였고 패킷 분석기의 사용 예를 설명하였다.

4장에서는 웹 시스템의 기반인 HTTP(hyper text transport protocol) 프로토콜에 대해 상세히 설명하였고 5장에서는 인터넷 기반 실시간 전송 프로토콜인 RTP(real-time transport protocol)에 대해 다루었다. 다음 6장에서는 네트워크 프로그래밍의 기초인 유닉스/리눅스 C 언어 소켓 프로그래밍 기법에 대해 설명하였고 7장에서는 자바 네트워크 프로그램 작성을 위해 필요한 다양한 자바 네트워크 관련 클래스들을 다루었다. 8장에서는 자바 네트워크 관련 클래스들을 사용한 네트워크 응용 프로그램 예제들을 다루었다.

9장에서는 C# 네트워크 프로그래밍 기초를 위하여 C#이 제공하는 주요 네트워크 관련 클래스의 기능 및 사용 예를 설명하였고 10장에서는 다양한 C# 네트워크 응용 프로그램 예제들을 다루었다. 따라서 본 교재를 학습하면 다음과 같은 내용의 기대효과가 생기게 된다.

- **LAN 환경 및 인터넷 환경에서의 네트워크 동작의 기초가 되는 TCP/IP 프로토콜 동작을 이해하고 응용할 수 있다.**
- **웹 시스템의 기반 프로토콜인 HTTP 프로토콜 동작을 이해하고 응용할 수 있다.**
- **유닉스/리눅스 C 소켓 함수를 이해하고 이를 이용한 네트워크 응용 프로그래밍을 작성할 수 있다.**
- **자바 네트워크 클래스를 이해하고 이를 이용한 자바 네트워크 응용 프로그램을 작성할 수 있다.**
- **C# 네트워크 클래스를 이해하고 이를 이용한 C# 네트워크 응용 프로그램을 작성할 수 있다.**

이상에서 이 책을 통하여 네트워크 시스템에 관한 응용 프로그래밍 능력을 키울 수 있기를 바란다.

목차

CHAPTER

6 유닉스/리눅스 네트워크 프로그래밍

CHAPTER

7 자바 네트워크 프로그래밍 기초

CHAPTER

8 자바 네트워크 프로그래밍 응용

TCP/IP 프로토콜 원리

CHAPTER

[1]

1-1 TCP/IP 네트워크 모델

인터넷에서 각 호스트(컴퓨터, 단말기, 스마트폰 등) 간에 데이터를 주고받는 데 사용하는 통신 방식인 TCP/IP(trnasmission control protocol/internet protocol)는 TCP 프로토콜과 IP 프로토콜을 함께 가리키지만 실제로는 단순한 통신 프로토콜이기보다는 여러 프로토콜들의 집합이다. 실제 TCP/IP 프로토콜은 TCP와 IP 프로토콜만이 아니라 UDP_ ARP/RARP_ ICMP 등의 여러 프로토콜을 포함한다. 즉 TCP/IP 라는 용어는 'TCP와 IP 프로토콜에 관련된 모든 것' 이라는 의미라고 할 수 있다.

TCP/IP 네트워크 모델(인터넷 모델)은 [그림 1-1]과 같이 5개의 계층(layer)으로 구성된다.

여기서 물리계층(physical layer)은 실제 데이터가 전송되는 라인에 해당하고 데이터 링크계층은 일대일로 마주 보는 호스트 사이에서 전송선(물리계층)을 통해 안정되

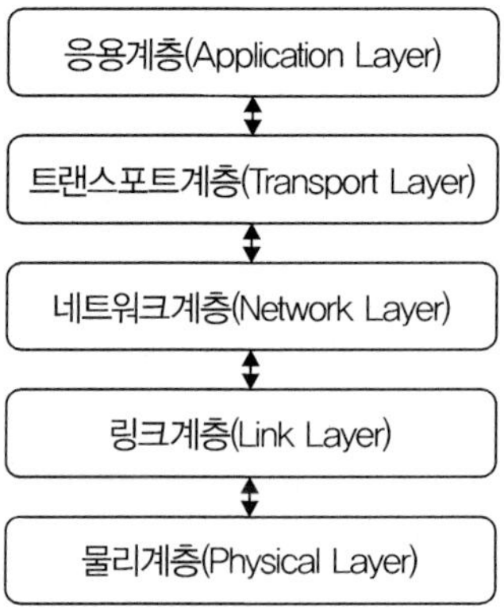

그림 1-1 TCP/IP 네트워크 모델

게 데이터를 주고받기 위한 기능을 제공한다. 유선이나 무선 이더넷(ethernet) 장치가 이에 해당한다.

위 그림에서 네트워크 계층은 네트워크로 구성된 수많은 호스트(컴퓨터)들 사이에서 데이터를 주고받기 위한 기능을 제공하며 여기에 사용되는 통신 방식이 바로 IP 프로토콜이다(앞으로는 그냥 IP라고 지칭한다). 트랜스포트 계층은 네트워크 계층이 제공하지 못하는 흐름 제어(flow control), 에러 제어(error control)와 상대방 호스트에서 실행되는 여러 개의 프로세스 중 특정한 프로세스를 지정하는 기능을 제공하는데, 여기에 사용되는 통신 방식이 바로 TCP 프로토콜이다(앞으로는 그냥 TCP라고 지칭한다). 응용 계층(application layer)은 웹브라우저나 메일 프로그램 등과 같은 실제 사용자와 접촉하는 부분이다.

다음 [그림 1-2]는 [그림 1-1]의 TCP/IP 네트워크 모델 상의 응용 계층에서 발생한 데이터가 상대방 호스트로 송신될 때 각 네트워크 계층마다 헤더가 추가되고, 목적지에 도착하면 다시 각 계층마다 헤더가 제거되어, 최종적으로 상대방 호스트의 응용 계층에는 원래 송신 측 응용 계층에서 보내진 데이터가 전달되는 모습을 보였다.

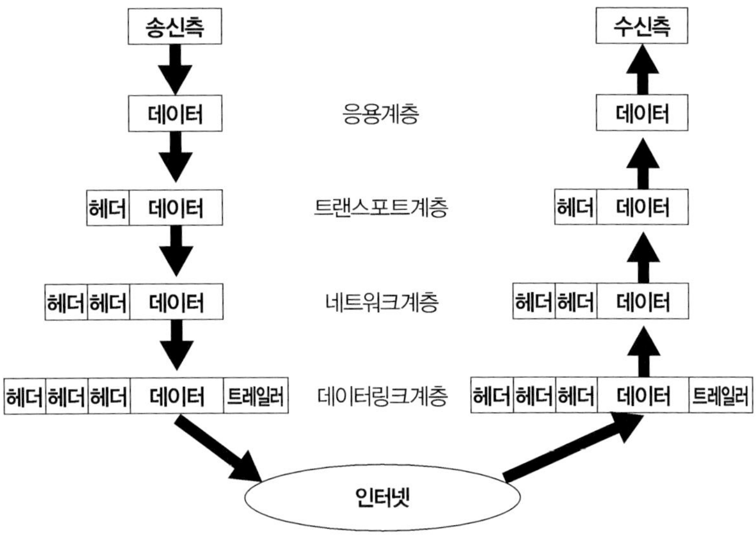

그림 1-2 각 네트워크 계층마다 헤더가 추가/제거되는 형태

위 그림에서 송신 측 응용 계층(예: 웹 프로그램)으로부터 데이터가 발생해 트랜스포트 계층으로 내려오면 원래 데이터에 TCP 헤더가 추가되고(TCP 헤더의 주요 내용은 송수신 포트번호이다), 다음 네트워크 계층으로 내려오면 IP 헤더가 추가된다(IP 헤더의 주요 내용은 송수신 IP 주소이다). 다음 데이터링크 계층으로 내려오면 이더넷 헤더(이더넷 헤더의 주요 내용은 송수신 이더넷 주소이다) 및 트레일러(주요 내용은 에러 체크를 위한 32비트 CRC 코드이다)가 추가된다. 트레일러는 데이터링크 계층에서만 추가된다.

이후 데이터(패킷)는 물리계층(전송선)을 통해 TCP/IP 네트워크로 들어가고, 네트워크 중간 중간의 라우터(router)들을 거쳐 목적지인 수신 측에 도착하면 다시 역순으로 각 계층에서 자신의 헤더 정보를 제거한 나머지 데이터를 상위 계층으로 올려보내어, 결국 목적지 응용 계층의 프로그램까지 도착하게 된다.

다음에 일반적으로 사용되는 TCP/IP 프로토콜의 목록과 기능을 [표 1-1]에 간략히 정리하였다.

표 1-1 TCP/IP 프로토콜의 목록과 기능

프로토콜명	기능
IP(internet protocol)	호스트와 호스트 사이의 데이터를 전달한다.
TCP(transmision control protocol)	연결형 프로토콜이며 각 호스트에서 수행되는 애플리케이션과 애플리케이션 사이의 신뢰성 있는 데이터 전달 기능을 제공한다.
UDP(user datagram protocol)	비 연결형 프로토콜이며 각 호스트에서 수행되는 애플리케이션과 애플리케이션 사이의 데이터 전달 기능을 제공하나, TCP에 비해 신뢰성은 보장하지 않는다.
ARP(address resolution protocol)	IP 주소에 해당하는 MAC(media access control) 주소를 찾는다.
RARP(reverse address resolution protocol)	MAC(media access control) 주소를 가지고 이에 해당하는 IP 주소를 찾는다.
ICMP(internet control message protocol)	IP 네트워크 계층에서의 에러보고 및 제어정보 전달 기능을 제공한다.
IGMP(internet group management protocol)	멀티캐스트 그룹 가입 및 탈퇴 등 멀티캐스트 관련 기능을 제공한다.

1-2 IP 주소 및 클래스

현재 사용되는 IP 주소는 32비트 주소 체계를 사용하는 IPv4(IP 버전 4)와 128비트 주소 체계를 사용하는 IPv6(IP 버전 6)이 있는데 대부분의 경우 IPv4를 주로 사용하므로 여기서는 IPv4에 대해서만 설명하고 IPv6는 1-5절에서 따로 다룬다(이 교재에서 언급되는 IP 주소는 별도로 명시한 경우를 제외하고 모두 32비트 IPv4이다).

32비트 주소 체계를 사용하는 IPv4는 주소 간 중복을 피하기 위하여 InterNIC (network information center)에서 분배하며 네트워크 영역과 호스트 영역으로 나누어진다. 이때 네트워크 영역의 값 및 비트 길이에 따라 다음 [표 1-2]에서와 같이 클래스(class)로 구분한다. 여기서 주소 범위의 숫자 부분(예: 127, 128.0, 192.0.0 등)은 네트워크 영역에서 네트워크를 서로 구분하기 위한 네트워크 ID이고 H로 표시된 부분은 0 ~ 255 사이의 값을 갖는 8비트 호스트 영역이다.

표 1-2 32비트 IP 주소 클래스 구분

클래스	최초 4비트 값	주소범위
클래스 A	0xxx(x는 0 또는 1)	0.H.H.H ~ 127.H.H.H (H는 0 ~ 255)
클래스 B	10xx	128.0.H.H ~ 191.255.H.H
클래스 C	110x	192.0.0.H ~ 223.255.255.H
클래스 D	1110	224.0.0.0 ~ 239.255.255.255 (멀티캐스트 용도)
클래스 E	1111	예약

위 표에서 클래스 A는 8비트 호스트 영역 세 개를 가지므로 전체적으로 24비트 호스트 영역을 가짐을 알 수 있다. 클래스 B는 16비트 호스트 영역을 가지며 클래스 C는 8비트 호스트 영역을 갖는다. 클래스 D는 멀티캐스트(multicast) 용도로서 클래스 A, 클래스 B, 클래스 C가 개별 호스트에 한 개씩의 IP 주소가 부여되는 데 반해 그룹개념으로 사용된다. 클래스 E는 예약된 영역이다.

IP 주소는 유니캐스트(unicast), 브로드캐스트(broadcast), 멀티캐스트(multicast)의 세 가지 범주로 나눌 수 있다. 유니캐스트는 단일 호스트를 지정하는 것이며 앞에서 나온 클래스 A, B, C에 속하는 주소들은 개별 호스트를 구분하므로 유니캐스트 주소이다. 유니캐스트 전송에서는 지정된 상대방에게만 패킷이 전달된다. 브로드캐스트 주소는 네트워크에 있는 전체 호스트를 지정하는 주소이며 주소 부분의 각 비트 값이 모두 1로 채워진다. 브로드캐스트 전송에서는 해당 네트워크의 모든 호스트에 패킷이 전달된다.

멀티캐스트 주소는 특정한 호스트 그룹에만 지정된 주소이다. 멀티캐스트에서 각 컴퓨터들은 원하는 멀티캐스트 그룹에 가입할 수 있으며, 이때 가입된 그룹으로 멀티캐스트 전송된 메시지를 받게 된다. 즉 멀티캐스트 방식의 전송에서는 패킷을 수신하길 원하는 일부의 호스트에만 선택적으로 전달할 수 있다.

● 서브넷(subnet)

InterNIC에서 할당받은 IP 주소 중 호스트 영역은 해당 기관(학교, 회사, 관공서 등)의 네트워크 관리자들이 내부의 PC에 자유롭게 할당하여 사용할 수 있는데 클래스 A나 클래스 B의 경우는 호스트 영역이 크기 때문에 보통 서브넷으로 나누어 사용한다.

예를 들어 클래스 B의 경우 16비트의 호스트 영역 중 상위 8비트를 서브넷 ID로 사용하면 내부적으로 254개의 서브넷을 구성할 수 있게 된다(서브넷 ID 상위 8비트 중 모두 1인 값과 모두 0인 값은 특수 용도로 예약되어 있으므로 제외한다). 보통 각 서브넷은 개별적인 물리적 네트워크 세그먼트(segment)로 구성되고 이때는 내부의 각 서브넷을 연결해 줄 라우터(router)가 필요하게 된다. 이때 서브넷에 속한 각 호스트(컴퓨터)

들의 서브넷 마스크(subnet mask)는 255.255.255.0이 된다. 물론 클래스 B에서 8비트만 서브넷 ID로 사용할 필요는 없고 7비트나 6비트가 서브넷 ID로 사용될 수도 있다. [표 1-3]에 서브넷 구성 예를 보였다.

표 1-3 클래스 B에서의 서브넷 구성 예

서브넷 ID 길이	서브넷 갯수	서브넷 내의 호스트 갯수	서브넷 마스크
8 비트	254	254	255.255.255.0
7 비트	126	510	255.255.254.0
6 비트	62	1022	255.255.252.0

다음 [그림 1-3]에 MS 윈도우즈에서 서브넷 마스크의 설정 예를 보였다. 여기서는 네트워크 ID가 131.31인 클래스 B 환경에서 서브넷 마스크를 255.255.255.0으로 하였으므로 서브넷 ID는 131.31 다음의 8비트가 되고 최대 254개의 서브넷을 내부적으로 구성할 수 있게 된다(예를 들어 회사인 경우 각 부서당 서브넷 한 개씩, 대학교인 경우 각 학과 당 서브넷 한 개씩을 할당할 수 있다). 각 서브넷 내에서는 최대 254개의 호

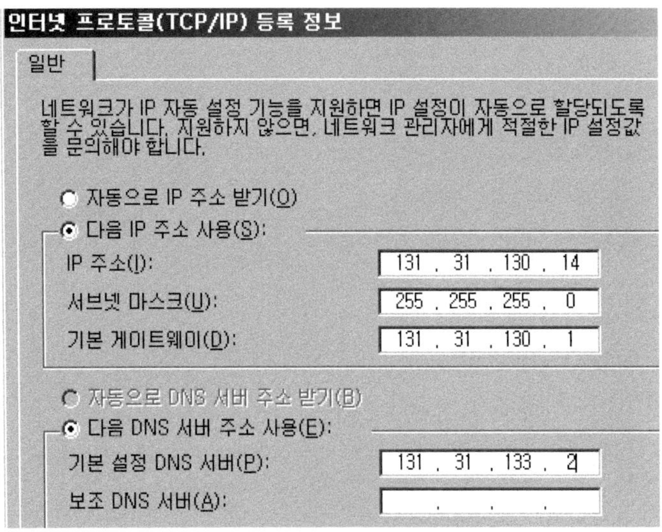

그림 1-3 서브넷 마스크의 설정 예

스트를 연결할 수 있다.

서브넷 마스크의 동작은 다음과 같다. 먼저 자신 PC의 IP 주소와 서브넷 마스크를 비트 단위로 AND를 취한 다음 상대방 IP 주소와 서브넷 마스크를 비트 단위로 AND를 취하여, 두 값이 같으면 동일한 서브넷 상에 있는 것으로 판단하고 서로 다르면 상대방이 다른 서브넷 상에 있는 것으로 판단한다. 상대방이 다른 서브넷 상에 있으면 전송하려는 패킷을 설정된 기본 게이트웨이(gateway)로 보낸다(위에서는 131.31.130.1). 이 서브넷 값이 잘못 설정되면 동일한 서브넷 상의 컴퓨터와는 연결이 되고 서브넷 밖의 컴퓨터와는 연결이 안 되는 경우가 생길 수 있다.

예를 들어 위의 PC(IP 주소 131.31.130.14)에서 IP 주소가 131.31.201.33인 동일한 기관 내의 다른 컴퓨터에 연결한다고 하자. 이때 위에서 서브넷 마스크 값은 255.255.255.0이어야 하는데, 만일 이 값이 255.255.0.0으로 잘못 입력되었다면 상대방과 연결을 위해 자신의 IP 주소인 131.31.130.14와 서브넷 마스크(255.255.0.0)와의 AND 결과는 비트단위로 AND 연산하면 다음과 같다(서브넷 마스크 255에 해당하는 자리는 8비트 모두 1이므로 IP 주소 값이 그대로이고 서브넷 마스크 0에 해당하는 자리는 8비트 모두 0이므로 해당 IP 주소 값은 0이 되기 때문이다).

131.31.0.0

상대방 IP 주소 131.31.201.33과 서브넷 마스크(255.255.0.0)와의 AND 결과도 동일한 비트단위로 AND 연산하면 위와 동일한 값인 131.31.0.0이 되어 나의 컴퓨터는 상대방이 자신과 동일한 서브넷에 있다고 판단한다. 그러나 실제로 상대방은 다른 서브넷에 있으므로 전송하려는 패킷을 게이트웨이로 보내야 하지만, 동일한 서브넷에 있다고 잘못 판단하여 게이트웨이로 보내지 않으므로 이런 경우는 연결이 안 되는 것이다.

[그림 1-3]에서 기본 게이트웨이는 현 서브넷 외부로 나가는 통로이다. 따라서 서로 통신하려는 상대방 IP 주소가 동일한 서브넷에 있지 않을 때 PC는 패킷을 이 게이트웨이 주소로 보낸다. 이 게이트웨이 주소에는 네트워크와 네트워크를 서로 연결해주는 장치인 라우터(router)의 포트가 연결되어 있다. 이 라우터를 통해 서로 다른 서브

넷들이 연결되므로 내 컴퓨터가 보낸 패킷이 게이트웨이로 가면 거기서 다른 서브넷에 위치한 목적지 IP 주소까지 갈 수 있게 된다. 따라서 이 게이트웨이 주소가 잘못되면 자기 서브넷 내에서만 연결되고 외부로는 연결되지 않는다. 즉 같은 서브넷 내에서의 컴퓨터끼리 서로 연결될 때는 게이트웨이가 필요치 않다.

● 멀티캐스트

클래스 D 멀티캐스트(multicast) 주소는 특정한 호스트 그룹에만 지정된 주소이다. 각 컴퓨터들은 원하면 그룹에 가입할 수 있으며, 이때 가입된 그룹으로 멀티캐스트 전송된 메시지를 받게 된다. 즉 멀티캐스트에서는 해당 네트워크의 모든 호스트에 IP 패킷이 전달되는 브로드캐스트(broadcast) 방식에 비해 패킷 수신을 원하는 일부의 호스트에만 선택적으로 전달할 수 있다. 여러 사람이 동시에 참여하는 화상회의 등이 멀티캐스트의 예가 될 수 있다.

클래스 D 멀티캐스트 주소는 앞에 나온 [표 1-2]와 같이 32비트 IP 주소 중 2진수로 1110인 상위 4비트와 멀티캐스트 그룹 ID로 사용되는 나머지 28비트로 구성되며, 주소 범위는 224.0.0.0 ~ 239.255.255.255이다. 클래스 A, B, C 주소는 InterNIC (network information center) 등의 네트워크 관리 기관에서 관리하는 반면, 클래스 D 주소는 사용자가 임의로 설정해 사용할 수 있으나 일부 주소는 이미 용도가 예약되어 있다(예: 주소 224.0.0.1은 전체 호스트 그룹(즉, 모든 멀티캐스트 호스트)을 나타낸다).

● 루프백 주소(loopback address)

IP 주소 127.x.x.x는 루프백 주소로서 자기 자신을 가리킨다. 보통 127.0.0.1을 사용하나 127로 시작하면 모두 같은 기능을 한다. 또는 'localhost'라는 호스트 이름도 같은 역할을 한다. 이 주소를 사용하면 실제 IP 패킷이 외부로 송신되는 것이 아니라 시스템 내부의 IP 패킷 입력 큐(input queue : 외부에서 수신된 패킷을 저장하는 장소)에 직접 들어가 이후 시스템 내에서 처리된다.

1-3 이더넷(Ethernet) 프레임

네트워크 링크 계층에서 사용되는 대표적인 기술이 이더넷(ethernet)이며 현재 대부분의 유선 LAN(local area network)에서는 이더넷을 주로 사용한다. 이더넷에서는 하나의 전송선(bus)을 통해 많은 수의 호스트(컴퓨터, 노드)가 데이터를 주고받기 위해 CSMA/CD(carrier sense multiple access/collision detection) 방식을 사용하는데 이는 기본적으로 다음과 같은 순서로 동작한다.

1. 데이터를 보내려는 호스트는 다른 호스트가 전송선을 사용하고 있지 않은지를 먼저 조사한다. 이를 캐리어 센스(carrier sense)라 하는데, 다른 호스트가 전송선을 먼저 사용 중이면 전송선에 캐리어 신호가 발생하기 때문이다. 이 과정은 전송선 한 개를 여러 노드(호스트)가 서로 공유해야 하므로 서로 간의 데이터 신호 충돌을 방지하기 위해 필수적이다.

2. 전송선을 사용하지 않으면(즉 전송선에 캐리어 신호가 없으면) 자신이 보내려는 데이터를 전송선으로 송출한다. 당연히 전송선을 이미 다른 호스트가 사용 중이면 송출을 보류하고 기다린다.

3. 데이터를 전송선으로 송출한 후에도 데이터를 내보낸 호스트는 전송선 상에서 충돌이 발생하는지를 계속 조사한다. 이를 충돌 검출(collision detection)이라 한다. 이를 해야 하는 이유는 캐리어 신호가 전송선을 따라 이동하는 데는 어느 정도 시간이 걸리므로 이쪽 호스트가 송출한 데이터 신호가 다른 쪽 호스트에 도달하기 전에 다른 쪽 호스트에서도 전송선을 사용하지 않는 것으로 판단해 데이터를 내보낼 수 있기 때문이다.

4. 충돌이 검출되면(collision detection) 양쪽 호스트는 송출 중인 모든 데이터를 취소시킨다.

5. 양쪽 호스트는 서로 임의의 시간(random time period)만큼 기다린 후 다시 처음부터 데이터 전송 과정을 시도한다. 데이터 충돌이 생길 경우 서로 기다리는 시간이 임의로 정해지기 때문에 다시 시도하면 충돌이 해결될 가능성이 높아진다.

이더넷 전송선으로는 구리선인 UTP(unshielded twist pair) 선이나 광섬유(optical fiber) 선을 주로 사용하며 과거부터 사용되던 동축케이블(coaxial cable)도 일부 사용된다(PC의 LAN 단자와 허브를 연결할 때 사용되는 선이 UTP 선이다). UTP 선의 경우 전송 속도가 보통 100 ~ 1000Mbps이며 광섬유 선은 이보다 높다(전송 속도가 1000Mbps 이상일 때를 기가비트(Gigabit) 이더넷이라 한다).

위의 이더넷 동작방식에서 알 수 있듯이 연결된 호스트 수가 많아지면 하나의 전송선을 공유하는 과정에서 충돌 발생확률이 커지고, 이 경우 데이터 전송에 지연이 발생한다. 따라서 LAN에 연결된 호스트 수가 많아지면 여러 개의 세그먼트로 분리하여 하나의 전송선을 공유하는 호스트 개수를 제한한다. 이때 서로 분리된 세그먼트를 연결하는 데 라우터(router)나 브리지(bridge)가 사용된다. 브리지는 TCP/IP 네트워크 모델(그림 1-1 참조) 상에서의 링크 계층에서 동작하는 장비이며 서로 분리된 네트워크 세그먼트를 연결하는 데 사용한다. 라우터는 TCP/IP 네트워크 모델 상에서의 네트워크 계층에서 동작하는 장비이므로 IP 주소를 인식하여 처리할 수 있어 역시 서로 분리된 네트워크 세그먼트(서브넷)를 연결하는 데 사용할 수 있다.

이더넷 프레임의 구성을 [그림 1-4]에 보였다.

프리앰블 (8바이트)	목적지주소 (6바이트)	소스주소 (6바이트)	타입 (2바이트)	데이터 (최대 1500바이트)	FCS (4바이트)

그림 1-4 이더넷 프레임의 구성

앞의 그림에서 보면 먼저 특정한 비트 패턴(101010.....)을 가진 8바이트 프리앰블(preamble)이 오면서 이더넷 프레임의 시작을 알린다. 이는 송수신 간의 비트 동기를 위한 것이며 1과 0이 반복되는 비트열로 구성된다. 다음 6바이트(48비트) 목적지 이더넷 주소가 오고, 이어서 이 프레임을 전송한 노드(컴퓨터) 자신의 6바이트 소스 이더넷 주소가 온다.

참고

[이더넷 주소]

이더넷 주소는 MAC(media access control) 주소, 하드웨어 주소, 물리 주소라고도 한다. 이더넷 LAN 카드(또는 LAN 칩)의 ROM에 심어져 있으며 LAN 카드 제작회사별로 다른 주소 영역이 할당되어 있다. 전 세계에서 사용되는 모든 네트워크 카드의 주소는 서로 다르다. 뒤에서 다룰 ARP와 RARP 프로토콜은 이 하드웨어 주소와 IP 주소를 맵핑(mapping)시키는 기능을 한다. 이 이더넷 주소의 처음 3바이트는 OUI(organizationally unique identifier)라고 하는 LAN 카드 제작회사의 고유 ID이고, 뒤의 3바이트는 해당 회사 내에서 각 카드마다 다르게 설정한 값이다. 다음 [그림 1–5]는 윈도우 7의 명령프롬프트 창에서 네트워크 관련 설정값을 표시하는 ipconfig/all 명령을 실행한 화면의 일부이다.

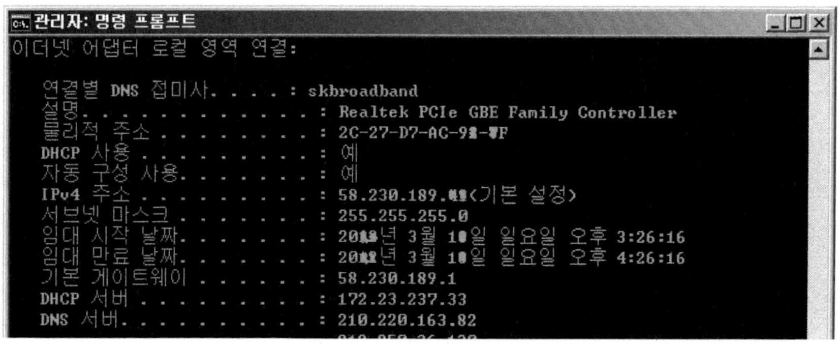

그림 1–5 이더넷 주소의 예

여기서 '물리적 주소' 부분이 48비트 이더넷 주소이다. 표기 형태는 IP 주소가 0~255사이의 10진수를 사용하는 것과는 달리 16진수를 두 개씩 묶어 모두 6개 묶음으로 48비트를 나타낸다(예: 2C–2A–D4–32–48–9A). 무선 LAN인 Wi–Fi 칩에도 역시 48비트 주소가 들어있는데, 이 경우 이더넷은 아니므로 이더넷 주소라고 하지 않고 MAC 주소라고 부른다(스마트 폰의 네트워크 설정부분에서 이 48비트 MAC 주소를 확인할 수 있다).

이더넷 주소 다음에는 2바이트 이더넷 타입(ethernet type)이 오는데, 이는 이더넷 프레임이 싣고 갈 데이터의 타입(즉 네트워크 층의 프로토콜 타입)을 표시한다. 예를 들어 IP 프로토콜이면 16진수로 0800이다(LAN 환경에서 인터넷을 사용하는 경우 이더넷 프레임에 IP 패킷이 실려 가므로 이더넷 타입 값은 0800 값을 가진다).

다음은 실제 데이터 부분이 오며 최대 길이는 1500바이트이다. 이 최대값을 MTU(maximum transfer unit)라 부른다. 실제 데이터 부분이 짧아 이더넷 프레임의 최소 길이인 64바이트가 안되는 경우에는 64바이트를 맞추기 위해 이곳에 패드(pad) 영역이 추가된다.

다음 4바이트 FCS(frame check sequence)가 온다. 이는 CRC(cyclic redundancy code) 사용을 위해 송신 측에서 추가하는 32비트 값이며, 링크 계층 전송 도중 발생할 수 있는 비트 에러를 검출하기 위한 목적이다. 이 값은 전체 데이터를 특정한 32비트 패턴으로 나머지 없이 나누어지도록 연산된 비트 열이다.

다음 [그림 1-6]에 이더넷 환경에서 TCP/IP 프로토콜을 사용한 경우 데이터의 캡슐화 과정을 보였다. 먼저 제일 상위 계층인 애플리케이션 계층에서 데이터가 발생하면 바로 아래 계층인 트랜스포트 계층에서 TCP 헤더가 붙는다. 이 TCP 세그먼트는 다시 아래 계층인 네트워크 계층에서 IP 헤더가 붙는다. 이와 같이 만들어진 IP 데이터그램은 다시 아래 계층인 링크 계층에서 이더넷 헤더와 이더넷 트레일러가 붙어 이더넷 프레임으로 구성되어 전송선(이더넷 라인)으로 송출된다. 이와 같이 [그림 1-6]에서 애플리케이션 데이터가 각 네트워크 계층을 지날 때마다 헤더가 붙어 원래 애플리케이션 데이터를 감싸는 것을 알 수 있다. 이를 데이터의 캡슐화(encapsulation)라 한다.

IP 주소가 가리키는 목적지가 동일한 LAN 서브넷 상에 있으면, 이 이더넷 프레임은 이더넷 헤더에 있는 목적지 주소(이더넷 주소)를 가진 호스트에게 전달되어 여기

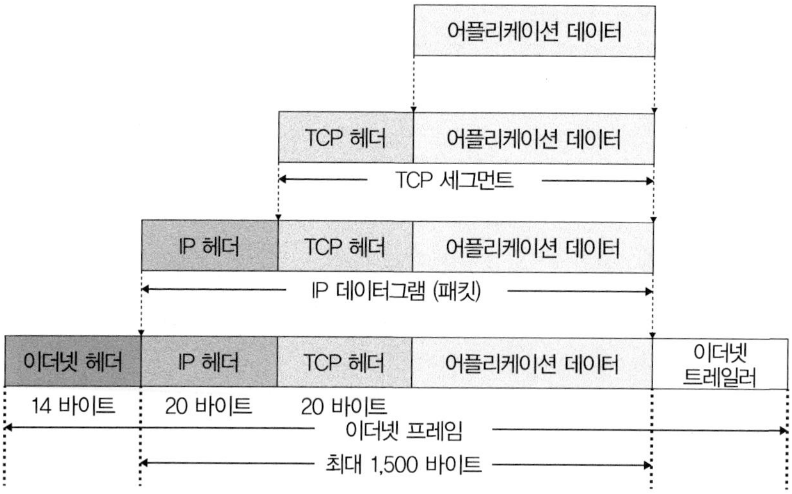

그림 1-6 이더넷 환경에서 TCP/IP 프로토콜을 사용한 경우 데이터의 캡슐화 과정

서부터 다시 역 과정을 거쳐 각 계층을 지날 때마다 헤더가 제거된다. 최종적으로 원래 송신 측에서 발생된 애플리케이션 데이터가 목적지(수신 측)의 애플리케이션 프로세스에게 전달된다.

만일 IP 주소가 가리키는 목적지가 LAN 서브넷 밖에 있으면 이 이더넷 프레임의 목적지 주소(이더넷 주소)는 서브넷 밖으로 나가기 위한 게이트웨이 주소이므로, 게이트웨이까지 이더넷 프레임이 전달되고 여기에서 이더넷 프레임의 헤더가 제거된다. 다음 서브넷 밖으로 나간 IP 데이터그램은 라우터를 거쳐 목적지 IP 주소가 가리키는 호스트까지 도착하면, 역시 역 과정을 거쳐 각 계층을 지날 때마다 헤더가 제거되어 최종적으로 원래 애플리케이션 데이터가 목적지(수신 측)의 애플리케이션 프로세스에게 전달된다.

1-4 ARP 동작

ARP(address resolution protocol)는 LAN 환경에서 목적지 호스트(컴퓨터)의 MAC 주소(하드웨어 주소, 물리 주소, 이더넷인 경우 이더넷 주소)를 자동으로 얻는 방식이다. 즉 ARP는 목적지 호스트의 IP 주소에 해당하는 링크 계층의 주소를 얻는 방법이다. 이더넷 프레임은 이더넷 주소(MAC 주소)가 있어야 서로 전송되므로, 이더넷 환경에서 TCP/IP 프로토콜을 사용하는 경우 IP 주소만으로는 안 되고 목적지 IP 주소에 해당하는 이더넷 주소도 필요한 것이다.

그런데 상대방과 처음 TCP/IP 연결을 하려 할 때, 송신 측 호스트는 상대방의 MAC 주소를 모르므로 먼저 ARP 요청 프레임(패킷)을 내보낸다. 이 패킷에는 목적지 IP 주소와 값이 모두 1인 목적지 MAC 주소(FF:FF:FF:FF:FF:FF)가 들어 있다. 이것은 목적지 IP 주소를 가진 호스트(컴퓨터)가 주위에 있으면 자신의 MAC 주소를 알려달라는 의미이다. 목적지 MAC 주소가 모두 1인 프레임(패킷)은 전체 전달을 위한 브로드캐스트(broadcast) 프레임이다.

이와 같은 브로드캐스트 프레임을 받은 호스트 중 요청된 IP 주소가 일치하는 호스트가 있으면 ARP 응답 프레임을 사용해 자신의 MAC 주소를 알려준다. 이와 같은 과정은 사용자의 관여 없이 자동으로 이루어지는데, 송신 측 호스트는 이때 얻은 MAC 주소를 캐시(cache)에 일시 저장하여 다음에는 직접 캐시에서 상대방 MAC 주소를 얻는다. 단 목적지가 자신이 속한 서브넷 밖에 있는 경우는 IP 패킷이 게이트웨이를 통해서 서브넷 밖으로 나가야 하므로 이때는 목적지의 실제 MAC 주소 대신 게이트웨이의 MAC 주소가 사용된다(사실 목적지가 자신이 속한 서브넷 밖에 있는 경우 목적지의 MAC 주소를 알 수 없으며 알 필요도 없다. 이 경우는 단지 패킷을 서브넷 밖으로 내보내 줄 게이트웨이의 MAC 주소만 있으면 된다).

MS 윈도우에는 현재 캐시되어 있는 MAC 주소(물리 주소)를 보여주는 ARP 명령이 있으며 다음 [그림 1-7]은 이의 실행화면이다(여기서는 'arp -a' 하여 캐시된 모든 주소를 보여준다).

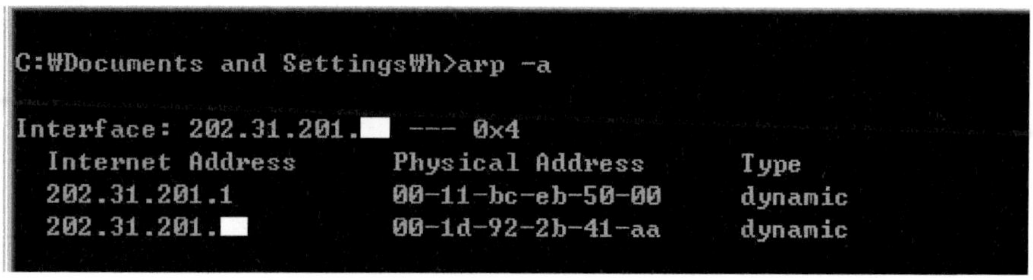

그림 1-7 ARP 명령 사용 예

여기서는 IP 주소 202.31.201.1인 게이트웨이의 MAC 주소(00-11-bc-eb-50-00)가 보인다. 또 사용자가 직접 'arp -s 202.31.201.22 00-4a-39-3c-8b-08' 식으로 직접 IP 주소에 해당하는 MAC 주소를 설정할 수도 있다.

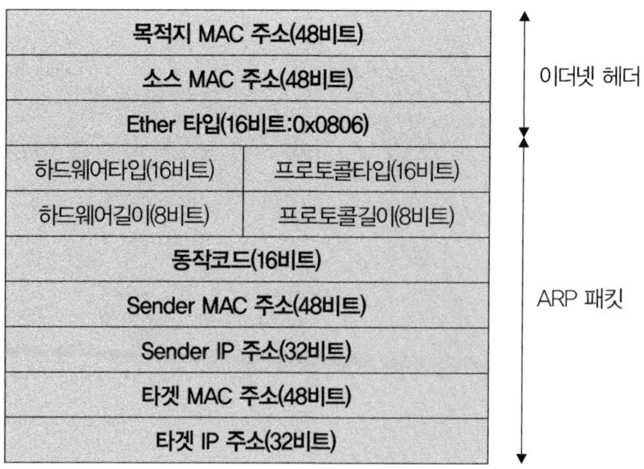

그림 1-8 ARP 패킷의 포맷

이상과 같은 ARP 동작을 위한 ARP 패킷의 포맷을 위의 [그림 1-8]에 보였다. 여기서 각 필드(field)의 의미는 다음과 같다.

- **목적지 MAC 주소 (48비트)**

  ARP 요청 시 모두 1로 되어(0xFFFFFFFFFFFF) 브로드캐스트 패킷임을 표시한다(0x 표시는 숫자가 16진수임을 의미). 이더넷 헤더 부분이다.

- **소스 MAC 주소 (48비트)**

  ARP 요청 시 ARP 패킷을 만든 호스트의 MAC 주소(이더넷 주소)가 들어간다. 이더넷 헤더 부분이다.

- **Ether 타입 (16비트)**

  이 필드는 값이 0x0806이 되어 이더넷 프레임에 실린 패킷이 ARP 패킷임을 표시한다. 이 값이 0x0835이면 RARP 패킷을 나타낸다. 이더넷 헤더 부분이다.

- **하드웨어 타입 (16비트)**

  이 필드는 현재 사용 중인 네트워크 타입을 나타내며 값이 0x0001이면 이더넷임을 나타낸다.

- **프로토콜 타입 (16비트)**

  이 필드는 어떤 타입의 프로토콜을 사용 중인가를 나타내며 값이 0x0800이면 IP 프로토콜임을 나타낸다.

- **하드웨어 길이(Hardware address size)(8비트)**

  이 필드는 네트워크의 하드웨어 주소 길이를 바이트 단위로 나타내며 이더넷 경우는 주소가 48비트(6바이트)이므로 값이 0x06이다.

- **프로토콜 길이(Protocol size) (8비트)**

  이 필드는 네트워크 프로토콜의 주소 길이를 바이트 단위로 나타내며 인터넷 주소(IP 주소)인 경우 주소가 32비트(4바이트)이므로 값이 0x04이다.

- **동작 코드 (8비트)**

  이 필드는 현 ARP 패킷의 동작을 나타내며 값이 0x0001이면 ARP 요청(request)을 의미하고, 0x0002이면 ARP 응답(response)을 의미한다. RARP 경우는 요청(request) 시 0x0003이고 응답(response) 시 0x0004이다.

- **송신자(sender) MAC 주소 (48비트)**

  이 패킷을 송신한 호스트의 이더넷 주소가 들어간다.

- **송신자(sender) IP주소 (32비트)**

  이 패킷을 송신한 호스트의 IP 주소가 들어간다.

- **타겟 MAC 주소 (48비트)**

  ARP 요청을 통해 찾고자 하는 주소이므로 ARP 요청(request) 시에는 비어 있다.

- **타겟 IP 주소 (32비트)**

  목적지의 IP 주소가 들어간다(이 목적지 IP 주소는 사용자가 웹브라우저와 같은 응용 프로그램에서 입력한 값이다. 또는 목적지 IP 주소가 서브넷 외부에 있으면 게이트웨이 IP 주소가 타겟 IP 주소가 된다).

ARP 동작과정은 다음과 같다.

1. ARP 요청(request) 시 목적지 이더넷 주소(48비트)를 모두 1로 하고, 이더넷 타입(16비트)을 0x0806으로 한 이더넷 프레임이 생성된다. 이 이더넷 프레임은 목적지 이더넷 주소가 모두 1이므로 전체 호스트에 전달된다. 이 이더넷 프레임에 실린 ARP 패킷에는 동작 코드(8비트)가 0x0001이 들어가고 소스 MAC 주소에는 자신의 이더넷 주소, 타겟 IP 주소에는 연결하고자 하는 상대방 IP 주소가 각각 들어간다. 타겟MAC 주소 필드는 값을 모르므로 0으로 채워진다.

2. 이 ARP 요청 패킷이 네트워크의 모든 호스트에게 전달되면 타겟 IP 주소에서 지정된 호스트는 ARP 응답 패킷을 생성한다. 이를 위하여 자신의 이더

넷 주소를 ARP 패킷의 송신자(sender) MAC 주소 필드에 넣고 동작 코드를 0x0002로 한다(이때 타겟 MAC 주소 필드에는 ARP 요청 패킷에 있던 송신자(sender) MAC 주소가 들어간다).

3. 이 ARP 응답 패킷은 이더넷 프레임에 실려 보내진다. 이때 이더넷 프레임의 목적지 이더넷 주소 필드는 ARP 요청 패킷에 있던 송신자(sender) MAC 주소가 들어가므로 원래 ARP를 요청했던 호스트에 이 이더넷 프레임이 정확히 도착할 수 있게 된다. 즉 ARP 요청은 브로드캐스트 형태이지만 ARP 응답은 유니캐스트 형태이다. 원래 ARP를 요청했던 호스트는 수신된 ARP 응답 패킷의 송신자(sender) MAC 주소 필드에서 원하던 MAC 주소 정보를 얻을 수 있다.

● RARP

RARP(reverse address resolution protocol)는 ARP와 반대로 이더넷 주소를 가지고 여기에 해당하는 IP 주소를 얻는 방법이다. 자신의 IP 주소를 갖지 않은 네트워크 상의 노드(예: 하드디스크가 없는 컴퓨터나 개발 중인 임베디드 시스템)는 RARP를 사용해서 자신의 IP 주소를 얻을 수 있으며 이를 사용하여 네트워크를 통한 부팅(booting)도 가능하다.

RARP 동작을 위해서는 IP 주소를 제공할 RARP 서버가 있어야 하며 유닉스/리눅스에서 제공되는 bootp 서비스는 RARP 서버 기능을 제공한다. 클라이언트(하드디스크가 없는 컴퓨터나 개발 중인 임베디드 시스템)가 RARP 서버로부터 IP 주소를 얻은 후에는 TFTP(trivial FTP)를 사용해 서버의 파일을 자신에게 가져올 수 있으므로 하드디스크가 없이도 부팅할 수 있다.

리눅스에서 RARP 서버 기능을 제공하는 bootp 서비스가 설치되었는지 여부는 페도라 계열이라면 rpm 패키지 관련 명령인 'rpm-q bootpd'로 확인할 수 있다. 설치가 안 되어 있으면 bootp 서버용 rpm 패키지를 구하여 'rpm-ivh rpm파일명'으로 설치한다(설치 이후 bootp 관련 환경설정 파일을 수정해야 하는데 리눅스 버전에 따라 과정이 크게 달라질 수 있으므로 설명은 생략한다). 또는 온라인으로 패키지를 추가로 설치할 수 있는 명령인 'yum install'(우분투 계열 리눅스이면 'sudo apt-get install')을 사용할 수도 있다.

1-5 IPv6 주소체계

이상에서 설명한 IP 주소는 IPv4(IP 버전 4)인데 이 방식의 문제는 IP 주소가 32비트이므로 할당 가능한 최대 주소 개수가 4기가(약 40억)로 한정된다는 것이다. 이미 IP 주소 고갈 현상이 심화되어 왔으며 이의 해결책으로 IPv6(IP 버전 6)가 IETF 인터넷 표준으로 제정되었고 현재 기본적인 기술 표준이 완료된 상태이다.

IPv6는 IP 주소가 128비트이므로 할당 가능한 최대 주소 개수가 2의 128승으로 매우 크다. 따라서 IPv4의 IP 주소 부족 현상을 완전히 해결할 수 있다. 특히 앞으로 모든 사물이 서로 통신할 수 있는 인터넷 환경인 유비쿼터스(ubiquitous) 환경에서는 우리 주위의 수많은 개체들도 네트워크 기능을 가지게 되므로 IPv6 주소체계는 더욱 필요하다 하겠다.

IPv6는 이 밖에도 전송 품질의 향상, 즉 QoS(quality of service)가 개선되고 보안성의 향상 등 여러 면에서 장점을 가지고 있으나 IPv4와 호환이 없다는 것이 문제이다. 현재는 IPv6 체계가 IPv4와 함께 사용되고 있는 상황이다.

IPv6 주소 표기는 10진수를 사용하는 IPv4와 달리 16진수를 사용하며 2바이트(16비트)씩 구분된 8개 섹션(section)을 콜론(' : ')으로 나누어 128비트를 표기한다. 각 섹션은 4자리 16진수로 되어 있다. 다음에 IPv6 주소 예를 보였다.

IPv6 주소 예 : 46AB:000C:A894:000D:B4321:0000:5738:003A

이때 각 섹션의 16진수 4자리 중 마지막 자리를 제외한 앞자리가 0이면 생략이 가능하다. 위의 IPv6 주소 예를 생략형으로 작성하면 다음과 같다. 여기서 값이 0000인 섹션은 그냥 0으로 표시되었다.

IPv6 주소 생략형 예 : 46AB:C:A894:D:B4321:0:5738:3A

또 값이 모두 0인 섹션이 여러 개 연속해서 있으면 더욱 생략하여 '::'로 표시할 수 있다. 예를 들어 생략형으로 표시된 IPv6 주소가 7FFE:34FF:1234:0:0:0:0:24일 때 이를 더욱 생략하면 다음과 같다.

IPv6 주소 생략형 예 : 7FFE:34FF:1234::24

그러나 예를 들어 생략형으로 표시된 IPv6 주소가 5FE5:0:0:3409:28CD:0:0:0이라면 이를 더욱 생략할 경우 아래 중 하나를 사용해야 한다. 즉 값이 0인 섹션이 여러 개로 분리되어 있으면 이들 중 하나에만 '::'를 사용해서 표시한다.

IPv6 주소 생략형 예 : 5FE5:0:0:3409:28CD::

IPv6 주소 생략형 예 : 5FE5::3409:28CD:0:0:0

IPv6에서 자기 자신을 가리키는 주소인 루프백 주소(loopback address)는 0:0:0:0:0:0:0:1이다. 이 주소는 생략형으로 간단히 '::1' 로 표현할 수도 있다(IPv4에서 루프백 주소는 127.0.0.1이다). 또 IPv6에서 128비트 모두 0인 주소는 미설정 상태 주소(unspecified address)이다.

IPv6 주소 타입은 유니캐스트, 멀티캐스트, 브로드캐스트로 구분되는 IPv4와 달리 유니캐스트, 멀티캐스트, 애니캐스트(anycast)의 세 가지 타입을 가지고 있다. 멀티캐스트 주소는 8개의 1(즉 0xFF)로 시작한다. IPv6 애니캐스트 주소는 IPv6 주소의 앞부분인 프리픽스(prefix)가 서로 동일한 그룹의 컴퓨터 중 하나에게만 IP 패킷이 전송된다. 같은 LAN 세그먼트에 연결된 모든 컴퓨터들은 동일한 프리픽스를 가진다.

[그림 1-9]에 IPv6 주소의 구조를 보였다. 앞부분에 네트워크 주소인 서브넷 프리픽스(subnet prefix)가 오고 이어 인터페이스 ID 부분이 온다.

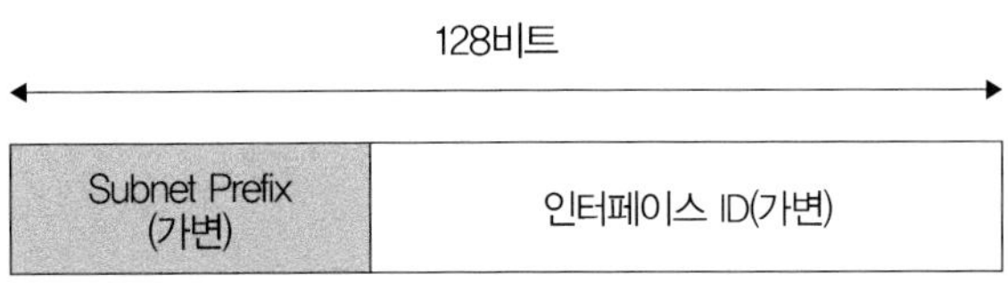

그림 1-9 IPv6 주소의 구조

IPv6 주소를 표시할 때 프리픽스 부분의 길이를 뒤에 ' / '를 붙여 표시하는 경우도 있다. 다음에 예를 보였다. 이 경우는 프리픽스 부분이 64비트라는 의미이다.

IPv6 주소 예: 46AB:C:A894:D:B4321:0:5738:3A/64

IPv6는 IPv4와 비교해 보안기능을 내장하여 보안 성능이 강화되었고 IP 헤더의 형식도 개선되었다. IPv6에서는 헤더 규격을 간소화하였다. 이를 위하여 IPv4에서는 통합되어 있던 IP 헤더 옵션(option) 사항을 기본 헤더에서 분리하여 필요할 때 기본 헤더와 상위계층 데이터 사이에 따로 삽입하는 형식을 취하고 있다.

이와 같은 구조에서는 라우터는 간단한 기본 사항만 검사하면 되므로 라우팅 처리가 간단해지고 IP 패킷의 처리 속도가 빨라진다. IP 헤더의 옵션사항이 있는 경우 이의 처리는 목적지 호스트에서 하게 된다. 반면 IPv4에서는 IP 헤더 옵션사항도 각 라우터가 처리하므로 IP 패킷 처리 속도 저하의 원인이 되었다.

또 IPv6에서는 IP 주소의 자동 설정 기능(plug-n-play 기술)이 제공되어 IPv4에 비해 네트워크 주소의 관리가 용이해졌고 모바일 환경에 대한 지원 기능(mobile IPv6 기술)이 있다. 이 밖에도 새로운 옵션사항이 추가되어 기능이 풍부해졌으며 기본적으로 확장 가능한 구조(확장 헤더)로 설계되어 추후 새로운 기술이나 응용에 대한 프로토콜의 확장이 가능하도록 하였다.

이 밖에 IPv6에서는 IPv4의 헤더에 있던 TOS(type of service)가 없어지고 대신 패킷을 보내는 쪽에서 패킷의 특별한 처리를 요구할 수 있도록 플로우 레이블(flow label)이 추가되어 실시간 오디오/비디오 데이터 처리에 유리하다(IPv6의 헤더 구조는 2장에서 IPv4의 헤더 구조에 이어서 설명한다).

TCP/IP 기본 동작

CHAPTER

[2]

2-1 IP 헤더

IP 패킷은 앞부분에 오는 IP 헤더(header)와 다음에 오는 데이터 부분으로 구성된다. [그림 2-1]에 IP 패킷 구성을 보였다. 여기서 화살표 방향이 앞부분으로 IP 헤더는 20 ~ 60바이트의 가변 길이이고 IP 패킷의 전체 길이는 20 ~ 65536바이트까지의 가변 길이이다. IP 패킷의 전체 길이가 20바이트인 경우는 데이터 부분이 없고 IP 헤더만 있을 때이다.

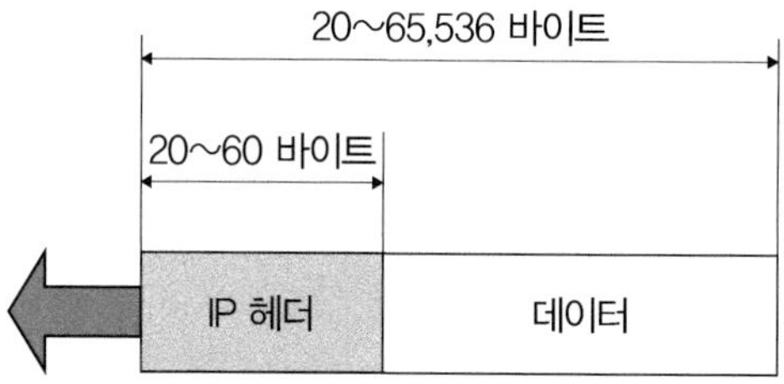

그림 2-1 IP 패킷 구성

다음 [그림 2-2]에 IP 헤더의 구성을 보였다. IP 헤더는 32비트의 배수이고 보통 20바이트 길이를 가진다. IP 헤더 마지막 부분에 옵션 부분이 있는데 실제로 이 옵션은 거의 사용하지 않으므로 IP 헤더 길이는 보통 20바이트이다.

각 필드(field)의 의미는 다음과 같다(괄호 속의 숫자는 필드의 비트 수이다).

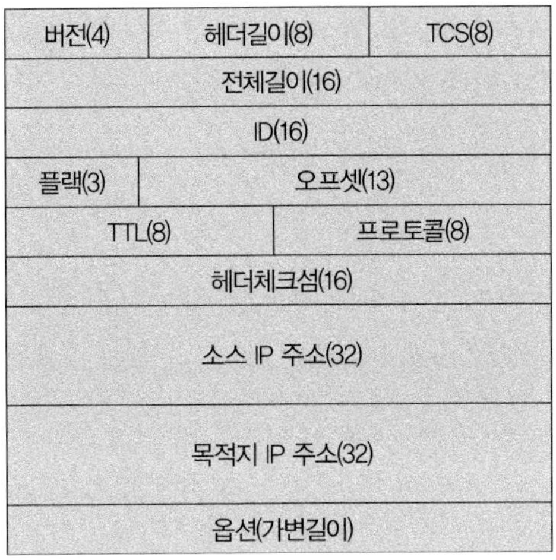

그림 2-2 IP헤더 구성

- **버전 (4비트)**

  현 IP 프로토콜의 버전을 표시한다. 현재 버전 4인 IPv4이므로 값이 항상 4이다.

- **헤더길이(header length) (4비트)**

  IP 헤더의 길이를 32비트 단위로 표시한다. 보통 IP 헤더는 20바이트 길이이므로 5가 된다. 즉 32비트(4바이트) × 5 = 20바이트이다.

- **TOS(type of service) (8비트)**

  IP 데이터에 대한 서비스 타입을 지정하는 부분이다. IP 데이터 전달과정에서 거치는 라우터나 호스트들이 이 데이터를 처리해야 하는 우선순위를 나타내는데 대부분의 라우터들이 이 정보를 무시한다. 따라서 보통 0으로 두는 경우가 많다(즉 다른 값을 넣어도 0인 경우와 차이가 없다는 의미이다).

  처음 세 비트(비트 0, 1, 2)는 0 ~ 7의 값으로 데이터의 중요한 정도를 표시한다. 다음 비트(비트 3)는 지연 필드(delay field)이며, 비트 4는 처리량 필드(throughput field) 등이다. 지연 필드의 사용 예는 텔넷(telnet) 같은 프로그램의 경우이다. 텔넷에서는 전송되는 데이터의 양은 작으나 사용자 응답을 위해 즉각 전달되어야 할 필요가 있다. 이때 지연을 최소화하라는 의미로 지연 필드가 사용될 수 있다. 이 필드의 상세한 용도는 인터넷 기술 표준 문서 rfc 1349에 언급되어 있다(지금은 rfc 2474로 대체되었다). 현재 대부분의 시스템에서는 이 TOS 영역을 지원하지 않는다.

- **전체길이(total length) (16비트)**

  IP 헤더를 포함한 전체 IP 패킷 길이를 바이트 단위로 표시한다. 16비트이므로 이론상 IP 패킷의 최대길이는 64K바이트까지 가능하지만 실제는 링크 계층의 MTU(maximun transfer unit) 길이에 의해 제한된다.

  이더넷의 MTU는 1500바이트이므로 이더넷 환경에선 IP 패킷 길이가 이 보다 클 수는 없다. 결국 이보다 큰 데이터의 경우는 IP 분할(fragmentation)이 발생되어 하나의 IP 패킷이 여러 개의 IP 패킷 조각으로 나누어진다.

- **ID(identification) (16비트)**

  IP 분할이 발생하여 하나의 IP 데이터가 여러 IP 패킷 조각으로 나누어 전송되는 경우 각 패킷 조각의 이 필드에 16비트 ID 값을 부여한다. 수신 측에서는 여러 IP 패킷 조각을 다시 하나로 조립하는 데 이 필드를 이용한다.

- **플랙(flag) (3비트)**

  패킷의 분할에 관한 정보를 나타낸다. 각 비트의 기능은 다음과 같다.

  비트 0 : 사용 안 함

  비트 1 : DF(don't fragmentation) 플랙이다. 이 값이 0이면 분할 가능한 패킷이고, 1이면 불가능한 패킷이다.

  비트 2 : M(more) 플랙이다. 분할된 패킷의 경우 마지막 패킷인지 여부를 표시한다. 0이면 마지막 패킷이다.

- **오프셋(offset) (13비트)**

  전송하고자 하는 데이터가 링크 계층의 MTU보다 커서 IP 분할(IP fragmentation)이 발생한 경우 원래 데이터로부터의 오프셋(offset) 값을 나타낸다.

- **TTL(time to live) (8비트)**

  패킷이 네트워크에 존재할 수 있는 시간을 나타낸다. 단위는 초이다. 라우터나 게이트웨이를 통과할 때 이 패킷을 처리하는 데 걸린 시간만큼 감소시키며 최소 1은 반드시 감소시킨다. 목적지 도달 전에 이 필드의 값이 0이 되면 중간에 라우터나 게이트웨이에 의해 이 IP 패킷이 파괴되고 이때 ICMP(internet control message protocol) 를 사용해 송신 측 호스트에 이 사실을 알려준다.

- **프로토콜 (8비트)**

  IP 패킷이 전달하는 상위 데이터 프로토콜을 나타낸다. 즉 IP 패킷의 데이터 부분에 들어있는 트랜스포트 층의 프로토콜을 나타내는 것이다. 다음 [표 2-1]에 여기서 사용되는 프로토콜의 종류를 나타내었다.

표 2-1 IP 패킷에서 사용되는 프로토콜의 종류

프로토콜	값(10진수)
TCP	6
UDP	17
ICMP	1
IGMP	2

  즉 이 필드의 값이 6이면 IP의 상위 계층 프로토콜로 TCP 프로토콜이 사용되고 있다는 의미이고, 필드의 값이 17이면 IP의 상위 계층 프로토콜로 UDP 프로토콜이 사용되고 있다는 의미이다. 보통 TCP와 UDP 프로토콜이 가장 많이 사용된다.

- **헤더 체크섬(header checksum) (16비트)**

  전송 중 IP 헤더 부분에 비트 에러(bit error)가 생겼는지를 수신 측에서 확인하기 위한 기능을 제공한다. 이 부분은 전송 중 발생할 수 있는 IP 헤더의 비트 에러를 조사하기 위한 목적이며 IP 패킷의 데이터 영역에 대한 체크섬

(cheksum)은 아니다. 따라서 IP에서는 수신 측에서 IP 패킷의 데이터 영역에 대한 비트 에러를 조사할 수는 없다(데이터 영역에 대한 비트 에러 조사 기능은 TCP나 UDP에서 제공한다).

수신 측 호스트가 이 필드를 조사하여 체크섬(checksum) 에러를 발견하면 이는 수신된 IP 패킷의 헤더 부분이 손상되었다는 의미이다(즉 전송 도중 비트 에러가 발생했다는 의미이다). 따라서 수신 측은 이 IP 패킷을 그냥 폐기해 버리며 송신 측에 이 사실을 알리지도 않는다.

- **소스 IP 주소 (32비트)**

  송신 측 32비트 IP 주소가 들어간다(예 : PC에서 웹 서버에 접속한다면 PC 자신의 IP 주소가 들어간다).

- **목적지 IP 주소 (32비트)**

  목적지 호스트(컴퓨터)의 32비트 IP 주소가 들어간다(예: PC에서 웹 서버에 접속한다면 웹 서버의 IP 주소가 들어간다). 예외적으로 브로드캐스트 목적을 위해 이 부분의 모든 비트가 모두 1로 채워지거나, 멀티캐스트의 경우 멀티캐스트 그룹 주소가 들어가는 경우도 있다.

이상에서 설명한 IP 헤더 필드는 반드시 필요한 부분이며 이들을 모두 합치면 20바이트 길이이다. IP 헤더는 이상에 설명한 필드 외에도 뒤 부분에 옵션(option) 항목이 올 수도 있으나 주로 테스트 및 디버깅 용도로 사용되며, 이 부분을 지원하지 않는 라우터나 호스트도 많으므로 대부분의 네트워크 프로그램에서는 거의 사용하지 않는다.

IP 헤더 다음에는 데이터 부분이 오며 길이는 가변이다. IP 헤더와 데이터 부분을 모두 포함한 IP 패킷을 흔히 IP 데이터그램(datagram)이라고도 부른다.

참고

[IPv6 헤더]

IPv6의 기본 헤더(basic header) 구조는 다음 [그림 2-3]과 같다.

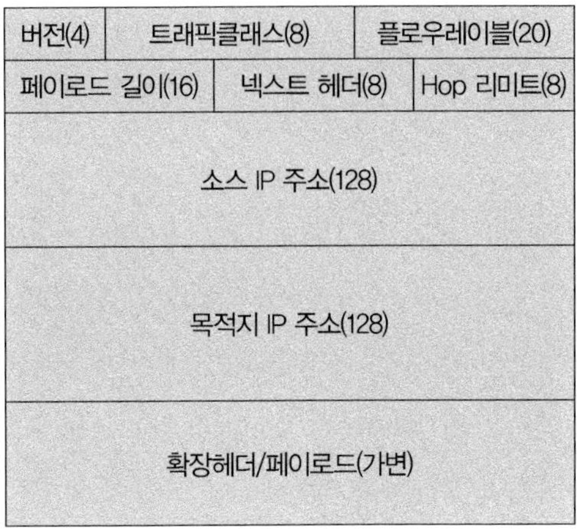

그림 2-3 IPv6 기본 헤더 구조

각 필드(field)의 의미는 다음과 같다(괄호 속의 숫자는 필드의 비트 수이다).

버전 (4비트): 현 IP 프로토콜의 버전을 표시한다. IPv6이므로 값이 항상 6이다.
트래픽 클래스(traffic class) (8비트): 트래픽 혼잡에 대한 패킷 우선순위를 나타낸다.
플로우 레이블(flow label) (20비트): 특정 데이터 흐름에 대한 특별한 처리를 나타낸다.
페이로드 길이(16비트): 기본 헤더를 제외한 IP 데이터그램의 전체 길이를 표시한다.
넥스트 헤더(8비트): 기본 헤더 뒤에 오는 헤더(확장 헤더, TCP 등 상위 프로토콜 헤더)를 정의한다.
Hop 리미트(8비트): IPv4에서의 TTL과 같은 용도이다.
소스 IP 주소(128비트): 128비트 소스 IP 주소이다.
목적지 IP 주소(128비트): 128비트 목적지 IP 주소이다.

이상에서 설명한 IPv6의 기본 헤더(basic header) 다음에 추가로 확장 헤더(extended header)가 오거나 전송할 실제 데이터 부분인 페이로드가 온다.

2-2 IP 패킷 분할

네트워크 전송선(네트워크 물리 계층)을 통하여 실제 데이터를 주고받는 링크 계층은 한 번에 전송할 수 있는 최대 패킷 크기(MTU: maximum transfer unit)가 정해져 있다. 예를 들어 대표적인 링크 계층인 이더넷의 MTU는 1500바이트이다. IP 패킷(IP 데이터그램) 길이가 이보다 크면(이는 응용프로그램 층에서 1500바이트 이상의 데이터를 전송하고자 할 경우이다.) 하나의 IP 데이터그램을 여러 개의 패킷으로 나누는 IP 패킷 분할(IP fragmentation) 과정이 발생한다. IP 패킷 분할을 위해 IP 헤더 내에 있는 16비트 ID 필드와 세 비트 플랙(flag) 필드 및 13비트 오프셋(offset) 필드 값이 사용된다.

세 비트 플랙 필드의 첫 번째 비트(DF 플랙)는 1로 설정되면 'do not fragment' 의미이다(즉 분할하지 말라는 의미이다). 이 비트는 보통 테스트 및 디버그용으로 사용되며 대부분의 네트워크 프로그램은 이 비트를 1로 설정하는 경우는 없다(따라서 기본값은 0이다). 만일 MTU보다 큰 데이터의 경우 이 비트가 1로 설정되어 있으면 이 패킷은 폐기되고 송신자에게 에러 메시지를 보낸다.

플랙 필드의 두 번째 비트는 M(more) 플랙이다. IP 분할이 생긴 경우 마지막 IP 분할 패킷 조각(fragment)을 제외한 모든 IP 분할 패킷 조각에서 이 M 플랙은 1로 설정된다. 마지막 IP 분할 패킷 조각에서는 이 플랙은 0으로 된다.

IP 분할되기 전의 원래 데이터에서 현재 IP 분할된 패킷의 위치는 13비트 오프셋 값으로 표시된다. 이 오프셋 값은 수신 측에서 원래 데이터를 하나로 조립하는 데 사용된다. IP 패킷의 길이는 헤더의 전체길이(total length) 필드에서 표시되는데, 이 필드는 16비트 길이이므로 13비트 오프셋의 단위를 8바이트로 하면 최대 IP 패킷 길이를 표시할 수 있다. 따라서 13비트 오프셋은 8바이트 단위로 값을 표시한다.

수신 측에서는 플랙 필드의 두 번째 비트인 M 플랙이 1로 된 IP 패킷을 받으면 내부의 재조립 타이머(reassembly timer)를 시작한다. 모든 IP 분할 패킷 조각들은 이 타이머가 끝나기 전에 도착해야 한다. 호스트는 재조립 버퍼(reassembly buffer) 안에서 IP 분할 패킷 조각들을 조립하는 데 어떤 패킷들이 함께 속하는지 알기 위해 소스 IP 주소와 IP 헤더 내의 16비트 ID 필드를 사용한다. M 플랙이 0으로 설정된 IP 분할 패킷 조각(즉 마지막 IP 분할 패킷 조각)을 수신하면 분할되기 전의 원래 IP 패킷의 크기를 알 수 있다. 즉 원래 IP 패킷의 크기는 마지막 IP 분할 패킷 조각의 오프셋 값과 마지막 IP 분할 패킷 조각의 길이를 더한 값이 된다.

수신 측에서는 원래 IP 패킷의 크기를 안 후 각 IP 분할 패킷 조각의 오프셋 정보를 사용해 원래 형태로 분할 전의 IP 패킷(IP 데이터그램)을 재조립한다. 만일 재조립 타이머에서 지정된 시간이 지나도 IP 분할 패킷 조각들이 전부 도착하지 않으면 에러 발생 상황이므로 이미 수신 받은 모든 IP 분할 패킷 조각들을 폐기한다. 다음에 IP 패킷 분할 예를 보였다.

» IP 패킷 분할 예

전송하고자 하는 IP 데이터그램(패킷) 길이가 1600바이트(헤더 20바이트 + 데이터 1580바이트)라 하고 이 패킷을 이더넷으로 전송하려 할 때, 이더넷의 MTU는 1500바이트이므로 IP 데이터그램의 길이가 MTU를 초과한다. 따라서 이 경우 IP 분할(IP fragmentation)이 발생한다. 이때 원래 IP 데이터그램은 IP 헤더 내의 16비트 ID 필드가 동일한 값으로 된 두 개의 IP 패킷 조각으로 분리된다.

첫 번째 IP 패킷의 데이터 부분의 길이는 1480바이트(헤더 20바이트 + 데이터 1480바이트 = 1500바이트)가 되고, IP 헤더 내의 플랙 필드에서 M 플랙은 1이 되며 오프셋 필드 값은 0이 된다. 두 번째 IP 패킷의 데이터 부분의 길이는 남은 100바이트가 되고, M 플랙은 0이 되어 이 패킷이 마지막 패킷 조각임을 표시한다. 이때 오프셋 필드 값은 185가 되어 첫 번째 분할된 패킷의 데이터 영역에서 1480(185 x 8 = 1480) 바이트만큼 떨어져 있음을 나타낸다(13비트 오프셋은 8바이트 단위로 값을 표시한다).

2-3 트랜스포트 계층

앞에서 다룬 IP 계층은 데이터를 호스트와 호스트 사이에서 전달하는 기능을 하는 반면, 트랜스포트(transport) 계층은 데이터를 각 호스트의 애플리케이션 프로세스 사이에 전달하는 기능을 한다. 다음 [그림 2-4]에 이 관계를 보였다.

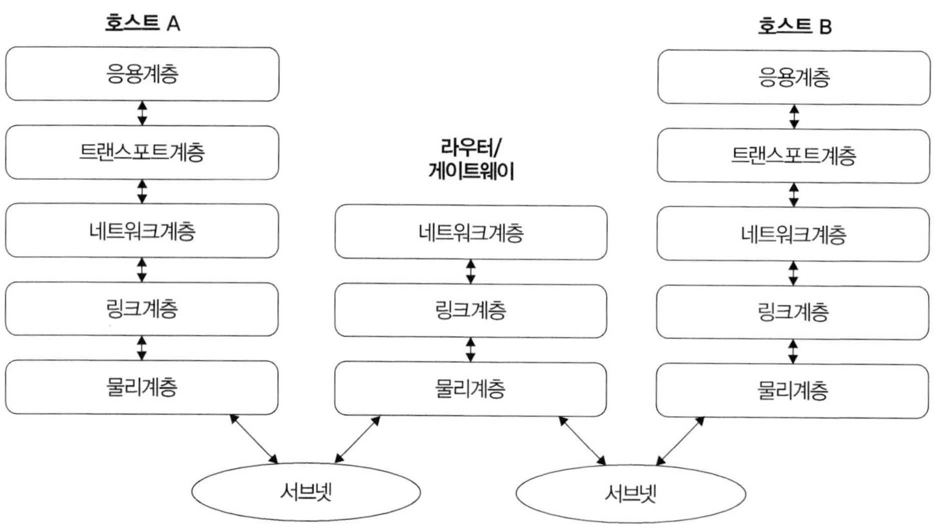

그림 2-4 트랜스포트 계층 동작

이 그림에서 서로 다른 서브넷 상에 있는 두 개의 호스트가 연결을 하고자 할 때(호스트 A에서 호스트 B로) 서로 다른 서브넷을 이어주는 게이트웨이나 라우터는 IP 프로토콜만을 사용하여 두 호스트를 이어준다. 호스트 A의 응용 계층(application layer)에서 보낸 데이터는 IP패킷에 실려 IP 헤더 내의 IP 주소를 사용해 호스트 B에 전달된다. 다음 호스트 B의 응용 계층까지 전달되기 위해서는 호스트 B에서 실행 중에 있는 여러 애플리케이션 프로세스(application process)를 서로 구분하여 특정한 프로세스까지 전달해 줄 수 있는 기능을 제공하는 트랜스포트 계층이 필요하다. 트랜스포트 계층에서 사용하는 소스 포트번호와 목적지 포트번호는 미리 정해진 애플리케이션 프로세스를 가리킨다.

트랜스포트 계층에 사용되는 프로토콜에는 연결형 서비스를 제공하는 TCP(transport control protocol)와 비연결형 서비스를 제공하는 UDP(user datagram protocol)가 있다. UDP는 비연결형 프로토콜이고 단순히 패킷을 한 개씩 목적지 주소의 해당 애플리케이션 프로세스로 전송만 하므로 패킷의 분실에 대한 확인이나 전달순서를 보장해 주지 않는다. 이에 비해 TCP는 연결형 프로토콜(connection oriented protocol)이므로 두 호스트 사이에서 데이터 교환이 이루어지기 전에 TCP 포트를 통해 서로 간의 동의 절차인 3-웨이 핸드셰이크(3-way handshake)가 행해지고 따라서 오류의 검출, 패킷 전달순서의 보장 등이 가능하다. 다음 [표 2-2]에 주요 TCP/UDP 서비스와 포트번호를 보였다.

표 2-2 주요 TCP/UDP 서비스 포트번호서비스

	TCP/UDP	포트번호
ftp	TCP	20, 21
telnet	TCP	23
smtp	TCP	25
tftp	UDP	69
pop3	TCP	110
http	TCP	80

각 TCP/UDP 서비스의 기능은 다음과 같다.

- **ftp(filel transfer protocol)**

  서버와 클라이언트 사이에서 서로 파일을 주고받는 데 사용한다. 사용자 인증 절차인 ftp 로그인 과정이나 파일 전달을 위한 ftp 명령 및 응답 등은 21번

포트를 사용하고, 실제 데이터 전달은 20번 포트를 사용한다.

- **telnet**

  네트워크로 연결된 원격지에 있는 상대방 컴퓨터(대부분 유닉스/리눅스 서버)에 접속하여 해당 서버의 터미널로 동작하게 해주는 서비스이다. 23번 포트가 기본 포트번호이다. 서버로의 로그인을 위해 사용자 계정과 비밀번호를 주고받는 과정이 암호화되어 있지 않아 보안상 취약하므로 현재 잘 사용하지 않으며, 텔넷 사용 시에는 일반 텔넷 프로그램 대신 보안 기능을 강화시킨 ssh(secure shell)가 주로 쓰인다.

- **smtp(simple mail transfer protocol)**

  인터넷 메일을 전달하는 데 사용하는 서비스이며 smtp 서버 기능이 있어야 인터넷 메일 서버로 동작할 수 있다.

- **tftp(trivial FTP)**

  ftp와 달리 사용자 인증 등의 과정이 없고 동작이 단순하므로 간단한 시스템에서도 쉽게 클라이언트 프로그램을 구현할 수 있다. 따라서 하드디스크 없는 호스트의 운영체제 부팅이나 임베디드 시스템 개발 시 파일 등을 전송하는 데 사용된다.

- **pop3(post office protocol 3)**

  메일 서버에 저장된 메일을 클라이언트(PC, 스마트 폰 등)에 전달해 주는 데 사용하는 서비스이다. 대부분의 메일 서버는 smtp 서버 기능과 함께 pop3 서버 기능도 가지고 있다. 기본 포트번호는 110번이다.

- **http(hyper text transfer protocol)**

  웹 서버와 웹 클라이언트(웹브라우저) 사이의 웹 문서 등 데이터 전달에 사용되는 프로토콜이다. 사용 포트번호는 웹 서버 프로그램 설치 시에 설정해 주는데 보통 80번을 사용한다.

2-4 TCP 헤더

TCP는 신뢰성 있는(reliable) 연결형 프로토콜(connection oriented protocol)이므로 상대방이 에러 없는 바이트 스트림(stream)을 올바른 순서로 수신할 수 있음을 보증한다. 또 양단 간 데이터 흐름을 매 전송단위마다 제어할 수 있어 전송 속도를 높일 수 있고 네트워크 대역을 효율적으로 사용할 수 있다. TCP가 제공할 수 있는 기능을 다음에 보였다.

- **스트림 전송(stream transfer)**

  TCP에서는 두 호스트 간의 데이터 흐름이 스트림으로 간주되어 데이터의 각 바이트는 보내진 순서에 맞도록 전달된다.

- **가상 회선 연결**

  TCP에서는 스트림 전송이 일어나기 전에 송신 측에서 먼저 연결 요구를 하면 반드시 상대방에서 이를 승낙해야 연결이 이루어진다. 이때 마치 두 호스트 사이에 직접 회선(circuit)이 연결된 것과 같은 효과가 있다고 볼 수 있고 이후에 본격적인 데이터 전송이 행해진다. 이를 가상회선 연결(virtual circuit connection)이라 한다.

- **버퍼 전송(buffered transfer)**

  작은 크기의 데이터인 경우에도 IP 헤더, MAC 헤더 등이 모두 붙기 때문에 작은 크기의 데이터를 자주 전송하는 경우 전송 효율이 떨어진다. 따라서 TCP에서는 전송하려는 데이터가 어느 정도 크기가 될 때까지 전송을 보류하고 내부 버퍼에 쌓아두게 된다. 또는 응용 프로그램이 큰 데이터를 발생시키면 전송을 위해 이를 나누기도 한다. 이와 같이 TCP 계층에서 버퍼를 사용하여 블록화함으로써 인터넷을 통한 전송이 효율적으로 일어나도록 할 수 있다. 물론 빠른 응답을 요구하는 응용에 따라서는 버퍼가 다 차기 전에 즉시 전송할 수도 있다.

- **양방향 통신(full duplex) 연결**

  TCP를 이용한 데이터 전송 시 양방향 통신 즉, 데이터를 받으면서 동시에 데이터를 보낼 수 있는 기능(이를 통신 용어로 full duplex라고 한다.)을 지원하고 있다. TCP에서는 신뢰성 있는 데이터 전송을 위해서 전송한 세그먼트(segment: TCP에서 한 번에 전송하는 메시지 단위)에 대한 수신 확인을 의미하는 ACK(acknowledgement)메시지를 수신 측에서 보내온다. 이와 같이 매번의 데이터 송신에 대한 수신 측의 확인이 있으므로 데이터 전송에서 신뢰성이 확보되고 이 확인 과정에서 양단 간의 송수신 통신량을 서로 조정할 수 있다.

한 번에 전송되는 TCP 메시지의 단위를 TCP 세그먼트라고 하며 헤더와 데이터 영역으로 구성된다(TCP 세그먼트는 IP 패킷의 데이터 영역에 위치한다). TCP 헤더의 구성을 [그림 2-5]에 보였다(괄호 속의 숫자는 비트 길이이다). TCP 헤더에 이어서 가변길이의 데이터 영역이 이어진다.

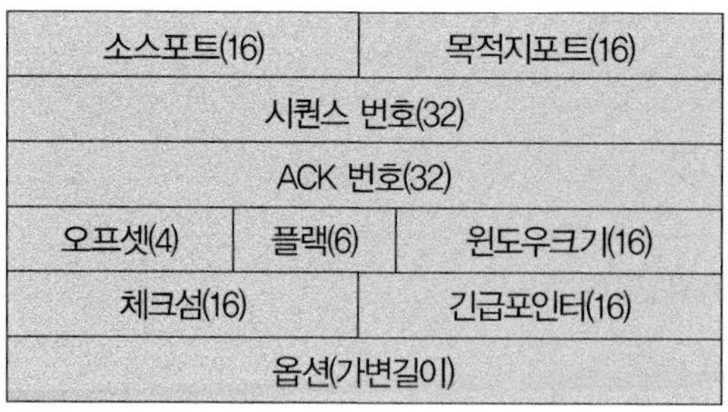

그림 2-5 TCP 헤더의 구성

TCP 헤더를 구성하는 각 필드(field)의 의미는 다음과 같다.

- **소스 포트(source port number) (16비트)**

  송신 측의 포트번호가 들어간다.

- **목적지 포트(destination port number) (16비트)**

  수신 측의 포트번호가 들어간다.

- **시퀀스 번호(sequence number) (32비트)**

  TCP 헤더에 이어지는 데이터 영역의 첫 번째 바이트를 식별하기 위한 숫자이다. 데이터 영역의 나머지 바이트들은 이 값에서 순차적으로 식별할 수 있다.

- **ACK 번호(acknowledgement number) (32비트)**

  수신된 데이터에 대한 확인(acknowledgement) 기능을 제공한다. 수신된 TCP 세그먼트의 마지막 바이트의 시퀀스 번호 + 1인 값이 들어가서 다음번에 수신할 데이터의 위치를 식별한다.

- **헤더길이(header length) (4비트)**

  TCP 헤더의 길이를 4바이트 단위로 표시한다. 이 값에 의해 헤더에 바로 이어지는 데이터 영역의 위치를 알 수 있다.

- **플랙(flags) (12비트)**

  12비트 중 6비트는 예약(reserved)되어 있고 다음 6비트가 사용된다.

    ACK 플랙: 수신 측에 ACK 번호(acknowledgment number)가 유효함을 알린다.

    SYN 플랙: 수신 측에 대해 송신 측의 시퀀스 번호(sequence number)를 알려주고 이를 설정하라는 의미로 사용된다.

    PSH 플랙: 푸쉬(push) 의미로써 수신 측에 현 세그먼트의 데이터를 즉각 해당 프로그램으로 보내라는 의미이다. 보통 수신 측 TCP 모듈은 수신된 데이터를 버퍼에 저장하고 이 버퍼가 찰 때까지 해당 프로그램으로 보내지 않는다. 그러나 텔넷과 같이 전송량은 작으나 즉각 전달되어야 하는 프로그램의 경우는 이와 같이 해서는 사용자 측에서 기다리는 시간이 길어진다. 이때 PSH 플랙을 사용해 즉각적인 응답을 얻을 수 있다.

RST 플랙: 리셋(reset) 의미로써 수신 측에 TCP 연결의 재설정을 요구한다. TCP 연결에 문제가 생겼을 경우 이 플랙을 1로 하여 전송한다. 대부분의 응용 프로그램들은 RST 플랙이 1로 된 세그먼트를 수신하면 단순히 실행을 종료하지만 필요시 이 기능을 이용하는 정교한 프로그램을 작성할 수도 있다.

URG 플랙: 긴급(urgent) 의미로서 수신 측에 이 세그먼트의 데이터를 다른 데이터에 앞서 우선적으로 처리할 것을 요구한다. 이 플랙이 1로 되어 있는 세그먼트를 수신하면 다른 데이터에 앞서 우선적으로 처리해야 한다.

FIN 플랙: 송신 측에서 데이터 전송을 끝내고자 할 경우 1로 한다. 수신 측은 송신 측에 역시 이 플랙을 1로 한 세그먼트를 전송해야 한다.

- **윈도우 크기(window size) (16비트)**

흐름 제어(flow control)를 위한 슬라이딩 윈도우(sliding window) 크기를 지정한다. 즉 수신 측에서 받아들일 수 있는 세그먼트 크기이다(단위는 바이트이다). 이때 송신 측에서는 이 범위 내에서만 전송할 수 있다. 시스템의 처리능력과 네트워크 상태에 따라 결정된다.

- **체크섬(checksum) (16비트)**

16비트 체크섬 필드이다. TCP 세그먼트 전체와 IP 헤더 중 뒷부분 12바이트(이 부분에 송수신 IP 주소가 포함된다.)에 대한 에러 체크(error check)를 한다. IP 헤더의 체크섬이 IP 헤더 부분에만 관여하는 반면 TCP의 체크섬은 TCP 헤더는 물론이고 데이터 부분까지 모두 대상으로 한다.

- **긴급 포인터(urgent pointer) (16비트)**

URG 플랙과 함께 사용되어 TCP 데이터 영역 안에서 긴급한(urgent) 데이터의 위치를 나타낸다(긴급 데이터의 마지막 바이트 위치이다). 즉 URG 플랙은 이 TCP 세그먼트의 긴급 포인터가 긴급한 데이터를 지정하고 있음을 표시한다. 이때 TCP 모듈은 다른 데이터를 처리하기 전에 이 긴급한 데이터를 반드시 처리해야 한다.

이상에서 설명한 TCP 헤더는 전체 길이가 20바이트이며 추가로 뒷부분에 가변 길이의 옵션 항목이 올 수 있다. TCP 헤더는 32비트 단위이어야 하므로 옵션 항목에서 32비트 단위가 안 될 경우는 패딩(padding)이 추가로 붙어 32비트 단위를 만든다.

2-5 TCP 연결 설정

TCP에서는 데이터의 신뢰성과 스트림 순서를 보장하는 연결 설정을 위하여 데이터를 주고받기 전에 먼저 3-웨이 핸드셰이크(3-way handshake) 과정을 사용한다. [그림 2-6]에 이 과정을 보였다.

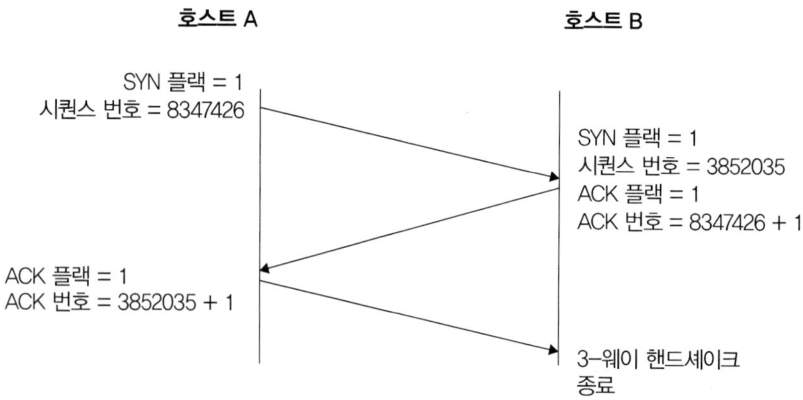

그림 2-6 3-웨이 핸드셰이크(3-way handshake) 과정

위 그림에 보인 3-웨이 핸드셰이크 과정 동작 순서는 다음과 같다.

1. 연결을 맺고자 하는 측(호스트 A)에서 먼저 TCP 헤더의 SYN 플랙을 1로 하고 시퀀스 번호(sequence number)를 32비트 임의의 정수(예: 8347426)로 한 요청 세그먼트를 보낸다. 이는 상대방(호스트 B)에게 앞으로 사용할 자신의 시퀀스 번호를 알려주기 위한 것이다.

2. 요청 세그먼트를 받은 상대방(호스트 B)은 자신이 사용할 32비트 시퀀스 번호(예:3852035)를 생성하고 이를 호스트 A에게 알려주기 위해 헤더의 SYN 플랙을 1로 한다. 또 호스트 A가 보낸 세그먼트에 대한 확인을 위해 ACK 번호를 호스트 A의 시퀀스 번호 + 1(여기서는 8347426 + 1)로 하고 ACK 플랙을 1로 한다. 호스트 B는 이와 같은 내용이 헤더에 들어간 응답 세그먼트를 호스트 A에게 보내준다.

3. 호스트 A에서는 호스트 B가 보내온 응답 세그먼트에 들어있는 ACK 번호가 자신이 보낸 시퀀스 번호 + 1인지 조사한다. 값(8347426 + 1)이 일치하면 호스트 B에서 보내온 세그먼트에 대한 확인을 위해 호스트 B의 시퀀스 번호 + 1(여기서는 3852035 + 1)을 ACK 번호로 하고 ACK 플랙을 1로 한 응답 세그먼트를 보내준다.

위의 과정을 거쳐 세 개 세그먼트의 교환이 끝나면 양측 간에 TCP 연결이 이루어지며 이어서 신뢰성 있는 스트림 전송이 가능해 진다.

TCP 연결을 종료(close)하는 과정도 비슷하게 핸드셰이크(handshake) 과정을 거친다. 다음에 연결 종료 과정을 설명한다.

1. TCP 연결을 끊을 때는 한쪽에서 연결을 끊겠다는 표시를 위해 헤더의 FIN 플랙을 1로 한 세그먼트를 보낸다.

2. 이를 수신한 상대방은 일단 FIN 요청을 잘 받았다는 의미로 ACK 플랙을 1로 한 응답을 보내준다. 이때의 ACK 번호는 1번에서 보내온 시퀀스 번호 + 1이다.

3. 이어서 자기도 연결을 끊겠다는 의미로 FIN 플랙을 1로 한 응답을 또 보낸다. 즉 2번, 3번은 모두 같은 쪽에서 보내는 것이다.

4. 최초에 FIN 요청을 한 상대방은 3번에서 보내온 세그먼트에 있는 시퀀스 번호 + 1 한 값을 ACK 번호로 하고 ACK 플랙을 1로 하여 상대방에게 보냄으로써 FIN 요청을 잘 받았다는 것을 알린다.

TCP 연결 종료 시 위와 같이 4단계를 거치므로 확실한 종료가 가능하다.

TCP 연결을 종료하는 방법은 위에서 설명한 FIN 플래을 사용하는 것 외에도 RST 플랙을 사용하는 방법도 있다. 이와 같은 연결 종료를 연결 리셋(connection reset)이라 한다. TCP 연결이 설정되어 데이터를 주고받는 도중 한쪽에서 RST 플랙을 1로 한 세그먼트를 보내게 되면 연결 리셋이 되어 자동으로 양쪽의 연결이 종료된다. FIN 플랙에 의한 정상 종료 시에는 일단 버퍼에 남아 있는 데이터를 네트워크로 내보낸 후에 끝내게 되지만 RST 플랙을 1로 한 연결 리셋 시는 버퍼에 쌓여 있는 데이터를 무시하고 끝을 맺는다. 이것은 양방향으로의 FIN 플랙에 의한 협의과정 없이 진행되므로 일방적인 끝내기라고 할 수 있다.

2-6 TCP 흐름 제어

TCP는 스트림 방식의 데이터 전송을 지원하므로 양단 간에 3-웨이 핸드셰이크로 연결 설정이 되면 임의의 크기의 데이터를 순서를 유지하며 전송할 수 있다. 이때 TCP 세그먼트의 최대 크기는 이 세그먼트를 담고 있는 IP 패킷(IP 데이터그램)의 최대 크기로 결정이 된다(TCP 세그먼트는 IP 패킷의 데이터 영역에 들어있다).

IP 패킷의 길이를 나타내는 IP 헤더의 필드(전체길이 필드)는 16비트이므로 IP 헤더와 TCP 헤더의 길이 20바이트씩을 각각 빼면 이론상 TCP 데이터 영역의 최대 크기는 65535 − 40바이트이다. 그러나 실제 크기는 전송을 담당하는 링크 계층의 MTU(maximum transfer unit)보다 클 수는 없으므로 이 값에 의해 제한된다. LAN 환경에서는 MTU가 1500바이트인 이더넷을 주로 사용하므로 이때 TCP가 한 번에 전송할 수 있는 최대 메시지 크기(MSS: maximum segment size)는 1500 − 40 = 1460 바이트이다. LAN에서 벗어난 외부망 환경에서는 대부분 이보다 더 크기가 작다.

● 슬라이딩 윈도우(sliding window)

TCP는 데이터 전송의 신뢰성을 제공하기 위해 기본적으로 '확인 및 재전송(positive acknowledgement with retransmission)' 기법을 사용한다. 이 방법은 송신 측에서 보낸 패킷에 대해 수신 측에서 확인신호(acknowledgement)를 보내오는 것이다. 송신 측은 이 확인신호를 보고 자신이 보낸 패킷이 수신 측에 확실히 전달되었음을 알 수 있다. 송신 측은 송신 시 타이머를 시작하고 정해진 시간 내에 수신 측에서 확인신호가 오지 않으면 재전송한다. 이와 같은 동작을 [그림 2-7]과 [그림 2-8]에 보였다. [그림 2-7]은 정상적으로 타이머 종료 전에 수신 측에서 확인신호가 온 경우이며, [그림 2-8]

은 타이머 종료까지 수신 측에서 확인신호가 오지 않아 패킷을 재전송한 경우이다.

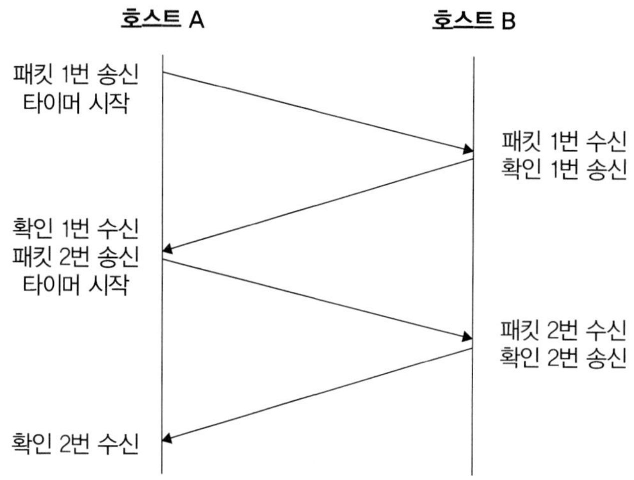

그림 2-7 확인 및 재전송 방식 동작-확인신호가 시간 내에 온 경우

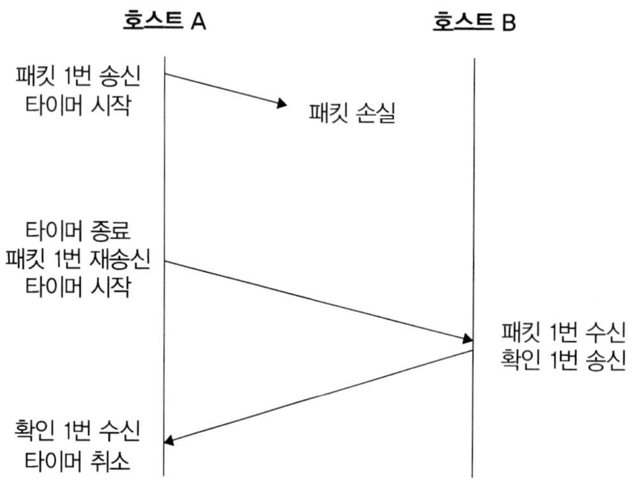

그림 2-8 확인 및 재전송 방식 동작-확인신호가 없어 재전송한 경우

그러나 이 방식의 문제점은 송신 측에서 보낸 하나의 패킷에 대해 수신 측에서 확인신호(acknowledgement)가 오기 전까지는 다음 패킷을 보낼 수 없다는 점으로 전송 효율을 크게 떨어뜨린다. 따라서 실제 TCP는 슬라이딩 윈도우(sliding window) 방식을 사용하여 전송 효율을 높이고 있다. 이 방식에서는 송신 측에서 수신 측으로부터의 확인신호를 받기 전에 여러 패킷을 보낼 수 있게 한다. 이때 수신 측으로부터의 확인신호를 받기 전에 보낼 수 있는 패킷의 양은 슬라이딩 윈도우 크기로 제한된다.

[그림 2-9]와 [그림 2-10]은 슬라이딩 윈도우 동작을 편의상 간단한 모델로 표현한 것이다(실제 동작은 아니다).

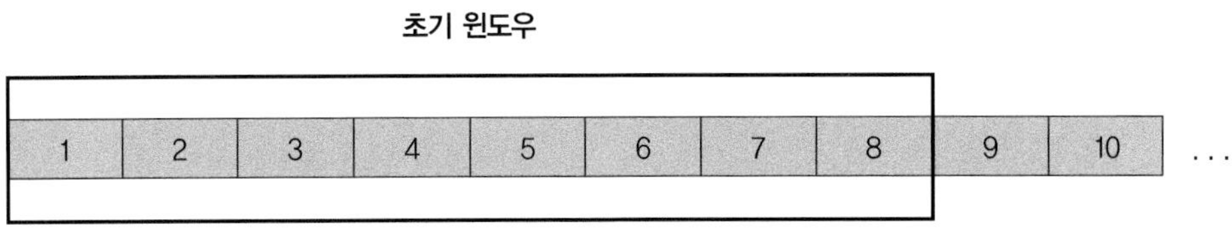

그림 2-9 슬라이딩 윈도우 동작-초기 상태

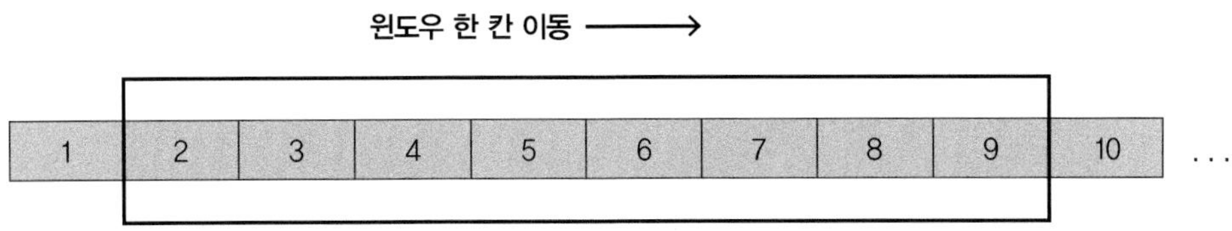

그림 2-10 슬라이딩 윈도우 동작-이동 상태

[그림 2-9]에서 슬라이딩 윈도우 크기는 8이며, 이때 수신 측으로부터의 확인신호 없이 슬라이딩 윈도우 내의 모든 패킷(패킷 1 ~ 패킷 8)이 전송된다. 이후 패킷 1에 대한 확인신호가 도착하면 [그림 2-10]에서는 슬라이딩 윈도우는 1만큼 이동하고 따라서 패킷 9가 전송된다. 또 이후 패킷 2, 3, 4에 대한 확인신호가 도착하면 슬라이딩 윈도우는 3만큼 이동하고 따라서 패킷 10, 11, 12가 전송된다.

즉 패킷 하나를 보내고 이 패킷에 대한 확인신호를 받을 때까지 기다리지 않고 슬라이딩 윈도우 크기 내에서는 수신 측으로부터 확인신호 없이도 계속 패킷을 보낸다는 의미이다. 이는 결국 전송 속도의 향상으로 이어진다. 동작 과정에서 수신 측은 자신이 받아들일 수 있는 슬라이딩 윈도우 크기를 TCP 헤더의 윈도우 크기 필드(16비트)에 넣어 계속 알려준다. 만일 수신 측에서 수신된 패킷을 완전히 처리 못했으면 슬라이딩 윈도우 크기를 작게 해서 보낸다.

다음 [그림 2-11]은 세 개의 패킷이 수신 측에서의 확인신호 없이 송신된 경우를 보였다.

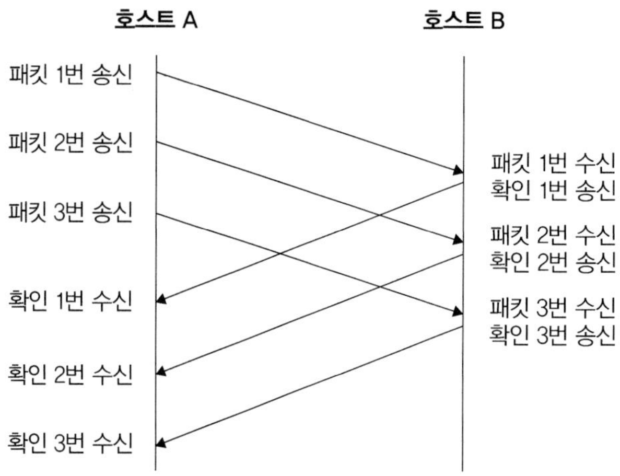

그림 2-11 세 개의 패킷이 수신 측에서의 확인신호 없이 송신된 경우

이와 같은 식으로 하여 TCP에서는 전송 효율을 높이고 있는데, TCP 헤더의 슬라이딩 윈도우 값은 네트워크의 상황과 호스트의 상태에 따라 가변적이다. 보통 초기 슬라이딩 윈도우 값으로 4096바이트를 많이 사용한다. 다음 [그림 2-12]에서 TCP 전송 과정에서의 슬라이딩 윈도우 값과 시퀀스 번호(sequence number), ACK 번호(acknowledgement number)의 예를 보였다.

다음 그림에서 SEQ는 시퀀스 번호, ACK는 ACK 번호, WINDOW는 슬라이딩 윈도우 크기이다. 동작 과정은 다음과 같다.

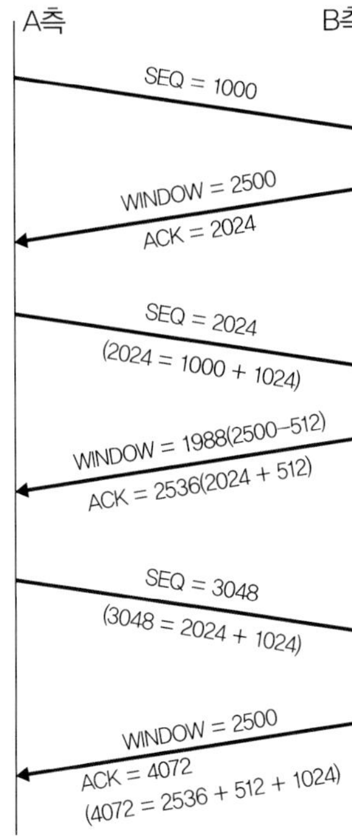

그림 2-12 슬라이딩 윈도우 값, 시퀀스 번호, ACK 번호의 예

1. A에서 시퀀스 번호를 1000으로 한 1024바이트 패킷이 전송된다.
2. B에서는 시퀀스 번호 1000 + 1024 하여 ACK 번호를 2024로 하고 슬라이딩 윈도우 크기는 2500으로 한 응답을 A에게 보낸다.
3. A는 시퀀스 번호를 2024(= 1000 + 1024)로 한 1024바이트 패킷을 전송한다.
4. 이번에는 B에서 ACK 번호가 2536(= 2024 + 512), 슬라이딩 윈도우 크기는 1988(= 2500 − 512)으로 응답이 온다(B에서는 A가 보낸 1024바이트 중 512바이트만 처리하였으므로 슬라이딩 윈도우 크기를 남은 512바이트만큼 감소시키고, ACK 번호도 A의 시퀀스 번호에서 512만 증가한 것이다).

5. A는 자신이 보낸 1024바이트 데이터 전체에 대한 확인신호를 받지 못하였으나 시퀀스 번호를 3048(= 2024 + 1024)로 하여 다시 1024바이트 데이터를 보낸다. 즉 A는 슬라이딩 윈도우 방식을 사용하여 윈도우 크기가 1988 바이트만큼 여유 있으므로 그 한도 내에서 B로부터의 확인신호를 받지 못하였지만 미리 전송한 것이다.

6. B에서는 ACK 번호가 4072인데 이는 지난번 ACK 번호인 2536에서 지난번에 처리 못했던 512바이트와 이번에 받은 1024바이트를 모두 처리해서 확인한다는 의미이다(4072 = 2536 + 512 + 1024). 또 윈도우 크기도 지난번의 1988에서 다시 원래 크기인 2500으로 증가하였다.

UDP와 IP 멀티캐스트

CHAPTER

[3]

3-1 UDP 헤더 및 동작

비교적 간단한 요구를 갖는 응용 프로그램들(예: tftp)이나 멀티캐스트 전송 및 실시간 멀티미디어 데이터 전송 등의 응용에서는 트랜스포트 계층으로 TCP 대신 비연결성(connectionless) 프로토콜인 UDP(user datagram protocol)를 사용한다. UDP에서는 목적지 호스트의 포트번호까지 단순히 패킷 전달만을 행하는 기능을 제공한다. UDP는 비 신뢰성(unreliable), 비연결성 프로토콜인 점에서 IP와 유사하다. 그러나 호스트에 패킷을 전달하기만 하는 IP에 비해 다음의 두 가지 추가적인 기능을 더 지원한다.

- UDP 헤더는 목적지 포트번호를 가지므로 목적지 애플리케이션 프로세스와의 연결을 제공한다.
- UDP 헤더는 패킷의 데이터 부분에 대한 에러 체크섬(checksum) 기능을 가지므로 수신 측에서 데이터 부분에 대한 에러 체크가 가능하다(IP는 헤더부분에 대한 체크섬 기능만 있고 데이터 부분은 없다).

UDP는 응용 프로그램들 간의 통신을 위한 프로토콜 오버헤드(overhead)가 TCP보다 작다. 즉 두 호스트 사이에서 간단한 데이터를 자주 주고받는 경우에 TCP에서는 매번 먼저 3-웨이 핸드셰이크(3-way handshake) 절차를 거친 후 비로소 데이터를 보낼 수 있으나 UDP에서는 이러한 절차 없이 바로 패킷을 보낼 수 있어 빠른 처리가 가능하다.

또 UDP에서는 특정한 그룹에 속한 다수의 호스트에게 동시에 데이터를 전송하는 멀티캐스트 전송이 가능하다. UDP는 패킷 정렬 기능을 제공하지 않기 때문에 패킷은 수신 측 응용 프로그램에 의해 적절한 순서대로 놓여야 한다. 따라서 신뢰성 있고 순차적인 전달을 요구하는 응용 프로그램들은 UDP 대신 TCP를 사용해야 한다. [그림 3-1]에 UDP의 헤더 구조를 보였다.

0	31
소스 포트 번호(16)	목적지 포트 번호(16)
길이(16)	체크섬(16)
데이터(가변)	

그림 3-1 UDP 헤더 구조

UDP 헤더 각 필드의 기능은 다음과 같다.

- **소스 포트번호(source port number) (16비트)**

  송신 측의 16비트 포트번호가 들어간다.

- **목적지 포트번호(destination port number) (16비트)**

  수신 측의 16비트 포트번호가 들어간다.

- **길이(length) (16비트)**

  헤더를 포함한 전체 UDP 데이터그램의 길이이다. 단위는 바이트이다.

- **체크섬(checksum) (16비트)**

  데이터 영역을 포함한 체크섬 값이다. IP 헤더의 체크섬은 IP 헤더부만 포함하고 데이터 부분에 대한 체크섬 기능은 없는 반면에, UDP 체크섬은 데이터 부분도 포함하므로 UDP 데이터가 수신 측에 에러 없이 도착했는지 여부를 알 수 있다. 단, 실제로는 이 UDP의 체크섬은 UDP 헤더와 UDP 데이터 부분만이 아니라 IP 헤더의 뒷부분 12바이트도 포함한다(TCP 체크섬도 마찬가지로 IP 헤더의 뒷부분 12바이트를 포함한다). 여기에 포함되는 IP 헤더 부분은

IP 소스 주소, IP 목적지 주소, TTL(time-to-live) 필드, 프로토콜 필드, 전체 길이(total length) 필드 등 주요 IP 헤더 필드들이다.

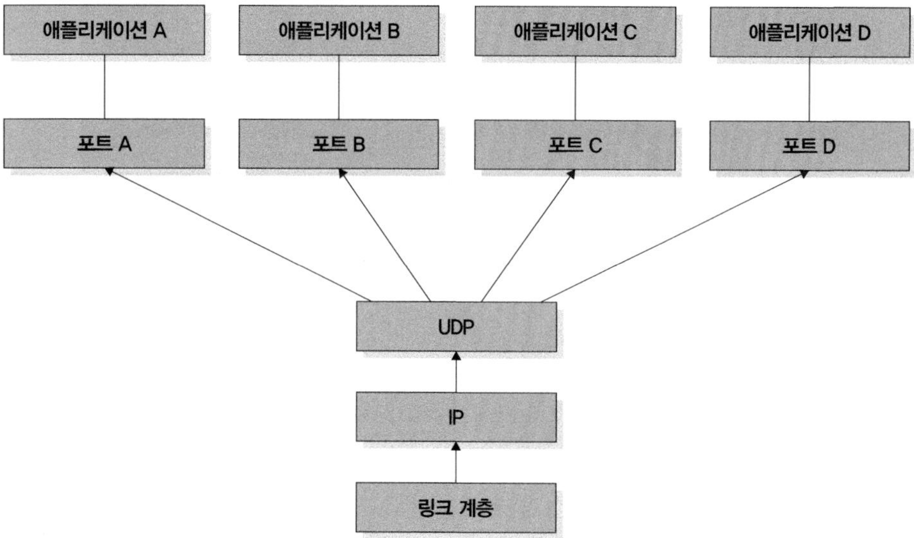

그림 3-2 UDP에서 목적지 포트번호와 프로세스의 연결

UDP에는 이상의 간단한 헤더부에 이어 바로 데이터 영역이 이어진다. UDP를 사용하는 몇 가지 예를 다음에 보였다.

» **NFS(network file system):** 원격지 호스트의 파일시스템(즉, 하드디스크의 특정 디렉터리나 파일)에 액세스할 수 있게 한다.
» **DNS(domain name service):** 인터넷 도메인 이름에 대한 IP 주소를 검색한다.
» **TFTP(frivial file transfer protocol):** 임베디드 시스템 개발 시나 하드디스크가 없는 시스템의 부팅 시에 서버로부터 파일을 전송받을 때 사용한다. FTP와 달리 메시지 구조가 매우 단순하고 로그인 인증 과정도 없다.
» **SNMP(simple network management protocol):** 네트워크 관리에 사용되는 프로토콜이다.

» **RTP(real-time transport protocol):** 실시간 멀티미디어 데이터(오디오/비디오)를 TCP/IP 네트워크를 통해 전송하는 데 사용하는 프로토콜이다.

수신 측에서는 UDP 패킷(UDP 데이터그램)을 받은 후 목적지 포트번호에 의해 애플리케이션 프로세스로 연결시켜 준다. 다음 [그림 3-2]에 이를 보였다.

위 그림에서 UDP는 TCP와 마찬가지로 목적지 포트번호에 기초하여(예로 TFTP 경우는 포트번호가 69이다) 해당되는 애플리케이션 프로세스에게 데이터를 연결해 준다. UDP 동작 예로써 TFTP 패킷의 포맷을 다음 [그림 3-3] ~ [그림 3-6]에 보였다.

IP 헤더	protocol = UDP = 17번	
UDP 헤더	port = 69번	
동작코드	00	01/02
파일명	N 바이트 (가변)	
	00	
모드	'netascii/octet'	
	00	

그림 3-3　읽기/쓰기 요청(request) 메시지　UDP 헤더 구조

IP 헤더	protocol = UDP = 17번	
UDP 헤더	port = 69번	
동작코드	00	03
블록번호		
데이터	최대 512 바이트	

그림 3-4　실제 데이터가 들어있는 메시지

IP 헤더	protocol = UDP = 17 번	
UDP 헤더	port = 69 번	
동작코드	00	04
블록번호		

그림 3-5　확인(acknowledgment) 메시지

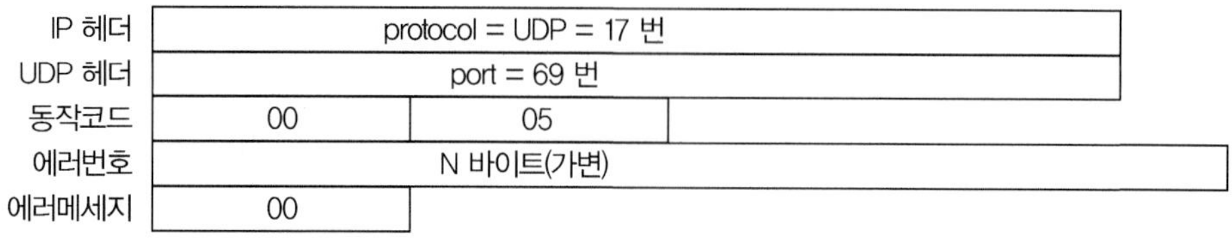

그림 3-6 에러 상태를 나타내는 메시지

이 [그림 3-3] ~ [그림 3-6]에서 IP 헤더의 프로토콜 필드(protocol field)는 17인데 이는 UDP를 가리킨다. TCP인 경우는 이 값이 6이다. UDP 헤더에서는 포트 번호가 69이며 이는 TFTP 서비스를 가리킨다. UDP 헤더 이후의 처음 2바이트는 TFTP의 동작코드(operation code) 필드로서 [표 3-1]에 각 값에 대한 동작을 보였다.

표 3-1 TFTP의 동작코드

동작코드(16진수)	동작
0x0001	파일 읽기 요청(read request)
0x0002	파일 쓰기 요청(write request)
0x0003	실제 데이터가 들어있는 메시지
0x0004	데이터를 받은 데 대한 확인(acknowledgment) 메시지
0x0005	에러 상태를 나타내는 메시지

[그림 3-3]은 동작코드 필드가 01이나 02인 읽기/쓰기 요청(request) 메시지인 경우이다. 여기서는 동작코드 다음에 전송할 실제 파일 이름이 오고 다음에 모드(mode) 영역이 온다. 모드 값이 'netascii'이면 전송할 파일이 텍스트 형태라는 의미이고 'octet'이면 바이너리(binary)라는 의미이다.

[그림 3-4]는 동작코드 필드가 03인 경우이다. 동작코드 다음에 오는 블록넘버 필드(block number field)에 전송할 파일의 블록번호가 들어가고 이어지는 데이터 영역에는 실제 파일부분이 들어간다. 데이터 영역은 마지막 블록을 제외하고는 항상 512바이트 크기이다. 즉 TFTP는 전송할 파일을 512바이트의 블록으로 나누어 전송한

다. 이때 마지막 블록이 512바이트 미만이면 이를 전송완료로 인식한다.

[그림 3-5]는 동작코드 필드가 04인 경우이다. 하나의 블록을 받은 상대방은 동작코드 필드를 04로 하고 이어지는 블록넘버 필드에 수신한 블록번호를 담아 보내옴으로써 받은 블록에 대한 확인(acknowledgment)을 하여 준다. 이와 같은 동작이 블록 단위로 반복되어 UDP를 통한 파일 전송이 이루어진다.

[그림 3-6]은 동작코드 필드가 05인 경우이다. 전송 도중에 에러 발생 시는 OP 코드 필드를 05로 하여 에러 발생을 상대방에 알려주며, 이때 에러 메시지 필드에는 에러 발생 상황에 대한 내용이 담겨 전달된다. TFTP에서 전송완료 메시지는 따로 없고 메시지 최대길이가 512 바이트 미만이면 전송완료로 인식한다.

3-2 IP 멀티캐스트

TCP/IP 네트워크에서 브로드캐스트 전송인 경우 수신 측을 구분하지 않고 네트워크 전체 호스트에게 패킷이 전송되는 반면 IP 멀티캐스트(multicast) 전송에서는 특정 그룹에 속한 호스트들에게만 패킷이 전달된다. IP 멀티캐스트를 사용하면 하나의 소스에서 송신된 IP 데이터그램(패킷)을 여러 목적지로 전달할 수 있으므로 결국 네트워크 대역폭을 크게 절약할 수 있고 송신 측 부하를 덜 수 있어 화상회의, 인터넷 방송, 원격교육, IPTV, 네트워크 게임 등에 사용된다(이후 설명에서는 편의상 IP 멀티캐스트를 줄여서 멀티캐스트라고 한다).

IP 멀티캐스트를 위해서는 클래스 D IP 주소가 사용되고 트랜스포트 계층으로는 UDP가 사용된다. 클래스 D IP 주소는 2진수로 1110인 상위 4비트와 멀티캐스트 그룹 ID로 사용되는 나머지 28비트로 구성되며 주소 범위는 224.0.0.0 ~ 239.255.255.255이다. 클래스 D 주소는 사용자가 임의로 설정해 사용할 수 있으나 일부 주소는 이미 용도가 예약되어 있다. [표 3-2]에 이들 예약된 주소 예를 보였다.

표 3-2 클래스 D의 예약된 주소 예

주소	기능
224.0.0.1	서브넷 상의 모든 멀티캐스트 시스템
224.0.0.2	서브넷 상의 모든 라우터
224.0.0.4	모든 DVMRP 라우터
224.0.0.13	모든 PIMv2 라우터

위 표에서 DVMRP(distance vector multicast routing protocol)는 라우터 간에 IP 멀티캐스트 방식의 전송을 지원하기 위한 거리 벡터형(distance vector) 경로 제어 방식이다. 또 PIM(protocol independent multicast)도 역시 라우터에서 IP 멀티캐스트 방식을 지원하기 위한 경로 선택 프로토콜이며 멀티캐스트 패킷 송수신 시 DVMRP보다 효율이 좋다고 알려져 있다.

참고

[IP 브로드캐스트]

IP 계층에서의 브로드캐스트를 위해서는 IP 브로드캐스트 주소를 사용한다. IP 브로드캐스트 주소 형태인 32비트가 모두 1인 255.255.255.255는 해당 네트워크 세그먼트(segment) 내부(즉 서브넷)에서만 동작하는 제한된 브로드캐스트 주소이며, 이 경우 라우터를 통과하지 못한다. 반면 IP 주소에서 네트워크 ID 부분을 제외한 호스트 부분만 모두 1인 경우도 있다(예: 네트워크 ID 부분이 136.31인 B 클래스 네트워크라면 136.31.255.255). 이 경우는 해당 네트워크에 속한 모든 호스트에게 패킷이 전달되며 해당 네트워크 내에 라우터가 있으면 패킷은 라우터를 통과해서 전달된다.

● LAN 환경에서의 멀티캐스트

IP 패킷이 LAN 환경(이더넷)에서 목적지에 도달하기 위해서는 유니캐스트의 경우 MAC 헤더(이더넷 헤더)가 붙어 목적지 MAC 주소(이더넷 주소, 하드웨어 주소)를 가리키는데, 이는 멀티캐스트 경우에도 마찬가지이다. 단, 48비트 MAC 주소 중 멀티캐스트 용으로 사용되는 주소 범위는 16진수로 01:00:5E: ~ 로 시작하도록 미리 지정되어 있다.

IP 멀티캐스트 패킷에 MAC 헤더가 붙을 때에는 다음 [그림 3-7]과 같이 IP 멀티캐스트 주소가 목적지 MAC 주소(이더넷 주소)의 하위 23비트에 복사되어 맵핑(mapping)된다.

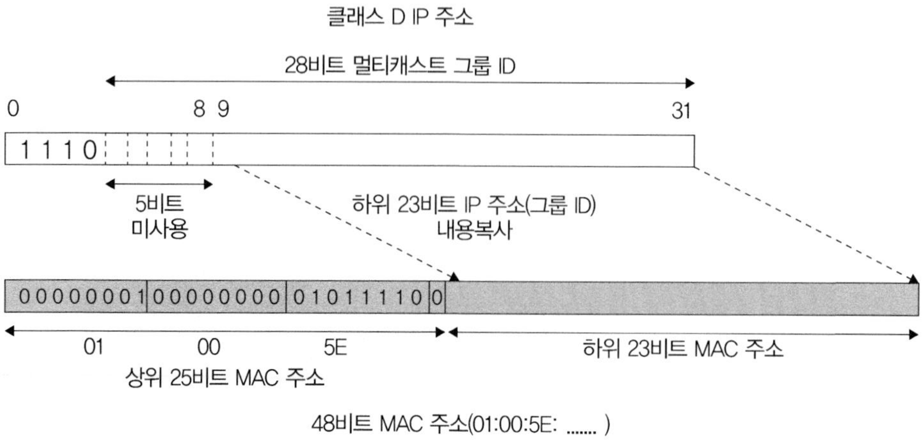

그림 3-7 IP 멀티캐스트 주소와 MAC 주소의 하위 23비트 맵핑

이때 클래스 D 주소 상위 9비트([그림 3-7]에서 비트0 ~ 비트8)를 제외하고 나머지 하위 23비트(비트9 ~ 비트31)가 MAC 주소의 하위 23비트에 복사된다. 그런데 멀티캐스트 그룹 ID는 28비트이므로 결국 MAC 주소로의 맵핑 과정에서 상위 5비트는 무시된다. 따라서 32개의 중복 주소 맵핑이 생길 수 있다. 예를 들어 클래스 D 주소가 235.02.05.01이라 할 때 맵핑되는 MAC 주소는 01:00:5E:02:05:01이 되는데, 클래스 D 주소가 234.02.05.01인 경우나 233.02.05.01 등도 동일한 MAC 주소로 맵핑된다.

이와 같이 서로 다른 클래스 D 주소가 동일한 MAC 주소를 갖게 되는 경우도 있으므로 한쪽 멀티캐스트 그룹으로 보낸 멀티캐스트 패킷이 다른 쪽 멀티캐스트 그룹에도 도달하는 경우가 발생할 수 있다. 그러나 목적지 MAC 주소가 동일해도 멀티캐스트 패킷은 IP 헤더의 목적지 IP 주소(클래스 D 주소)로 서로 구분되므로 실제 사용상 문제가 되지는 않는다.

멀티캐스트 수신을 위해서는 수신 측 호스트의 응용 프로그램이 IP 계층에 수신할 멀티캐스트 IP 주소를 알려주어야 하는데, 이를 해당 멀티캐스트 그룹에 가입한다고 한다. 응용 프로그램에서 멀티캐스트 그룹에 가입하기 위해서는 C 언어로 구현된 소켓 옵션을 설정해 주는 함수인 setsockopt()을 사용하면 되며 이의 응용 예를 6-7절에 설명하였다. 이밖에도 자바에서는 MulticastSocket 클래스를 사용해 멀티캐스트 그룹에 가입할 수 있는데 이의 응용 예를 8-2절에 설명하였다. C#의 경우에는 UdpClient 클래스에서 멀티캐스트 그룹 가입 및 탈퇴를 위한 메서드가 제공되며 이의 응용 예를 10-5절에 설명하였다.

3-3 IGMP 동작

IGMP(internet group management protocol)란 멀티캐스트 라우터와 호스트(컴퓨터) 간에 멀티캐스트 그룹 관리를 위한 프로토콜이다. 이는 멀티캐스트 그룹 멤버가 그룹에 가입/탈퇴하는 것에 관한 제어 정보를 전달한다. 멀티캐스트 라우터는 IGMP를 이용해 자신이 속한 서브넷에 멀티캐스트 그룹에 가입한 컴퓨터가 있는지 알 수 있고 만약 하나도 없다면 수신된 멀티캐스트 패킷을 전달하지 않아 불필요한 네트워크 트래픽이 발생하지 않도록 한다.

IGMP는 IP 계층에 속하며(IP 헤더의 프로토콜 필드 값이 2이다.) IP 데이터그램(패킷)에서 IP 헤더 다음에 이어지는 데이터 부분에 IGMP 메시지가 들어간다. [그림 3-8]에는 이더넷 프레임에서의 IGMP 메시지의 위치를 보였다. IP 헤더의 프로토콜 필드 값이 2이면 IP 패킷 데이터 부분에 IGMP 메시지가 들어있다는 의미이다. 여기서 FCS(frame check sequence)는 비트 에러 체크를 위해 이더넷 프레임 뒤에 붙는 트레일러(trailor)이다.

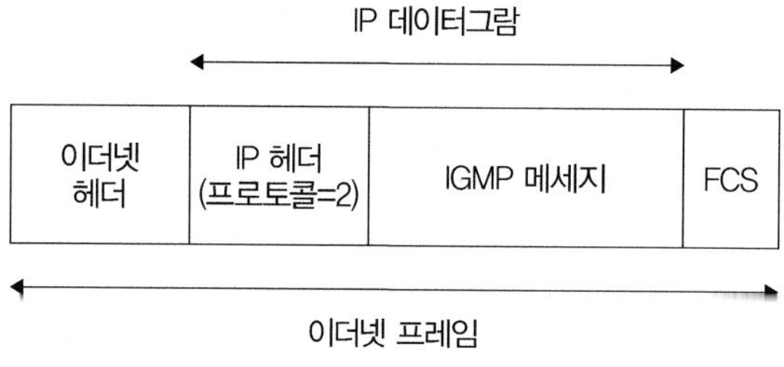

그림 3-8 이더넷 프레임에서의 IGMP 메시지의 위치

[그림 3-9]에는 IGMP 메시지의 구성을 보였다(괄호 안의 값은 비트수이다).

타입 (8)	MRT (8)	체크섬 (16)	멀티캐스트 그룹주소 (32)

그림 3-9 IGMP 메시지의 구성(IGMPv2

IGMP 메시지는 버전(version) 1부터 현재 버전 3까지 3개의 버전이 있으며 버전 2인 IGMPv2와 버전 3인 IGMPv3가 주로 사용된다. IGMPv2는 인터넷 기술문서 rfc 2236에 설명되어 있고 IGMPv3는 rfc 3376에 설명되어 있다(여기서는 가장 많이 사용되는 IGMPv2 기준으로 설명한다). IGMP 메시지 각 필드 기능은 다음과 같다

- **타입 (8비트)**

  IGMP 메시지 타입을 결정한다. IGMPv2의 경우 0x11, 0x16, 0x17의 3가지 타입이 있다. 0x11은 Query(질의)이고, 0x16은 Membership Report(멤버쉽 리포트)이고, 0x17은 Leave Group(그룹탈퇴)이다.

- **MRT(maximum response time) (8비트)**

  IGMP에서는 라우터가 발생하는 Query 메시지에 대한 응답으로 각 호스트들이 Membership Report 메시지를 발생하는데, 이때 Membership Report 메시지의 최대 응답 시간 간격을 정한다. 1/10초 단위이다.

- **체크섬 (16비트)**

  IGMP 메시지 에러 체크를 위해 사용한다.

- **멀티캐스트 그룹주소 (32비트)**

  가입/탈퇴하려는 멀티캐스트 그룹의 32비트 IP 주소이다. 클래스 D 영역이다.

IGMP 메시지는 멀티캐스트 그룹의 가입/탈퇴 과정에서 사용되며 [표 3-3]에 메시지 타입을 보였다.

표 3-3 주요 IGMP 메시지 타입

IGMP 메시지 타입	타입 필드 값	기능
General Query(일반질의)	0x11	그룹 가입 및 유지를 위해 라우터가 주기적으로 송신한다.
Membership Report(멤버쉽리포트)	0x16	그룹 가입을 원하는 컴퓨터가 발생한다.
Leave Group(그룹탈퇴)	0x17	그룹 탈퇴 컴퓨터가 발생한다.
Group-specific Query(그룹특정질의)	0x11	라우터가 탈퇴 확인을 위해 사용한다.

IGMP에서 멀티캐스트 그룹의 가입 절차는 다음과 같다.

1. 멀티캐스트 라우터는 주기적으로 General Query 메시지를 내보낸다. General Query 메시지의 각 항목 및 헤더부분의 값들은 다음 [그림 3-10]과 같이 구성된다.

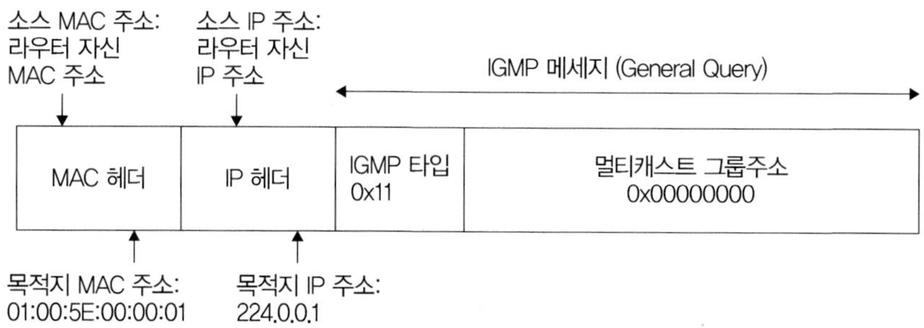

그림 3-10 General Query 메시지의 각 항목 및 헤더부분의 값

그림에서 General Query 메시지의 IP 헤더의 소스 IP 주소는 멀티캐스트 라우터 자신의 IP 주소가 되지만 목적지 IP 주소는 서브넷 상의 모든 호스트를 가리키는 클래스 D 주소인 224.0.0.1이 된다(IP 헤더의 프로토콜 필드는 IGMP 메시지임을 나타내기 위해 값이 2이다).

General Query 메시지의 IP 헤더 뒤에 이어지는 타입 필드([그림 3-9] 참조) 값은 0x11이고 멀티캐스트 그룹주소 필드 값은 32비트 모두 0인

0x00000000이 된다.

또 이 General Query 메시지의 MAC 헤더(이더넷 헤더)에서 소스 MAC 주소는 멀티캐스트 라우터 자신의 이더넷 인터페이스 주소(일반 MAC 주소이므로 0x00으로 시작한다)이고, 목적지 MAC 주소는 앞 절에서 설명한 대로 IP 멀티캐스트 주소(224.0.0.1)가 01:00:5E: ~로 시작하는 MAC 주소의 하위 23비트에 매핑되어 01:00:5E:00:00:01이 된다.

2. 멀티캐스트 그룹에 가입고자 할 때에 해당 컴퓨터는 원하는 그룹 IP 주소를 가진 Membership Report 메시지를 내보낸다. Membership Report를 수신한 멀티캐스트 라우터는 자신이 속한 서브넷에 멀티캐스트 그룹에 가입한 컴퓨터가 있다고 기록하고 이후 이 서브넷에 멀티캐스트 패킷을 전달한다. Membership Report 메시지의 각 항목 및 헤더부분의 값들은 다음 [그림 3-11]과 같이 구성된다.

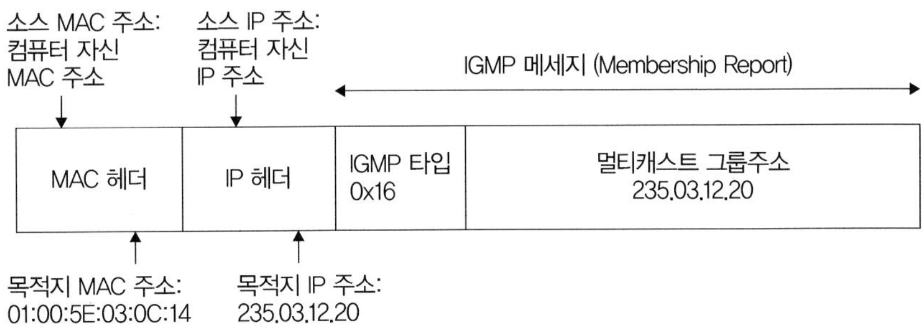

그림 3-11 Membership Report 메시지의 각 항목 및 헤더부분의 값

그림에서 Membership Report 메시지의 IP 헤더의 소스 IP 주소는 컴퓨터 자신의 IP 주소가 되지만 목적지 IP 주소는 가입하고자 하는 클래스 D 영역의 특정 멀티캐스트 그룹 주소(예 : 235.03.12.20)가 된다.

Membership Report 메시지의 IP 헤더 뒤에 이어지는 [그림 3-9]의 타입 필드 값은 0x16이고, 멀티캐스트 그룹 주소 필드 값은 목적지 IP 주소와 동일한 값이 들어간다.

또 이 메시지의 MAC 헤더(이더넷 헤더)에서 목적지 MAC 주소는 멀티캐스트 MAC 주소 범위인 01:00:5E로 시작하는 주소영역에 해당 멀티캐스트 그룹 주소의 하위 23비트가 매핑된 값이다. 예로 멀티캐스트 그룹 IP 주소가 235.03.12.20일 때 목적지 MAC 주소는 01:00:5E:03:0C:14가 된다(물론 소스 MAC 주소는 컴퓨터 자신에 부착된 이더넷 인터페이스 MAC 주소이다).

3. 멀티캐스트 그룹에 가입한 컴퓨터들은 이후 멀티캐스트 라우터가 내보내는 General Query 메시지에 대해 Membership Report 메시지로 응답해야 한다.

IGMP에서 멀티캐스트 그룹의 탈퇴 절차는 다음과 같다.

1. 멀티캐스트 그룹을 탈퇴할 때에 해당 컴퓨터는 이를 멀티캐스트 라우터에게 Leave Group 메시지로 알린다. Leave Group 메시지의 각 항목 및 헤더부분의 값들은 다음 [그림 3-12]와 같이 구성된다.

   그림에서 Leave Group 메시지의 IP 헤더의 소스 IP 주소는 컴퓨터 자신의 IP 주소가 되지만 목적지 IP 주소는 클래스 D 주소에서 서브넷 상의 모든 라우터를 의미하는 224.0.0.2가 된다.

   이 IP 헤더 뒤에 이어지는 [그림 3-9]의 타입 필드 값은 0x17이고 멀티캐스트 그룹 주소 필드 값은 자신이 가입되어 있던 그룹 IP 주소(예: 235.03.12.20)가 된다.

   또 이 메시지의 목적지 MAC 주소는 목적지 IP 멀티캐스트 주소(224.0.0.2)가 01:00:5E: ~로 시작하는 MAC 주소의 하위 23비트에 매핑되어 01:00:5E:00:00:02가 된다(물론 소스 MAC 주소는 그룹에서 탈퇴하려는 컴퓨터 자신에 부착된 이더넷 인터페이스 MAC 주소이다).

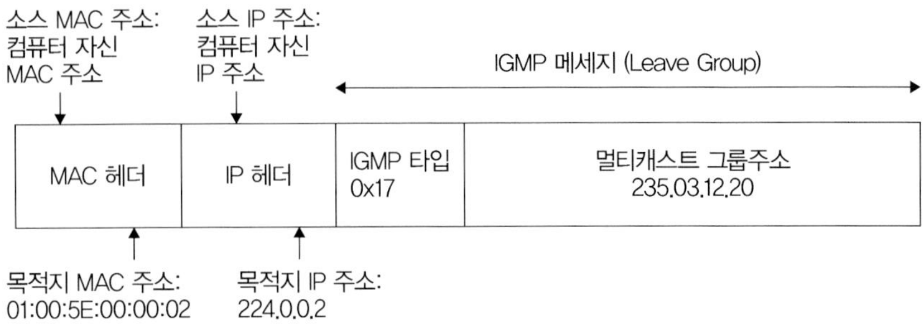

그림 3-12 Leave Group 메시지의 각 항목 및 헤더부분의 값

2. 이를 수신한 멀티캐스트 라우터는 확인을 위해 Group-specific Query 메시지를 2회 내보낸다. Group-specific query 메시지의 각 항목 및 헤더부분의 값들은 다음 [그림 3-13]과 같이 구성된다.

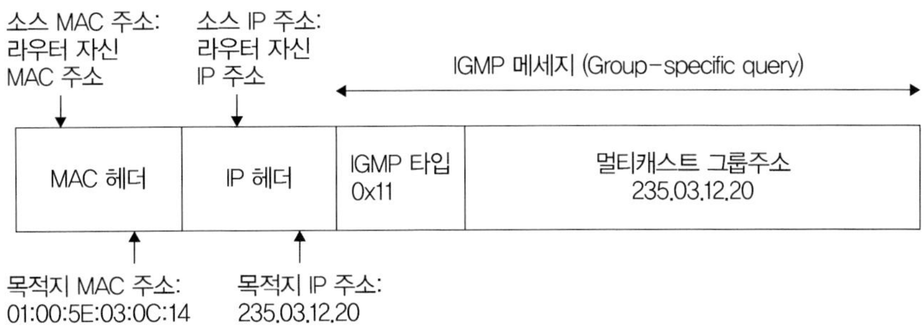

그림 3-13 Group-specific query 메시지의 각 항목 및 헤더부분의 값

그림에서 Group-specific Query 메시지의 IP 헤더의 소스 IP 주소는 멀티캐스트 라우터 자신의 IP 주소가 되지만 목적지 IP 주소는 1번 Leave Group 메시지에 들어있던 멀티캐스트 그룹 주소(예: 235.03.12.20)가 된다(앞에서 General Query 메시지 경우는 목적지 IP 주소는 서브넷 상의 모든 호스트를 가리키는 224.0.0.1이었다).

Group-specific Query 메시지의 IP 헤더 뒤에 이어지는 [그림 3-9]의 타입 필드 값은 Genral Query 메시지와 동일하게 0x11이고, 멀티캐스트 그룹 주소 필드 값은 목적지 IP 주소와 동일한 값이 들어간다. 또 이 Group-specific Query 메시지의 목적지 MAC 주소는 멀티캐스트 MAC 주소 범위인 01:00:5E로 시작하는 주소영역에 해당 멀티캐스트 그룹 주소(예: 235.03.12.20)의 하위 23비트가 매핑된 값이다(예: 01:00:5E:03:0C:14).

3. Group-specific Query 메시지에 대해 응답이 오지 않으면 이 서브넷에 해당 멀티캐스트 그룹 멤버가 없다고 보고 더 이상 이 주소로 멀티캐스트 패킷을 전달하지 않는다(즉, 그룹에서 모든 멤버가 탈퇴한 것이다).

이상에서 설명한 IGMP를 사용해 멀티캐스트 그룹 주소가 라우터에 등록되면 이후부터 목적지 IP 주소로 이 그룹 주소가 들어 있는 IP 패킷이 도착할 때마다 라우터는 이 그룹이 가입한 컴퓨터들에게 멀티캐스트 패킷을 전달한다. [그림 3-14]에 이 동작을 보였다.

그림에서 라우터는 내부에 저장된 멀티캐스트 그룹 주소(예: 235.03.12.20)와 동일한 목적지를 가지는 멀티캐스트 IP 패킷이 도착하면, 이 IP 패킷에 MAC 헤더(이더넷 헤더)를 붙여 해당 멀티캐스트 그룹에 가입한 모든 컴퓨터들에게 전달한다. 이때 목적지 MAC 주소는 01:00:5E로 시작하는 주소영역에 멀티캐스트 그룹 주소의 하위 23비트가 매핑된 값이다(여기서는 01:00:5E:03:0C:14이다). 그림에서 IP 헤더의 프로토콜 필드 값이 17인 것은 상위 프로토콜로 UDP가 사용되었기 때문으로, UDP의 데이터 부분(페이로드)에 비디오 프레임이 들어있는 경우이다. 이와 같이 UDP와 IP 멀티캐스트를 사용하면 하나의 패킷에 들어있는 데이터 부분(예: 비디오 프레임)을 동시에 여러 개의 컴퓨터에게 전송할 수 있는 장점이 있다.

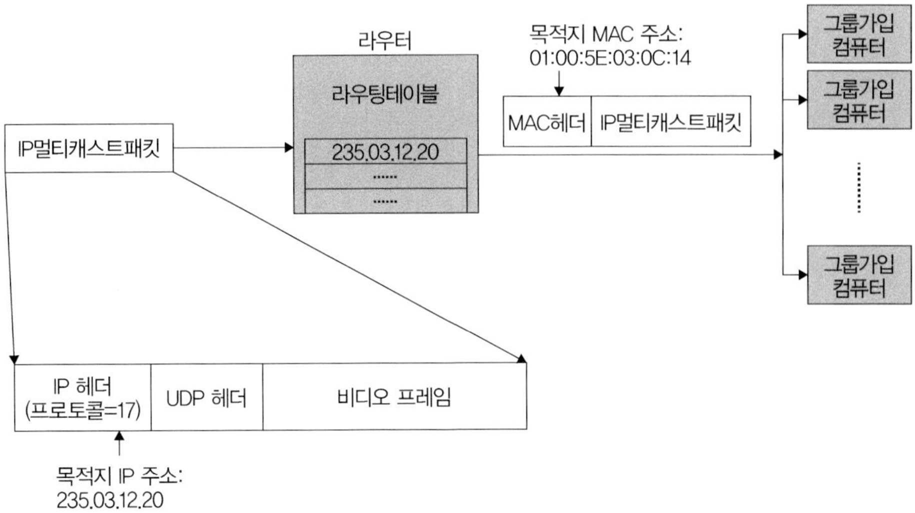

그림 3-14 라우터에 의한 멀티캐스트 패킷 전달 동작

[그림 3-15]는 멀티캐스트 패킷이 원격지에서 전송되는 경우인 인터넷 환경에서의 멀티캐스트 구성을 보였다. 소스에서 발생한 멀티캐스트 패킷이 인터넷상에서는 라우터를 거치면서 각 라우터 간에 PIM(protocol independent multicast) 등과 같은 멀티캐스트 라우팅 프로토콜을 사용해 전달된다. 다음 목적지 라우터가 있는 LAN 환경에 도달하면 앞에서 설명한 과정을 거쳐 최종 멀티캐스트 목적지(IGMP를 사용해 멀티캐스트 그룹에 가입한 호스트)에 도달하게 된다.

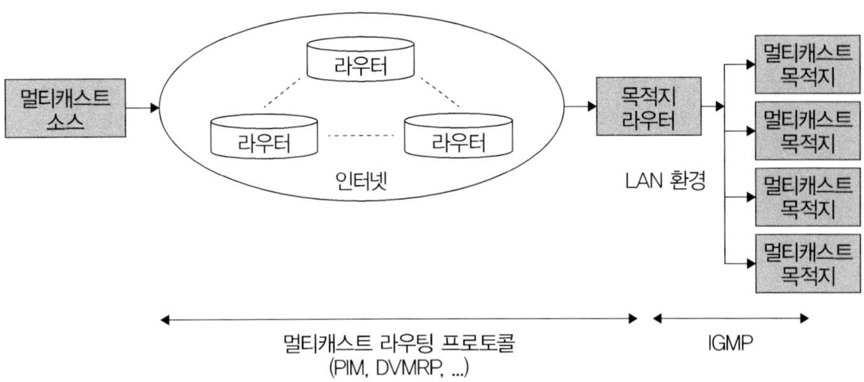

그림 3-15 인터넷 환경에서의 멀티캐스트 구성

3-4 ICMP 동작

ICMP(internet control message protocol)는 IP 계층에서의 에러 리포트(error reporting) 및 제어를 목적으로 하며 앞에서 설명한 IP 프로토콜의 동작을 보조하는 기능을 한다. IP 프로토콜 자체는 전송 도중에 발생한 IP 패킷에 대한 에러 리포트 기능이 없다.

예를 들어 도달할 수 없는 목적지에 계속 IP 패킷을 보내려 하거나 전송 도중 시간이 많이 지연되어 IP 헤더의 TTL(time-to-live) 값이 0으로 되어 IP 패킷이 도중에 폐기되어야 하는 경우가 있을 수 있다. 이러한 IP 전송 계층에서의 에러 상태를 송신 측에 알려 줄 필요가 있는데 이러한 기능을 ICMP가 제공한다. ICMP 주요기능은 다음과 같은 것들이 있다.

- **시간 초과 에러**(time exceed error): TTL(time-to-live) 값이 0으로 될 때까지 목적지에 도달하지 못한 경우에 이를 알려준다.
- **목적지 도달 불가**(destination unreachable): 경로상의 라우터에 목적지에 대한 라우팅 정보가 없는 경우에 이를 알려준다.
- **소스 소멸**(source quench): 라우터에서 혼잡상황이 발생해 IP 패킷을 제대로 처리하지 못하는 경우에 이를 알려준다.

ICMP 패킷(IP 헤더 포함)의 포맷은 다음 [그림 3-16]과 같다.

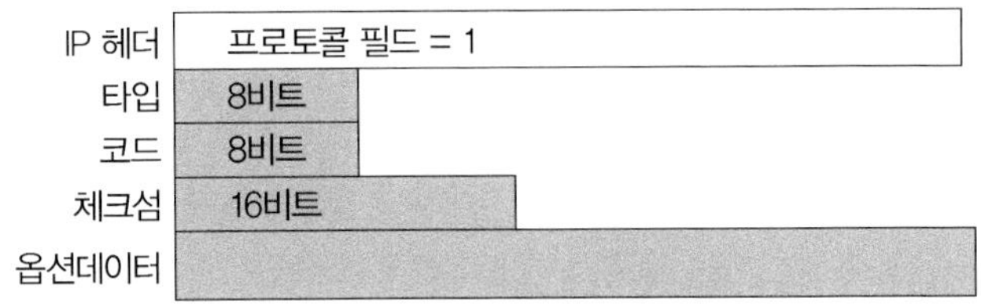

그림 3-16 ICMP 패킷의 포맷

각 필드의 의미는 다음과 같다.

- **IP 헤더**

  20바이트의 IP 헤더 부분이 들어간다. IP 헤더의 프로토콜 필드의 값은 ICMP 패킷임을 표시하기 위해 1이다(TCP인 경우라면 이 프로토콜 필드의 값이 6이다).

- **타입(type)**

  1바이트로 ICMP 메시지의 타입을 표시한다. 예로 타입 값이 3이면 목적지 도달 불가(destination unreachable)이다. [표 3-4]에 주요 타입을 보였다.

표 3-4 주요 ICMP 메시지 타입

타입	의미
0	에코 응답(echo reply)
3	목적지 도달 불가(destination unreachable)
4	소스 소멸(source quench)
5	경로 변경(redirect)
8	에코 요청(echo request)
11	시간 초과(time exceed)

유닉스/리눅스 및 MS 윈도우에서 제공하는 ping 명령은 위 표에서 타입 8 에코 요청을 이용한다(ping 명령은 IP 목적지 주소까지 패킷을 보내어 돌아오는 시간을 보여준다).

- **코드(code)**

  1바이트로 ICMP 메시지의 코드를 표시하며 이는 위에 나온 타입의 세부 내용에 해당한다. 예를 들어 타입이 3이면 목적지 도달 불가(destination unreachable)인데, 이의 원인으로 IP 주소가 잘못된 경우도 있지만 포트번호가 잘못된 경우도 있으므로 이에 대한 세부 내용을 코드에서 표현하는 것이다. 따라서 위의 타입과 코드에 의해 ICMP 패킷이 의미하는 메시지 내용이 구분된다. [표 3-5]에 주요 코드를 보였다.

표 3-5 주요 ICMP 메시지 코드

	의미
0	네트워크 도달 불가(network unreachable)
1	호스트 도달 불가(host unreachable)
3	포트 도달 불가(port unreachable)
6	목적지 네트워크 알 수 없음(destination network unknown)
7	목적지 호스트 알 수 없음(destination host unknown)

- **체크섬(checksum)**

  2바이트로 ICMP 메시지 전체에 대한 체크섬 값을 갖는다.

- **옵션 데이터(optional data)**

  ICMP 메시지 내용에 따라 다른 값이 들어간다.

  [표 3-6]에 ICMP 메시지의 예를 보였다.

표 3-6 ICMP 메시지

타입	코드	메시지
3	1	목적지 도달 불가(host unreachable) : 지정된 IP 주소에 도달할 수 없다. 예: 잘못된 IP 주소로 접속하려 할 경우 발생
3	3	포트 도달 불가(port unreachable) : 지정된 목적지 포트번호에 도달할 수 없다. 예: 잘못된 포트번호로 접속하려 할 경우 발생

4	0	소스 소멸(source quench) 예: 라우터에서 혼잡상황이 발생해 IP 패킷을 제대로 처리하지 못하는 경우 발생
11	0	시간 초과(time exceed) 예: 전송 중 TTL(time-to-live) 값이 0이 된 경우 발생

3-5 패킷 분석기 동작 및 사용 예

이상에서 다룬 각종 패킷을 네트워크 상에서 캡처하여 그 내용을 분석 후 화면에 보여주는 도구가 있는데 이를 패킷 분석기(packet analyzer)라고 한다. 패킷 분석기는 여러 종류가 나와 있으며 대개 유사한 기능을 제공하는데 무료 공개 버전인 와이어샤크(wireshark)가 많이 사용되고 있다. 와이어샤크는 http://www.wireshark.org에서 다운로드 받을 수 있다. 이 프로그램은 사용자로부터 다양한 조건을 받아 캡처된 패킷을 분석 후 화면에 보여주는데, 자체적으로 패킷 캡처 기능은 없고 패킷 캡처를 위해서는 WinPcap을 사용한다.

WinPcap은 네트워크 링크 계층에 대한 액세스를 가능하게 하는 프로그램이며 윈도우즈 환경에서 작동한다. 주 기능은 패킷 캡처와 처리를 위한 다양한 함수 및 라이브러리(윈도우 DLL)를 응용 프로그램에게 제공한다. WinPcap 주소는 http://www.winpcap.org/이다.

와이어샤크는 WinPcap이 제공하는 이러한 기능을 이용하는 응용 프로그램인 셈이다. WinPcap은 따로 설치할 수도 있으나 보통 패킷 분석기(응용 프로그램) 설치 시 함께 설치된다. [그림 3-17]에 패킷 분석기(와이어샤크) 실행 초기화면을 보였다. 여기서는 캡처 시작버튼을 눌러 패킷을 캡처한 후 정지버튼으로 캡처를 중단한 화면이다. 크게 수직방향으로 세 개의 창으로 구성되어 있으며 첫 번째 창에는 캡처한 패킷 번호, 소스/목적지 주소, 프로토콜 및 간단한 패킷 정보가 표시된다. 두 번째 창에는 선택한 패킷의 상세 정보를 볼 수 있으며, 세 번째 창에는 패킷의 실제 바이너리 값이 16진수로 표시된다.

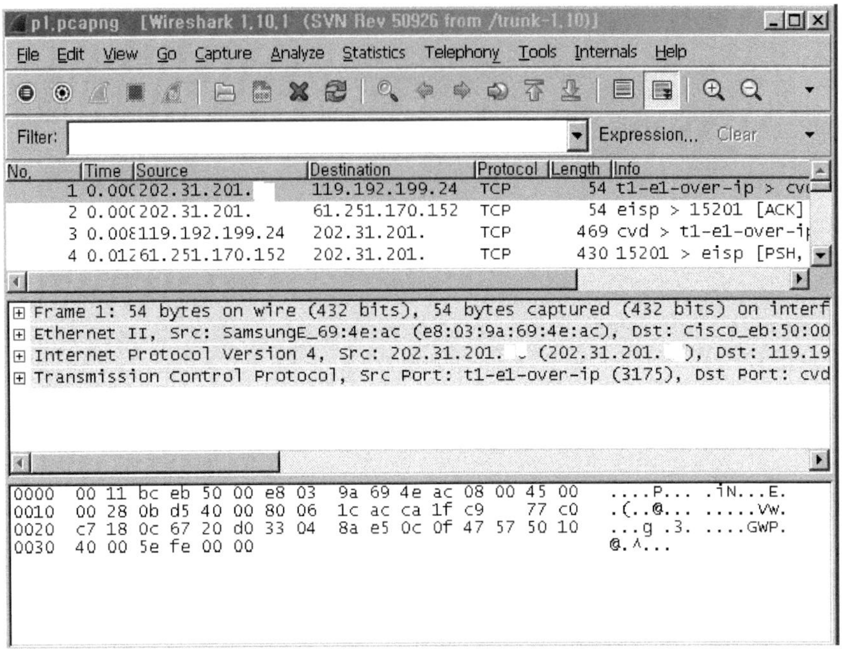

그림 3-17 패킷 분석기(와이어샤크) 초기화면

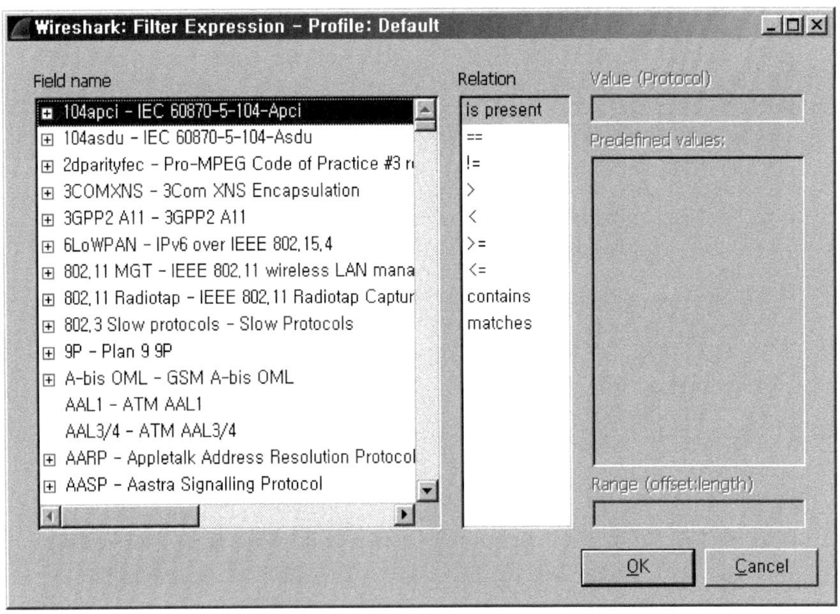

그림 3-18 Expression 버튼을 누른 화면

초기화면에서 메뉴바 아래에 필터 입력란이 있는데 여기에 필터 식을 입력하면 다양한 조건으로 패킷을 필터링하여 분석을 할 수 있다. 필터 식을 알고 있으면 필터 입력란에 직접 필터 검색 식(예: ip.proto == 6)을 넣어도 되고 모르는 경우에는 필터 입력란 오른쪽의 Expression 버튼을 사용해 필터 식을 만들 수 있다. [그림 3-18]은 Expression 버튼을 누른 화면이다.

왼쪽의 Field name 창에 필터에 사용할 수 있는 검색 조건들이 분야별로 나와 있다(내용이 상당히 길므로 스크롤 다운하여 원하는 필터 검색 조건을 찾아야 한다). 가운데 Relation은 검색 관계식을 설정하는 부분이며 오른쪽 Value 항목 값과의 비교를 위해 사용된다. Value 항목은 필터 검색 시 필요한 값(예: IP 주소, TCP/UDP 포트번호 등)을 입력하는 부분이다. 관계식으로 일치(==), 일치하지 않음(!=), 지정된 값보다 큼(>), 지정된 값보다 작음(<) 등을 선택할 수 있다. 예를 들어 패킷 중 특정 IP 주소를 가진 패킷만 필터링하려면 Field name 창에서 IPv4 항목을 찾고 이 항목에서 IP 주

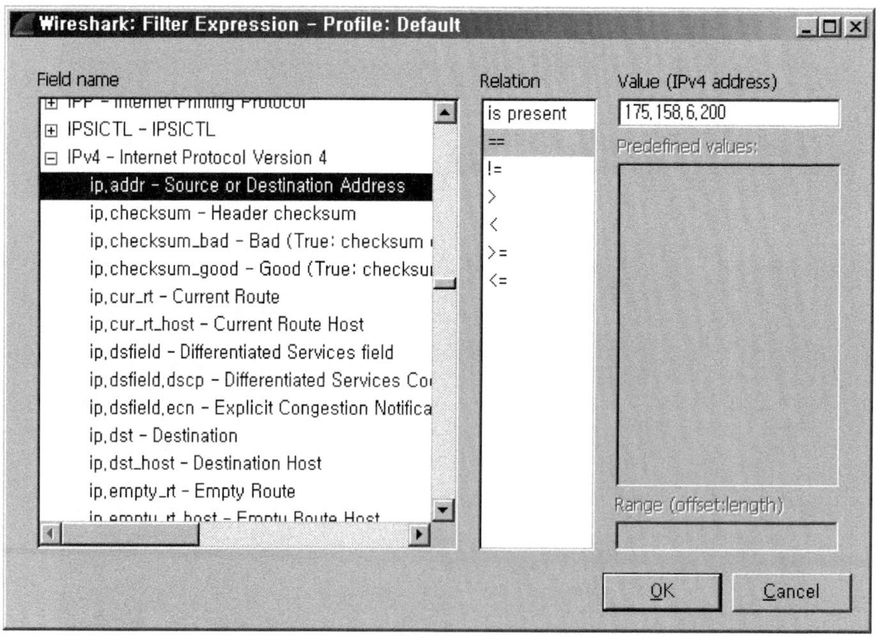

그림 3-19 IPv4를 선택하고 여기서 검색하려는 IP 주소를 입력한 화면

소를 나타내는 ip.addr 항목을 선택 후 Relation을 '=='로 하고 Value 값에 해당 IP 주소를 넣어주면 된다.

필요한 필터 내용을 모두 입력 후 OK 버튼을 누르면 초기 화면의 필터 창에 필터 식이 입력된다. 다음 필터 창 오른쪽의 Apply 버튼을 누르면 필터 식이 적용된 패킷들만 선택해 볼 수 있다. [그림 3-19]는 [그림 3-18] 화면의 Field name에서 IPv4를 선택하고 Relation에서 '=='을 선택 후 Value에 검색하려는 IP 주소(175.158.6.200)를 입력한 화면이다.

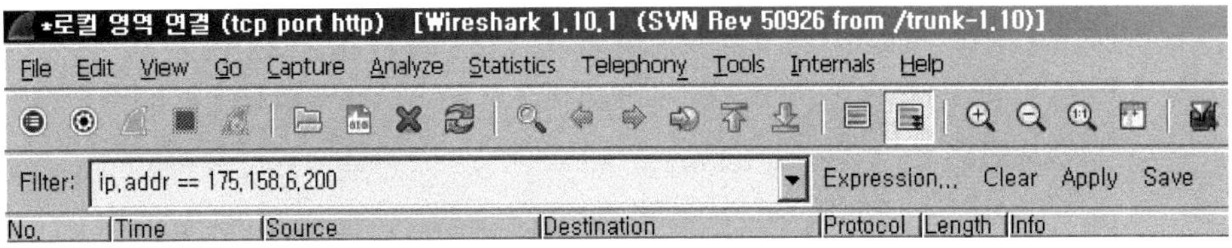

그림 3-20 필터 창에 필터 검색 식이 입력된 화면

여기서 OK 버튼을 누르면 필터 검색 식 'ip.addr == 175.158.6.200'이 [그림 3-20]과 같이 필터 창에 입력되고 Apply 버튼을 누르면 캡처된 패킷 중에서 IP 주소가 175.158.6.200인 것만 필터링하여 보여준다(필터 검색 식이 문법에 맞으면 녹색 배경이 표시되고 틀리면 붉은색 배경이 표시된다).

[그림 3-21]은 Field name의 IPv4에서 IP 패킷 상위에 올라가는 프로토콜을 나타내는 ip.proto를 선택하고 Relation은 '==', Value는 6을 각각 선택한 화면이다. 이때 Value는 실제 IP 헤더에서 8비트 프로토콜 필드(2-1절 참조)의 값이며 6이면 TCP를 나타낸다. Predefined values에는 8비트 프로토콜 필드 값을 쉽게 입력하기 위해서 IP 패킷에서 사용가능한 프로토콜 이름이 모두 표시되므로 여기서 원하는 프로토콜을 선택하면 된다(그림에서는 TCP를 선택해서 Value에 자동으로 6이 들어간 화면이다. 만약 UDP를 선택하면 17이 들어간다).

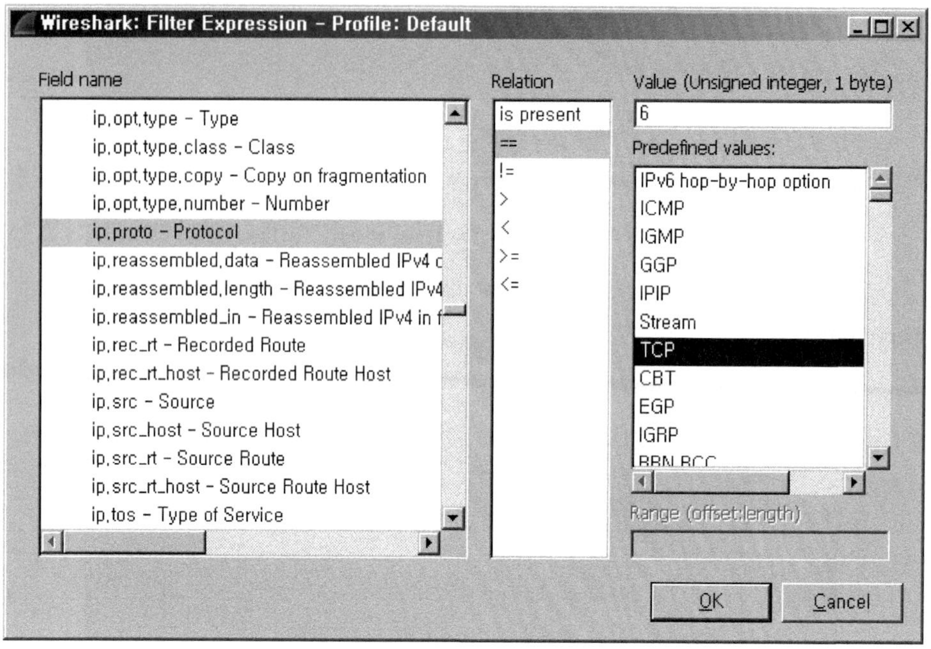

그림 3-21 IPv4를 선택하고 프로토콜로 TCP를 입력한 화면

[그림 3-22]는 OK 버튼을 눌러 필터 검색 식에 ip.proto == 6이 입력된 화면이다. 여기서는 [그림 3-20]의 필터 식(ip.addr == 175.158.6.200)에 ip.proto == 6이 함께 표시되었고, 이 두 개식을 AND 조건인 &&로 묶어준 경우이다. 따라서 이때는 캡처된 패킷 중에서 IP 주소가 175.158.6.200이고 TCP 프로토콜을 사용한 것만 필터링하여 보여준다.

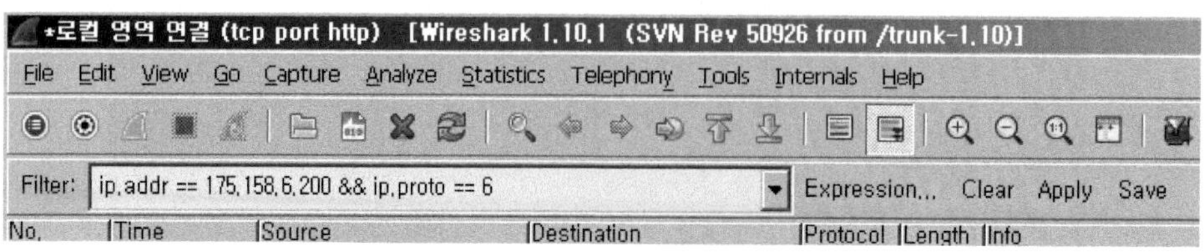

그림 3-22 두 개식을 &&로 묶어준 화면

[그림 3-23]은 이와 같이 하여 필터링된 패킷 중 하나의 IP 헤더 정보 화면이다. 먼저 IP 버전이 4이며, IP 헤더 길이(Header length)가 20바이트라고 나온다. IP 패킷 전체 길이(Total Length)는 40바이트이다(이 패킷은 데이터 부분이 없어 IP 헤더 20바이트와 TCP 헤더 20바이트를 합하여 40바이트이다). 16비트 ID 값은 0x5920이고, 플랙(Flags)은 DF 플랙이 1로 세트되어 이 패킷은 분할 불가능한 패킷임을 알려준다. 오프셋은 0이고, TTL 값은 54로 되어 있음을 볼 수 있다.

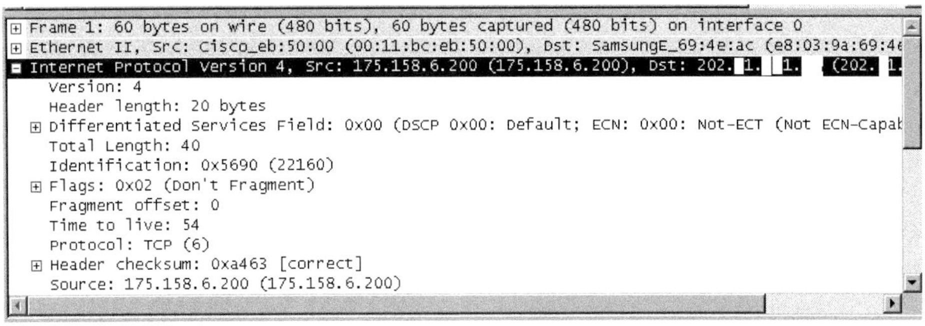

그림 3-23 필터링된 패킷 중 하나의 IP 헤더 정보 화면

그리고 프로토콜 필드 값이 6이므로 상위 층에 TCP 프로토콜이 사용됨을 알려주고 소스 IP 주소가 필터 식(ip.addr == 175.158.6.200)에 있는 대로 175.158.6.200임을 보여준다. 필터 식 ip.addr은 소스 IP 주소와 목적지 IP 주소를 구분하지 않으며 소스 IP 주소만 명시하려면 필터 식을 ip.src == 175.158.6.200으로 하면 된다.

[그림 3-24]는 이 패킷의 TCP 헤더 정보 화면이다. 여기서는 소스 포트번호가 http 프로토콜이 사용하는 80번임을 알 수 있는데, 따라서 이 패킷은 웹 서버에서 전송된 것임을 알 수 있다. 다음 목적지 포트번호(3503), 시퀀스 번호, ACK 번호, 헤더 길이(20바이트)를 보여주고 ACK 플랙이 1로 세트되었다는 것도 보여준다. 또 TCP 슬라이딩 윈도우 방식에 사용되는 윈도우 크기(64056)도 보여주며 이 윈도우 크기까지는 상대방으로부터의 확인신호 없이도 패킷을 전송할 수 있다. 캡처된 내용은 File → Save 메뉴를 통해 저장할 수 있고(이때 파일 확장자는 .pcapng이다) 필요 시 File → Open 메뉴를 통해 다시 불러서 분석할 수 있다.

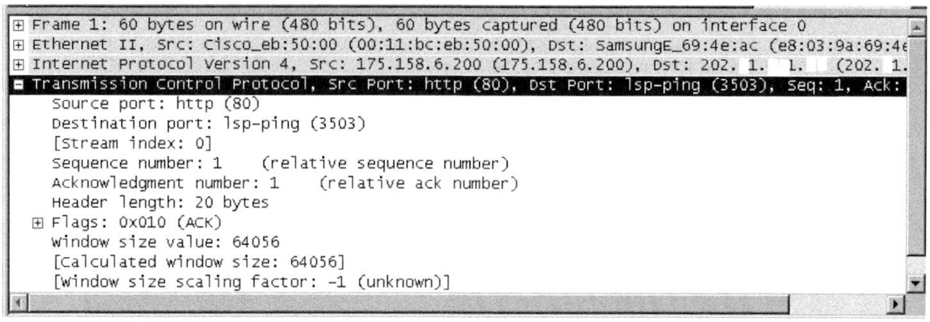

그림 3-24 필터링된 패킷 중 하나의 TCP 헤더 정보 화면

» 패킷 분석기 사용 예)

TCP에서는 3-5절에서 설명한 바와 같이 데이터의 신뢰성과 스트림 순서를 보장하는 연결 설정을 위하여 데이터를 주고받기 전에 먼저 3-웨이 핸드셰이크(3-way handshake) 과정을 사용한다. [그림 3-25]에 이 과정을 다시 보였다. 패킷 분석기로 이 과정을 분석해 본다.

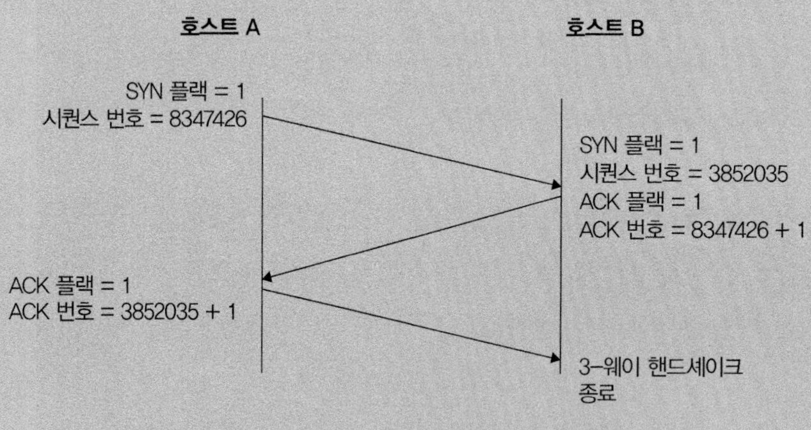

그림 3-25 TCP 3-웨이 핸드셰이크(3-way handshake) 과정

[그림 3-26]은 필터 식을 ip.addr == 202.31.128.3으로 하여 캡처한 패킷을 필터링한 화면이다.

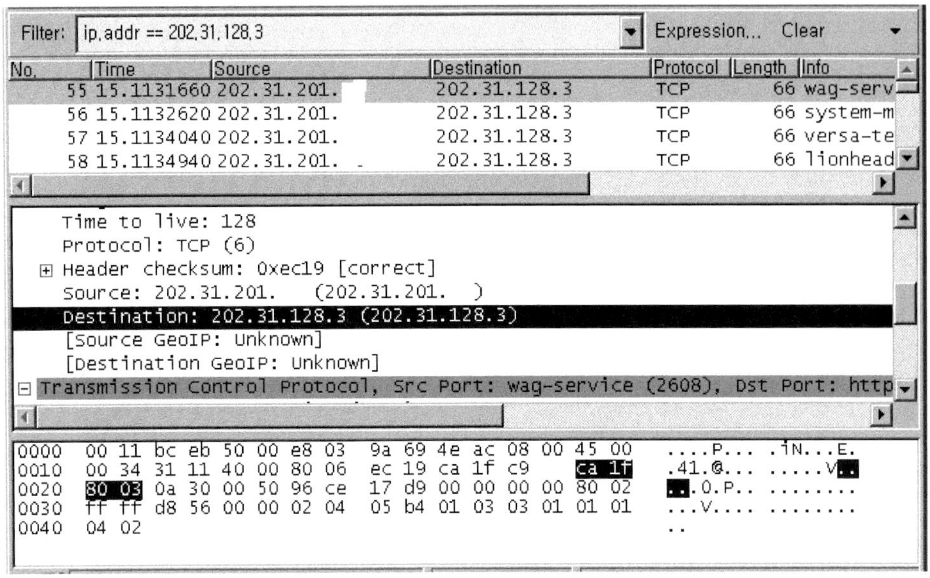

그림 3-26 필터 식 ip.addr == 202.31.128.3으로 패킷을 필터링한 화면

첫 번째 창에 캡처한 패킷 번호(여기서는 55번), 소스 IP 주소와 목적지 IP 주소, 프로토콜 및 간단한 패킷 정보가 표시되었고 두 번째 창에 선택한 패킷의 각 헤더를 분석한 상세 정보가 표시되는데, 여기서는 IP 헤더를 선택해 IP 관련 정보를 표시한 경우이다. 여기서 목적지 주소(Destination)를 선택하였으므로 패킷의 실제 바이너리 값이 16진수로 표시되는 세 번째 창에서 선택된 목적지 주소에 해당하는 부분(여기서는 ca 1f 80 03)이 선택되어 표시되었다. 16진수로 ca, 1f, 80, 03은 10진수로는 각각 202, 31, 128, 3에 해당하므로 실제 목적지 IP 주소(202.31.128.3)를 나타냄을 알 수 있다.

[그림 3-27]은 55번 패킷을 나타낸 [그림 3-26]의 두 번째 창에서 TCP 관련 정보를 표시한 경우이다. TCP 헤더의 시퀀스 번호(여기서는 0)를 선택하자 세 번째 창에서는 시퀀스 번호의 실제 32비트 바이너리 값(여기서는 96 ce 17 d9)이 선택되어 표시되었다.

32비트 실제 시퀀스 번호는 복잡하므로 나타내기 쉽게 상대적인 값인 0으로 한 것이다. 또 Flags 항목에서 SYN 플랙이 1로 세트되었음을 보여준다. SYN 플랙이 1이면 [그림 3-25]의 TCP 3-웨이 핸드셰이크에서 첫 번째 단계이며 이는 상대방에게 앞으로 사용할 자신의 시퀀스 번호(상대값 = 0, 실제 값 = 96 ce 17 d9)를 알려주기 위한 것이다.

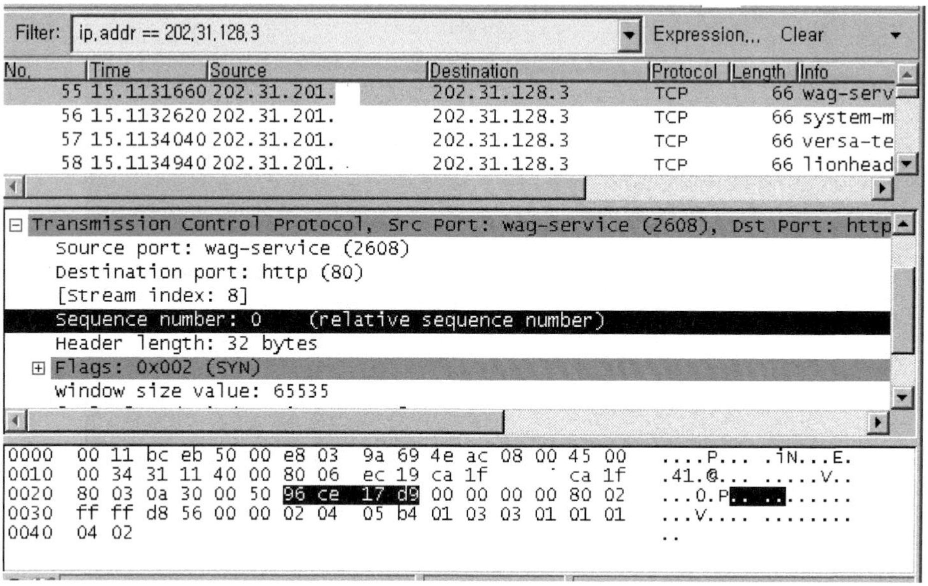

그림 3-27 55번 패킷의 TCP 관련 정보를 표시한 화면

[그림 3-28]은 60번 패킷의 정보인데 55번 패킷이 목적지 IP 주소가 202.31.128.3인 데 반해 이 경우는 소스 IP 주소가 202.31.128.3이다. 이 패킷은 55번 패킷에 대한 응답 패킷이다. 두 번째 창에서 TCP 헤더의 ACK 번호(여기서는 1)를 선택하자 세 번째 창에서는 ACK 번호의 실제 32비트 바이너리 값(여기서는 96 ce 17 da)이 선택되어 표시되었다. 이 값은 55번 패킷인 [그림 3-27]의 32비트 실제 시퀀스 번호(96 ce 17 d9) +1한 것임을 알 수 있다. 또 Flags 항목에서 ACK 플랙이 1로 세트되었음을 보여준다.

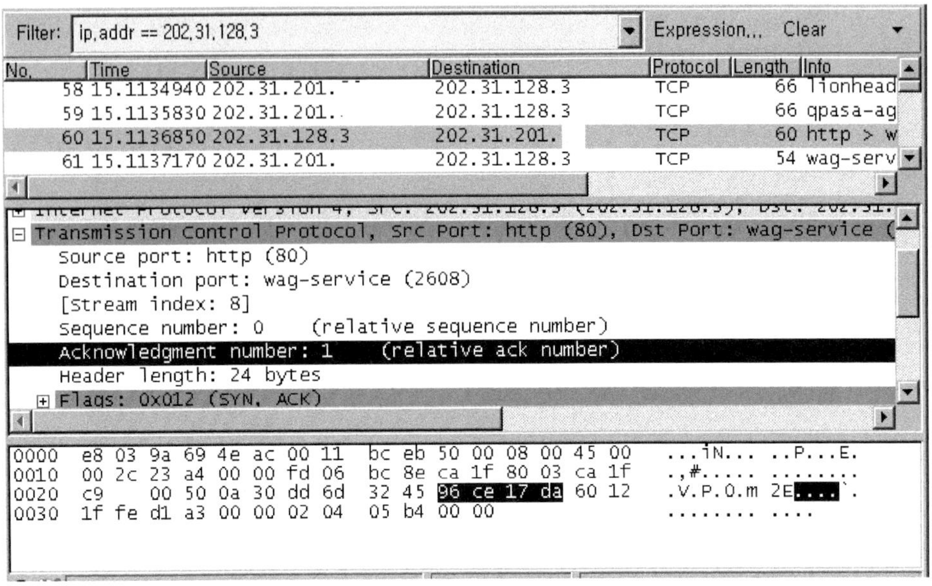

그림 3-28　60번 패킷의 TCP 관련 정보 중 ACK 번호를 표시한 화면

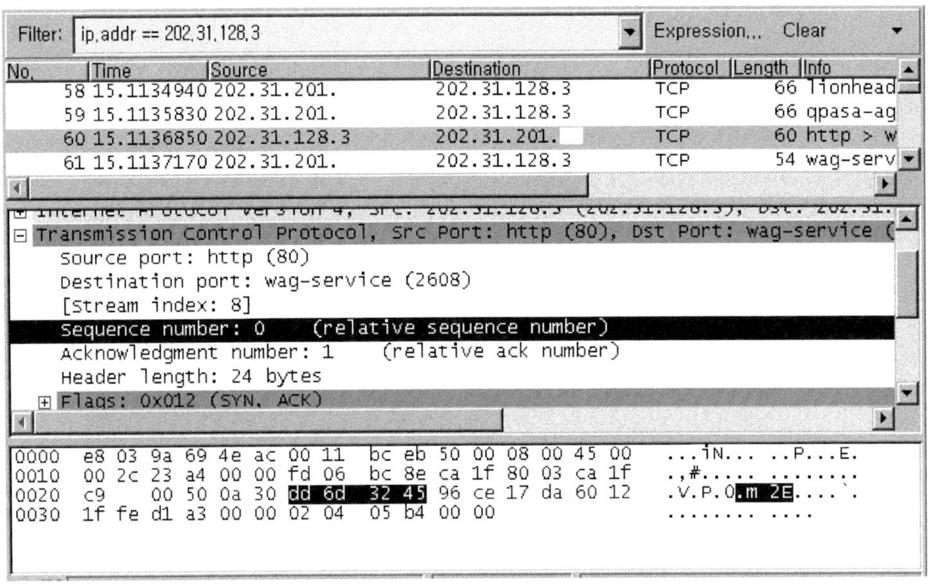

그림 3-29　60번 패킷의 TCP 관련 정보 중 시퀀스 번호를 표시한 화면

[그림 3-29]는 동일한 60번 패킷에서 시퀀스 번호(여기서는 0)를 선택한 경우이다. 세 번째 창에서는 시퀀스 번호의 실제 32비트 바이너리 값(여기서는 dd 6d 32 45)이 표시되었다. 또 Flags 항목에서 SYN 플랙이 1로 세트되었음을 보여준다. 즉 ACK 플랙과 SYN 플랙이 모두 1로 세트되었다. ACK 플랙과 SYN 플랙이 모두 1이면 [그림 3-25]의 TCP 3-웨이 핸드셰이크에서 두 번째 단계이며 상대방이 보낸 세그먼트에 대한 확인을 위해 ACK 번호를 상대방의 시퀀스 번호(여기서는 96 ce 17 d9) + 1로 하고 상대방에게도 자신이 사용할 32비트 시퀀스 번호(여기서는 dd 6d 32 45)를 알려주기 위해 헤더의 SYN 플랙을 1로 한 것이다.

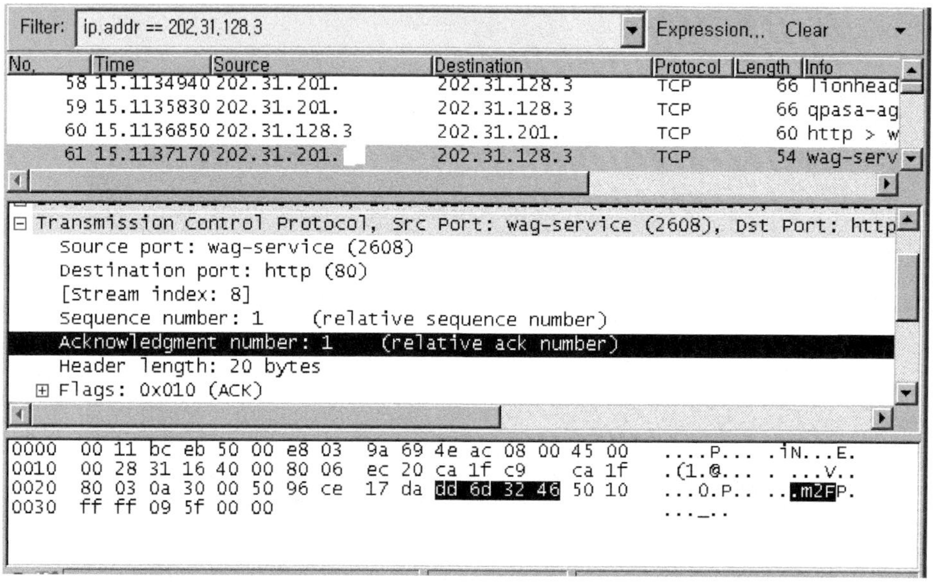

그림 3-30 61번 패킷의 TCP 관련 정보 중 시퀀스 번호를 표시한 화면

[그림 3-30]은 61번 패킷의 정보인데 이는 60번 패킷에 대한 응답 패킷이다(따라서 목적지 IP 주소가 다시 202.31.128.3이다). 여기서는 두 번째 창에서 TCP 헤더의 ACK 번호(여기서는 1)를 선택하자 세 번째 창에서는 ACK 번호의 실제 32비트 바이너리 값(여기서는 dd 6d 32 46)이 선택되어 표시되었다. 이 값은 [그림 3-29]의 32비트 실제 시퀀스 번호(dd 6d 32 45) +1한 것임을 알 수 있다. 또 Flags 항목에서 ACK 플랙이

1로 세트되었음을 보여준다. 이는 [그림 3-25]의 TCP 3-웨이 핸드셰이크에서 마지막 세 번째 단계에 해당한다.

이 단계에서는 상대방(IP 주소 202.31.128.3)이 보내온 응답 세그먼트에 들어 있는 ACK 번호가 자신이 보낸 시퀀스 번호(96 ce 17 d9) + 1인지 조사한다. 값이 일치하면 (96 ce 17 d9 + 1 = 96 ce 17 da) 상대방에서 보내온 세그먼트에 대한 확인을 위해 상대방의 시퀀스 번호(dd 6d 32 45) + 1한 값(dd 6d 32 46)을 ACK 번호로 하고 ACK 플랙을 1로 한 응답 세그먼트를 상대방(IP 주소 202.31.128.3)에게 보내 준다.

이와 같은 과정을 거쳐 3개 세그먼트의 교환이 끝나면 양측 간에 TCP 연결이 이루어지며 이어서 신뢰성 있는 TCP 스트림 전송이 가능해 진다. 이상에서 설명한 예는 PC에서 실제 웹 서버(IP 주소 202.31.128.3)에 연결하는 과정을 캡처한 것이며 따라서 [그림 3-27]에서 목적지 포트번호가 웹 서버 포트번호인 80번으로 나온다. 이상에서 설명한 TCP 3-웨이 핸드셰이크(3-way handshake)는 클라이언트가 웹 서버에서 파일을 읽어오기 위한 전 단계이며 이 과정이 끝나면 실제 파일을 읽어오는 HTTP 동작으로 들어간다.

HTTP 프로토콜

CHAPTER

[4]

4-1 HTTP 개요

HTTP(hyper text transfer protocol)는 웹 서버와 클라이언트(PC 또는 스마트폰 등 모바일 기기) 사이에서 데이터를 주고받기 위해 사용하는 통신 방식의 표준이다. HTTP는 TCP/IP 프로토콜 상에서 동작하므로 웹 서버와 클라이언트 사이에 TCP/IP 네트워크 프로토콜이 연결 가능해야 하며 웹 서버와 클라이언트는 각각의 IP 주소를 가져야 한다.

HTTP는 TCP/IP 프로토콜 상에서 텍스트 형태의 메시지를 웹 서버와 클라이언트 사이에서 서로 주고받는 방식으로 동작한다. 웹 서버는 보통 유닉스/리눅스, MS 윈도우 서버 등의 서버용 운영체제(operating system)를 가지며, 클라이언트는 웹브라우저를 가진 PC나 스마트 폰 등이 된다(테스트용으로는 일반 PC에도 웹 서버를 설치할 수 있다).

클라이언트 프로그램(PC나 스마트 폰 등의 웹브라우저)에서 웹 서버에게 HTTP 요청(request) 메시지를 보내면(이 메시지는 웹브라우저 주소 창에 웹 주소를 입력하면 발생한다). 클라이언트와 서버 사이에 HTTP 연결이 맺어져 서버에서 HTTP 응답(response) 메시지를 보내 온다(실제 HTTP 연결은 하부의 TCP/IP 프로토콜을 사용하여 이루어진다). 이후 웹 서버와 클라이언트 간에 HTTP 요청(request) 메시지와 HTTP 응답(response) 메시지가 반복적으로 오가게 된다.

HTTP 메시지 형식을 다음 [그림 4-1]에 보였다. HTTP 메시지는 처음의 시작라인(start line)에 이어 헤더 부분과 본문인 바디(body) 부분으로 나누어진다(바디 부분은 생략 가능하다). 헤더는 시작라인 다음에 온다. 이 시작라인은 요청(request) 메시지인 경우는 요청을 위한 메서드(method)가 들어있는 요청라인(request-line)이 되고(메서드는 주로 GET이 사용된다), 응답(response) 메시지인 경우는 상태를 표시하는 상태코드(status code)가 들어 있는 상태라인(status-line)이 된다.

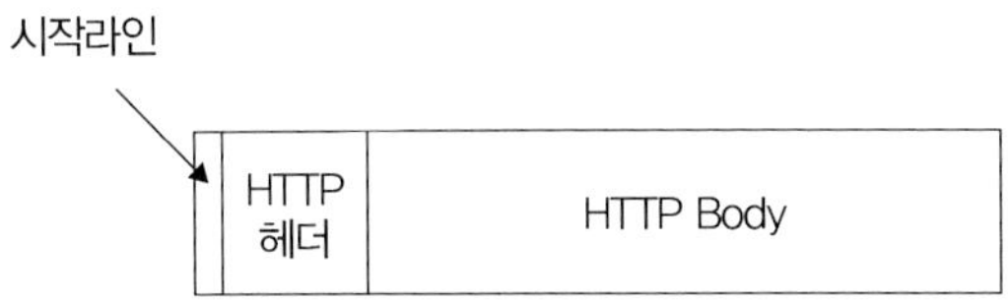

그림 4-1 HTTP 메시지 형식

웹 서버와 클라이언트 사이에서 실제 HTTP 메시지의 전달 동작은 TCP/IP 상에서 행해지는데 이를 [그림 4-2]에 보였다.

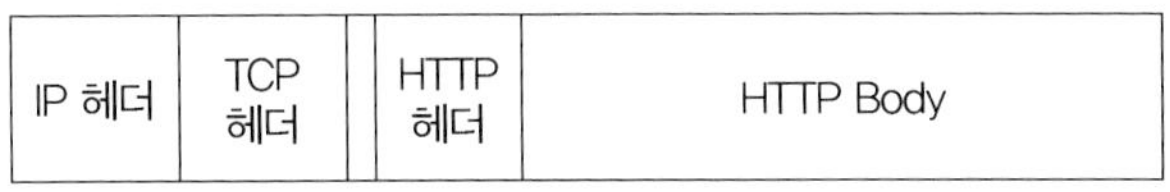

그림 4-2 TCP/IP 헤더와 HTTP 메시지 관계

이 그림에서는 HTTP 메시지 앞에 TCP 헤더가 붙고 그 앞에 IP 헤더가 붙는 것을 알 수 있다. 즉 HTTP 메시지는 TCP 패킷에서 헤더 다음에 오는 데이터 부분에 들어가 수신 측에 전달된다. 클라이언트에서 웹 서버에 접속하는 경우 위 메시지에서 TCP 헤더의 목적지 포트번호는 웹 서비스 기본값인 80번, IP 헤더의 목적지 IP 주소는 웹 서버의 IP 주소가 들어간다.

HTTP 메시지는 헤더에 앞서 시작라인(start line)으로 시작하는데, 이 시작라인은 HTTP 요청 메시지인 경우와 응답 메시지인 경우 그 형태가 서로 다르다. 요청 메시지 시작라인의 예는 다음과 같다. 여기서는 클라이언트에서 요청한 메시지의 시작라인에 GET 메서드를 사용한 예로서 서버의 /user 디렉터리에 있는 test.htm 파일을 보내달라는 의미이며, 이때 사용하는 HTTP 버전은 1.1임을 나타낸다.

GET /user/test.htm HTTP/1.1

클라이언트로부터의 요청 메시지에 대한 서버의 응답 메시지 시작라인의 예는 다음과 같다. 여기서는 서버에서 보내온 응답 메시지의 시작라인에 상태코드(status code) 200이 사용되었고 이는 클라이언트의 요청을 성공적으로 수행하였다는 의미이다. HTTP의 버전(1.1)도 표시하고 있다.

HTTP/1.1 200 OK

HTTP 메시지에서 시작라인 다음에 나오는 헤더부분은 '헤더 필드명: 값' 형태로 한 라인씩 구성된다. 헤더부분의 예는 다음과 같다.

Host: www.kumoh.ac.kr
User-Agent: MSIE/9.0
Accept : */*

여기서 Host는 웹 서버의 이름을 나타내고, User-Agent는 클라이언트가 사용하는 웹브라우저를 나타내는데, 여기서는 이 값이 MSIE/9.0이다. Accept는 클라이언트가 인식할 수 있는 MIME(multipurpose internet mail extensions) 타입의 목록을 담고 있는 영역이다. 여기서는 MIME 타입을 일일이 지정하지 않고 */*를 사용해 모든 타입을 허용한다는 의미로 사용하였다.

HTTP 프로토콜의 자세한 내용은 HTTP 1.1을 설명한 인터넷 기술 표준문서 rfc 2616을 참조하면 되는데, 이 rfc 문서에서 사용되는 주요 용어는 다음과 같다

- **연결(connection)**
  데이터 송수신을 위해 두 개의 응용 프로그램 사이에 TCP 프로토콜을 이용해서 만들어진 가상적인 연결선이다.

- **메시지(message)**
  HTTP 프로토콜의 통신을 위해 사용되는 기본적인 송수신 단위이다.

- **요청(request)**
  브라우저가 서버에 요청을 하기 위해 보내는 HTTP 메시지이다.

- **응답(response)**
  브라우저의 요청에 대해 서버가 처리한 결과를 응답으로 보내는 HTTP 메시지이다.

- **리소스(resource)**

  네트워크상에서 URI에 의해 지정될 수 있는 서비스 또는 데이터를 의미한다.

- **사용자 에이전트(user agent)**

  웹 서버에게 요청을 하는 클라이언트 프로그램을 의미한다. 웹브라우저, 웹 검색 로봇 등이 예이다.

- **원 서버(origin server)**

  단순 중계 역할만 하는 프락시(proxy) 서버와는 달리 원래의 실제 데이터를 저장해 두고 있는 서버이다.

- **프락시(proxy)**

  웹 서버(origin server)와 클라이언트 사이에서 중계 역할을 하는 서버이다. 클라이언트 요청에 대해 자신이 직접 처리하거나, 웹 서버로 대신 요청을 전달해 응답을 받아와 전달해 준다. 방화벽을 통과하는 클라이언트 측 통로로서도 사용된다.

- **캐시(cache)**

  응답받은 메시지를 일시적으로 저장한 장소이다. 웹 서버에서 가져온 데이터를 저장해 두고 있다가 같은 데이터인 경우 다시 가져오지 않고 저장되어 있는 것을 보여주도록 하여 응답 시간을 빠르게 하고 통신망 이용의 효율성을 높인다.

4-2 HTTP 메시지 구성

HTTP의 요청(request) 메시지와 응답(response) 메시지의 구성을 살펴본다.

● HTTP 요청(request) 메시지 포맷

HTTP 요청(request) 메시지 포맷은 제일 먼저 메시지 시작라인으로 요청라인(Request-Line)이 온 다음 복수 개의 헤더가 오며, 제어문자(control character)인 CRLF(carriage return/line feed)에 의해 줄이 바뀐 후 다음 줄에 바디(body) 부분이 온다. 아래에 메시지 포맷을 보였다.

요청 메시지 = 요청라인
*(헤더)
CRLF
[바디]

이 포맷에서 *(헤더) 표시는 헤더가 여러 개 올 수 있다는 의미이다. HTTP에는 많은 수의 헤더가 있고 생략할 수 있는 헤더도 많다.

HTTP 요청(request) 메시지의 시작인 요청라인(Request-Line)은 다음과 같이 4개의 구성 요소를 갖는다. 각각의 요소들은 빈칸(space)에 의해 구분되며, 메서드(method)가 제일 먼저 오고 이어서 Request-URI, HTTP-버전, CRLF(carriage return/line feed)가 차례로 온다.

요청라인 = '메서드 Request-URI HTTP-버전 CRLF'

위에서 메서드는 목적지 주소(즉, 서버에 들어있는 웹 문서의 주소)인 Request-URI에 대해 어떤 동작을 할 것인지를 지정한다. 메서드가 GET이면 Request-URI로 지정되어 있는 내용을 클라이언트로 가져오고, POST이면 클라이언트에서 Request-URI로 지정된 장소(서버의 디렉터리)에 메시지의 바디(본문) 부분의 내용을 올릴 수 있다. 현재 메서드로 GET, HEAD, POST, PUT, DELETE 등이 정의되어 있는데 보통 GET이 가장 많이 사용된다.

요청라인(Request-Line)의 예를 아래에 보였다. 여기서는 GET 메서드가 사용되었고 Request-URI는 /user/sale.htm이며(이는 서버의 user 디렉터리 내에 있는 파일 sale.htm을 지칭한다), HTTP 버전은 1.1인 경우이다. HTTP 버전 이후에 오는 CRLF는 줄 바꿈 제어문자이므로 화면에는 표시되지 않는다.

GET /user/sale.htm HTTP/1.1

가장 많이 사용되는 메서드들인 GET, HEAD, POST의 기능은 각각 다음과 같다.

- **GET 메서드**

  Request-URI에서 지정한 정보(웹 문서)를 응답(response) 메시지의 바디(본문) 부분에 넣어 전달해 달라고 서버에 요청한다. 이때 응답 메시지 헤더 부분에는 서버가 덧붙인 여러 내용들이 들어간다. Request-URI가 웹 문서가 아닌 실행 프로그램을 가리키는 경우라면 이 실행 프로그램에서 실행된 결과가 응답 메시지의 바디에 넣어져 전달된다.

  GET 메서드가 들어 있는 요청(request) 메시지에 If-Modified-Since 헤더 필드가 포함되어 있으면 지정된 자원(웹 문서)이 If-Modified-Since에 의해 지정된 날짜 이후에 수정된 것일 경우에만 전송하라는 의미이다. 이 조건을 이용하여 불필요한 데이터 전송을 막을 수 있다.

- **HEAD 메서드**

  GET 메서드와 기본 기능은 같으나 서버에서 보내오는 응답(response) 메시지의 바디 부분은 비어 있다. 즉 이 메서드는 응답(response) 메시지의 헤더 부분에 대한 정보가 필요할 때만 사용한다.

- **POST 메서드**

  클라이언트에서 보낸 내용을 웹 서버에 쓰고자(write) 할 때 사용한다.
  예컨대 게시판에 글을 올릴 때 등과 같이 쓰려는 내용은 요청(request) 메시지의 바디 부분에 들어간다.

● HTTP 응답(response) 메시지 포맷

HTTP 응답(response) 메시지 포맷은 제일 먼저 상태코드(status code)가 들어 있는 상태라인(Status-Line)이 온 다음 복수 개의 헤더가 오며, CRLF(carriage return/line feed)에 의해 줄이 바뀐 후 다음 줄부터 바디(본문) 부분이 온다. 아래에 메시지 포맷을 보였다.

응답 메시지 = 상태라인
*(헤더)
CRLF
[바디]

위에서 *(헤더) 표시는 헤더가 여러 개 올 수 있다는 의미이다.

HTTP 응답(response) 메시지의 시작인 상태라인(Status-Line)은 다음과 같이 4개의 구성 요소를 갖는다. 각각의 요소들은 빈칸(space)에 의해 구분되며, HTTP-버전이 제일 먼저 오고 이어서 상태코드(Status-Code), Reason-Phrase, CRLF(carriage return/line feed)가 온다.

상태라인 = 'HTTP-버전 상태코드 Reason-Phrase CRLF'

위에서 상태코드(응답코드)는 서버가 클라이언트로부터 요청 메시지를 수신하여 처리한 결과를 알려주는 세 자리의 정수로 된 처리 결과 번호이다. Reason-Phrase는 상태코드에 대한 간단한 설명문이 들어가는데 사용자에게 상태코드 정보를 문자로 알려준다.

상태라인의 예를 아래에 보였다. 여기서 HTTP 버전은 1.1, 상태코드는 200, Reason-Phrase는 OK이다. CRLF는 줄 바꿈 제어문자이므로 화면에 표시되지 않는다.

HTTP/1.1 200 OK

세 자리 상태코드 중 첫 번째 자리 숫자는 HTTP 응답의 종류를 구분하는 데 사용하며, 나머지 두 자리 숫자는 세부적인 응답 내용의 구분을 위한 번호이다. 현재 100 번 ~ 500 번대 상태코드가 정의되어 있는데, 이를 나타내기 위해 첫 번째 자리 숫자를 다음 다섯 가지로 분류하여 쓰고 있다.

- **1xx: Informational**

  임시적인 응답을 의미한다. 클라이언트에게 현재까지 요청은 처리되었으니 계속 진행하라는 의미이다. HTTP 1.0에는 없었으나 HTTP 1.1 버전부터 추가되었다.

- **2xx: 성공(Success)**

  클라이언트의 요청(request)이 서버에서 성공적으로 수신되어 해독되고 처리되었다는 의미이다.

- **3xx: Redirection**

  완전한 처리를 위해서 추가적인 동작을 필요로 하는 경우이다. 주로 서버의 주소 또는 요청한 URI의 주소(즉 웹 문서)가 이동되었으니 그 주소로 다시 시도해 보라는 의미로 사용된다.

- **4xx: 클라이언트 에러(Client Error)**

  클라이언트가 보내온 메시지 내용 자체가 잘못되었거나(예: 문법에 맞지 않는 경우 등) 금지된 영역에 대한 접근 등 요청 메시지 내용상 서버에서 처리해 줄 수 없을 때 발생한다.

- **5xx: 서버 에러(Server Error)**

  클라이언트가 보내온 메시지 내용은 이상이 없으나 서버 쪽 사정에 의해 메시지 처리에 문제가 발생한 경우를 나타낸다. 주로 서버의 부하가 너무 커서 현 시점에서 처리하기 힘들거나 서버를 일시적으로 정비 중인 경우 발생한다. 이 경우는 대부분 나중에 다시 HTTP 연결을 시도하면 정상 동작하는 경우가 많다.

위에서 xx는 일련번호인 두 자리 수를 나타낸다. 몇 가지 HTTP 상태코드의 예와 의미를 다음에 보였다.

- **100: Continue**

  클라이언트에게 HTTP 요청을 계속 진행하도록 알려준다. 즉 클라이언트 요청의 일부가 서버에 도착했고 이상이 없으니 계속 HTTP 과정을 진행하라는 의미이다.

- **200: OK**

  클라이언트의 HTTP 요청이 서버에서 완전히 받아들여져 처리에 성공했다는 의미이다.

- **202: Accepted**

  클라이언트의 HTTP 요청이 서버에 받아들여졌으나 아직 처리가 완료되지는 않았다는 의미이다.

- **301: Moved permanently**

  HTTP 요청에 들어있는 Request-URI의 위치가 완전히 다른 주소로 이동되었다는 의미이다. 이때 서버는 응답 메시지의 Location 헤더에 이동된 위치를 넣어 보내 준다. 클라이언트는 이 헤더를 보고 새로운 주소로 다시 HTTP 연결을 시도할 수 있다.

- **302: Found**

  HTTP 요청에 들어있는 Request-URI의 위치가 임시로 다른 주소로 변경되었다는 의미이다(추후 다시 원 위치로 돌아온다는 의미). 서버는 응답 메시지의 Location 헤더에 변경된 임시 주소를 넣어 보내 준다. 클라이언트는 이 헤더를 보고 새로운 주소로 다시 HTTP 연결을 시도할 수 있다.

- **304: Not Modified**

  요청한 문서나 파일 내용이 지정된 시각 이후 변화한 게 없으므로 이전에 가져간 내용을 그대로 사용하라는 의미이다(이 경우 클라이언트는 로컬 캐시를 사용한다). 지정된 시각은 아래 4-3절에서 설명할 If-Modified-Since 헤더에 들어있다. 즉 웹브라우저가 요구하는 웹 문서에 대해 서버는 이 헤더에 지정되어 있는 시각 이후에 수정된 경우에만 다시 제공해 준다.

- **400: Bad Request**

  클라이언트가 보낸 HTTP 요청 메시지를 서버가 이해할 수 없을 때 발생한다. 주로 요청 메시지의 문법이 잘못되었을 때 발생한다.

- **401: Unauthorized**

  클라이언트가 보낸 HTTP 요청에 대해서 사용자 인증이 필요할 때 발생한다. 이때 서버는 응답 메시지의 WWW-Authenticate 헤더에 사용자 인증에 필요한 내용을 넣어 다시 클라이언트에게 보내 준다. 클라이언트가 보낸 응답(비밀번호)이 올바르면 인증이 성공되고 요청이 처리된다.

- **403: Forbidden**

  클라이언트가 보낸 HTTP 요청을 서버가 이해하였으나 그 요청 처리를 거부하는 경우 발생한다. 주로 서버에서 클라이언트에게 금지된 영역을 접근하려 하는 경우 발생한다.

- **404: Not Found**

  클라이언트가 요청한 Request-URI에 해당하는 자원(웹 문서)이 서버에 없는 경우 발생한다. 주로 사용자가 웹브라우저 주소 창에 잘못된 파일명 등을 입력하는 경우 발생한다.

- **405: Method Not Allowed**

  클라이언트가 보낸 HTTP 요청 메시지의 메서드를 서버에서 지원하지 않는 경우 발생한다. 서버는 응답 메시지의 Allow 헤더에 사용 가능한 메서드 목록을 넣어 돌려준다.

- **410: Gone**

  클라이언트가 보낸 Request-URI가 지시하는 자원(웹 문서)이 과거에 서버에 있었으나 현재는 더 이상 존재하지 않는다는 의미이다.

- **415: Unsupported Media Type**

  클라이언트가 보낸 HTTP 요청 메시지에 들어있는 데이터가 서버에서 지원하지 않는 미디어 타입이라는 의미이다.

- **500: Internal Server Error**

  서버가 클라이언트의 HTTP 요청을 처리하려다가 예기치 않은 에러가 발생하였을 경우를 의미한다.

- **503: Service Unavailable**

  현재 서버에 일시적으로 과부하가 걸렸거나 서버를 정비 중이어서 클라이언트의 HTTP 요청을 처리해 줄 수 없는 경우를 의미한다. 이 경우는 클라이언트가 나중에 다시 HTTP 요청을 시도하면 서버에서 정상으로 처리된다.

다음 [그림 4-3]에 실제 웹브라우저에서 표시된 상태코드의 예를 보였다. 여기서는 HTTP로 연결할 때 cespc1.kumoh.ac.kr/qqq.htm 파일이 없어 '404: Not Found' 상태코드가 웹 화면에 표시되었다. 이 화면에서는 아래쪽에 "HTTP 404 – 파일을 찾을 수 없음"이라 표시되어 있다.

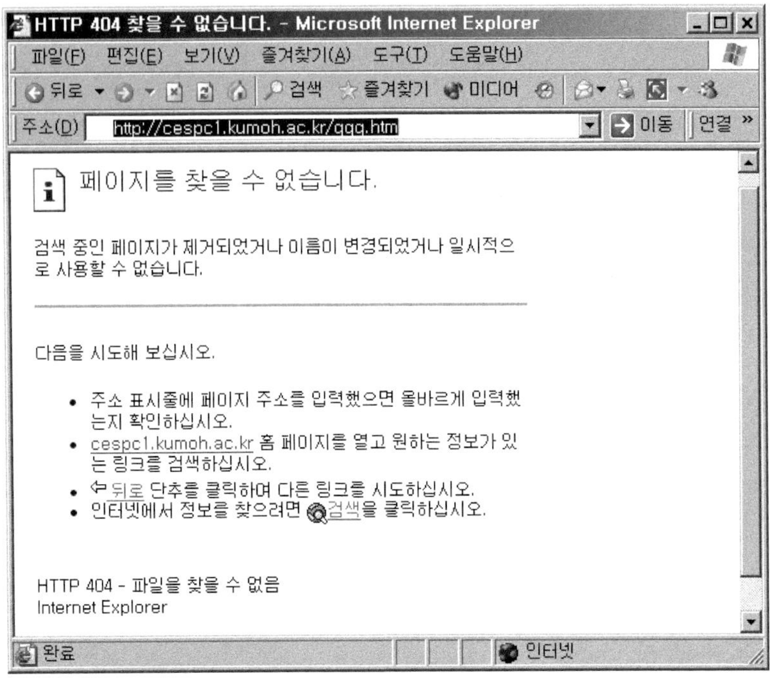

그림 4-3 웹브라우저에 표시된 상태코드의 예 (HTTP 404 상태코드)

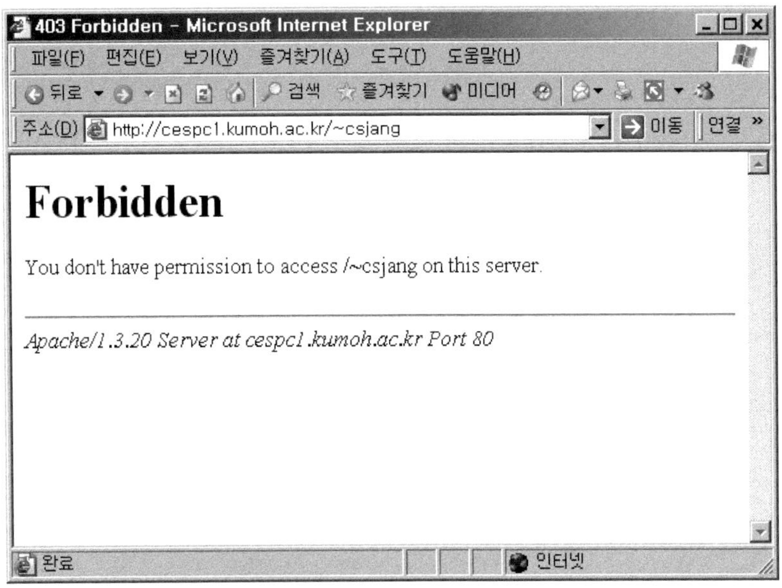

그림 4-4 웹브라우저에 표시된 상태코드의 예 (HTTP 403 상태코드)

[그림 4-4]에 또 하나의 예를 보였다. 여기서는 '403: Forbidden'의 경우이다. 이 경우는 보통 서버의 해당 디렉터리를 접근할 권한이 없을 때 표시된다. 여기서는 서버의 사용자가 자신의 웹 디렉터리의 접근 권한을 막아서 발생한 메시지이다. 화면에서 403 코드는 보이지 않지만 대신 'Forbidden'이란 메시지로 현재 상태코드가 403임을 나타내고 있다.

4-3 HTTP 헤더

HTTP 메시지 시작라인(요청라인 또는 상태라인) 다음에는 메시지 헤더가 오며 메시지 헤더의 기본 형식은

필드이름 : 필드값 〈CR〉〈LF〉

와 같이 한 줄씩 쓰도록 되어 있다(〈CR〉〈LF〉는 줄 바꿈 코드이다). 현재의 HTTP 1.1 버전은 46개의 헤더가 정의되어 있으며 이 중 요청 메시지의 Host 헤더만 필수항목이다(과거에 사용되던 HTTP 1.0 버전은 16개의 헤더가 정의되어 있고 필수항목은 없다). 주요 HTTP 메시지 헤더들의 기능은 다음과 같다.

- **Accept**

  클라이언트에서 사용 가능한 미디어 타입을 표시한다. 따라서 HTTP 요청 메시지에만 포함될 수 있는 헤더이다. 아래의 예는 웹브라우저가 오디오(Audio) 타입을 인식할 수 있는 의미이다.

  예) Accept: Audio

- **Accept–Charset**

  서버가 보내주는 응답 메시지에 사용될 수 있는 문자코드를 알려준다. 즉 웹브라우저에서 인식할 수 있는 문자코드이다. 예를 들어 유니코드인 UTF-8, 한글 완성형 코드인 euc-kr 등이 가능하다.

- **Accept–Encoding**

  웹브라우저에서 인식할 수 있는 코딩 방식을 알려준다. 따라서 HTTP 요청

메시지에만 포함될 수 있는 헤더이다. 아래의 예는 웹브라우저가 gzip으로 압축된 문서를 인식할 수 있다는 의미이다(gzip은 UNIX/LINUX에서 사용하는 압축방식이다).

예) Accept-Encoding: gzip

- **Accept-Language**

웹브라우저에서 인식할 수 있는 언어를 알려준다. 따라서 HTTP 요청 메시지에만 포함될 수 있는 헤더이다. 아래의 예는 웹브라우저가 한국어 문서를 인식할 수 있다는 의미이다.

예) Accept-Language: ko

- **Allow**

Request-URI가 가리키는 자원(웹 문서)에서 사용 가능한 HTTP 메서드들을 클라이언트에게 알려준다. 웹 서버는 클라이언트에서 잘못된 HTTP 메서드들을 보내올 때 405 응답코드(Method Not Allowed 의미)에 이 Allow 헤더를 넣어 되돌려 준다. 즉 웹 서버에서 지원하지 않는 잘못된 메서드를 브라우저가 보내오면 이를 알려주기 위한 용도로 사용된다.
아래의 예는 웹 서버가 GET, HEAD, PUT 세 가지 메서드만 지원하므로 브라우저는 이들만 사용하라는 의미이다.

예) Allow: GET, HEAD, PUT

- **Content-Encoding**

메시지의 바디 부분에 사용된 코딩 방식을 알려준다. 아래의 예는 메시지의 바디 부분이 gzip으로 압축되어 있다는 의미이다.

예) Content-Encoding: gzip

- **Content-Length**

메시지의 바디의 크기를 수신 측에게 바이트 단위로 알려준다. 아래의 예는 메시지의 바디 크기가 4021바이트라는 의미이다.

예) Content-Length: 4021

- **Content-Type**

메시지 바디 부분의 데이터 타입(type)을 표시한다. 아래의 예는 메시지의 바디 내용이 html 형식이라는 의미이다.

예) Content-Type: text/html

- **Date**

메시지가 생성된 시각을 나타낸다. 아래의 예는 이 메시지가 2014년 4월 1일 오후 4시 10분 20초에 생성되었다는 의미이다.

예) Date: Thu, 01 April 2014 16:10:20 GMT

- **Expires**

응답 메시지의 유효기간을 나타낸다. 아래의 예는 응답 메시지의 유효기간이 2014년 4월 1일 오후 4시까지라는 의미이다.

예) Expires: Thu, 01 April 2014 16:00:00 GMT

- **From**

요청 메시지를 보낸 사용자(즉 웹브라우저 사용자)의 E-mail 주소가 들어간다.

예) From: gildong@kumoh.ac.kr

- **Host**

웹브라우저가 요청하는 자원(웹 문서)이 들어 있는 호스트(서버)를 나타낸다. 따라서 요청 메시지에만 포함될 수 있는 헤더이며 브라우저가 HTTP 1.1 버전으로 동작하는 경우 반드시 포함되는 헤더이다.
아래의 예는 웹브라우저가 요청하는 문서가 서버 www.kumoh.ac.kr에 있다는 의미이다. 서버 내의 문서 위치는 /user/test.htm과 같이 시작라인(요청라인)에 표시된다.

예) Host: www.kumoh.ac.kr

- **If-Modified-Since**

웹브라우저가 요구하는 웹 문서에 대해 서버는 이 헤더에 지정되어 있는 시각 이후에 수정된 경우에만 다시 제공해 준다. 따라서 요청 메시지에만 포함될 수 있는 헤더이며, 지정 시각 이후에 변경되지 않은 웹 문서의 경우에는 서버는 바디 부분에 문서 내용을 넣어 보내는 것이 아니라, 단지 304 응답코드(not modified 의미)만 웹브라우저에게 보낸다.
아래의 예는 해당 웹 문서가 2014년 4월 21일 오후 2시 이후에 수정된 경우에만 제공해 달라는 의미이다.

예) If-Modified-Since: Thu, 21 April 2014 14:00:00 GMT

- **Location**

서버는 클라이언트의 HTTP 요청에 들어있는 Request-URI의 위치가 다른 주소로 이동되었을 경우 이동된 위치를 이 헤더에 넣어서 보내 준다. 클라이언트(웹브라우저)는 이 헤더를 보고 새로운 주소로 다시 HTTP 연결을 시도할 수 있다.

예) Location : http://www.kumoh.ac.kr/pub/users/new.htm

- **Server**

현재 서버가 사용하는 웹 서버 소프트웨어에 대한 정보(제품명, 버전)를 담고 있다. 따라서 응답 메시지에만 포함될 수 있는 헤더이다. 아래의 예는 서버에서 사용하는 웹 서버 소프트웨어가 Apache 4.0 이라는 의미이다.

예) Server: Apache/4.0

- **User-Agent**

사용자의 웹브라우저에 대한 정보(제품명, 버전)를 나타낸다. 아래의 예는 사용자의 웹브라우저가 마이크로소프트 Internet Explorer 9.0이라는 의미이다.

예) User-Agent: MSIE/9.0

- **WWW-Authenticate**

  Authorization 헤더와 함께 사용되어 HTTP 보안을 위한 인증 기능을 제공한다.

HTTP 메시지 헤더 다음에는 메시지 본문(body)이 온다. 메시지 본문의 존재 여부는 헤더부분의 Content-Length 값을 보면 된다. 만약 0이면 메시지 본문이 없는 경우이다.

4-4 HTTP 동작과정

HTTP 동작과정은 크게 세 단계로 나눌 수 있으며 다음에 이 과정을 순서대로 살펴본다.

1. 요청(request) 메시지 전송

   클라이언트(웹브라우저)에서 서버 주소를 입력하면(예: http://www.kumoh.ac.kr/student/gildong.htm) 도메인 이름이 사용된 경우 DNS로 서버(www.kumoh.ac.kr)의 실제 IP 주소(202.31.128.2)를 얻은 후, 이 서버와 TCP/IP 연결 설정을 시작한다.

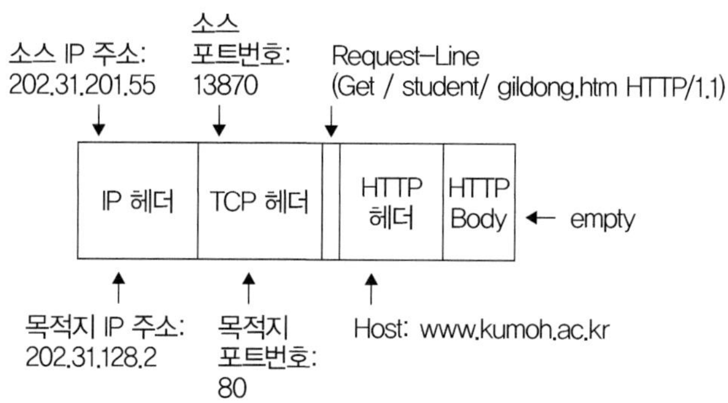

그림 4-5 HTTP 요청 메시지 예

이때 IP 헤더의 목적지 IP 주소는 202.31.128.2, TCP 헤더의 목적지 포트번호는 사용자가 명시하지 않으면 80번이 들어가고 명시하면(예: http://www.

kumoh.ac.kr:8080) 그 값(8080)이 들어간다. HTTP 요청 메시지에는 시작라인(요청라인)의 메서드에 GET, Requst-URI에 /student/gildong.htm이 들어가고, 헤더의 Host: 필드에 www.kumoh.ac.kr이 들어간다.

이와 같이 만들어진 요청 메시지가 네트워크로 전송된다. [그림 4-5]에 HTTP 요청 메시지 예를 보였다. 클라이언트 IP 주소인 소스 IP 주소는 202.31.201.55, 소스 포트번호는 13870이 들어 있다. HTTP 바디(body) 부분은 비어 있다.

2. 응답(response) 메시지 전송

클라이언트로부터의 HTTP 요청 메시지를 수신한 서버는 HTTP 응답 메시지를 보낸다. HTTP 응답 메시지에는 요청에 대한 처리 상태를 알려주는 상태코드 및 헤더 부분과 메시지 본문(바디 부분)에 실제 데이터인 요청한 문서 내용(여기서는 gildong.htm)이 포함된다. [그림 4-6]에 HTTP 응답 메시지 예를 보였다. 소스 IP 주소는 서버의 주소인 202.31.128.2, 소스 포트번호는 80, 목적지 IP 주소는 202.31.201.55, 목적지 포트번호는 13870이 각각 들어가고 HTTP 바디 부분에는 웹문서(gildong.htm)가 들어간다.

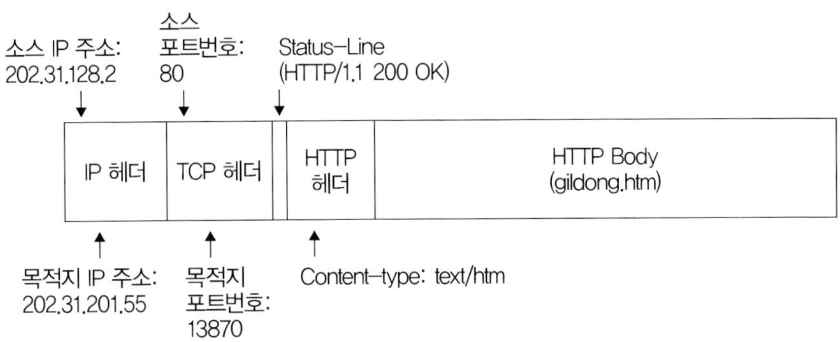

그림 4-6 HTTP 응답 메시지 예

웹브라우저의 주소입력 창에서 파일이 명기되지 않으면 (예: http://www.kumoh.ac.kr) 웹 서버에 따라 지정된 기본 html 파일이 전송된다. 기본 html 파일은 관리자가 웹 서버 소프트웨어 설치 시 자유롭게 결정할 수 있으며 유닉스/리눅스에서 주로 사용하는 아파치(Apache) 경우는 보통 index.html, MS 윈도우즈 서버 계열에서 사용하는 IIS 경우는 보통 default.asp 나 default.htm 등이 된다.

3. 연결 종료

웹 서버는 해당 자원(웹 문서)의 전송을 마치면 TCP 연결을 종료한다(필요하면 클라이언트에서도 종료할 수 있다). 이와 같이 HTTP는 필요한 내용이 전송되면 클라이언트와 서버 사이의 연결을 바로 종료한다. 즉 양단 간의 연결 상태가 지속적으로 유지되지 않는 통신방식을 사용한다. 이와 같이 하는 이유는 웹에서는 링크에 의해 여러 사이트를 자유롭게 다닐 수 있으므로, 클라이언트와 서버 사이에 계속 연결 상태를 유지할 경우 서버의 자원이 많이 소모될 수 있어 이를 방지하기 위함이다. 그러나 필요한 경우 클라이언트에서 요청 메시지 헤더의 Connection 필드 값으로 다음과 같이 'Keep-Alive'를 사용해 서버와의 연결 상태 유지를 요청할 수 있다.

Connection: Keep-Alive

다음 [그림 4-7]은 웹 서버에 접속할 때 클라이언트(왼쪽)와 서버(오른쪽) 양단 간에 전송되는 IP 패킷들을 시간 축에 대해 나타낸 것이다. 여기서 화살표 한 개가 패킷 한 개에 해당하고 각 화살표마다 해당 패킷의 주요 내용을 표시하였다(그림에서 SYN은 TCP 헤더의 SYN 플랙이 1, ACK는 ACK 플랙이 1로 각각 설정된 것을 의미하고 SEQ번호는 TCP 헤더의 시퀀스 번호, ACK번호는 TCP 헤더의 ACK 번호를 각각 의미한다).

다음 그림에서 처음 세 개의 패킷은 앞장에서 설명한 TCP 프로토콜에서 다룬 TCP 3-웨이 핸드셰이크(3-way handshake)를 행하는 패킷이다. 첫 번째 패킷에서 3-웨이 핸드셰이크를 위해 먼저 TCP 헤더의 SYN 플랙을 1로 세트하고 32비트 시퀀스 번호를 8347426으로 하여 서버로 보낸다. 이 패킷의 TCP 헤더의 목적지 포트번호

필드에는 HTTP 포트번호를 나타내는 80번이 들어있고, IP 헤더의 IP 주소 부분은 서버의 IP 주소(목적지 IP 주소)와 자신의 IP 주소(소스 IP 주소)가 각각 들어간다.

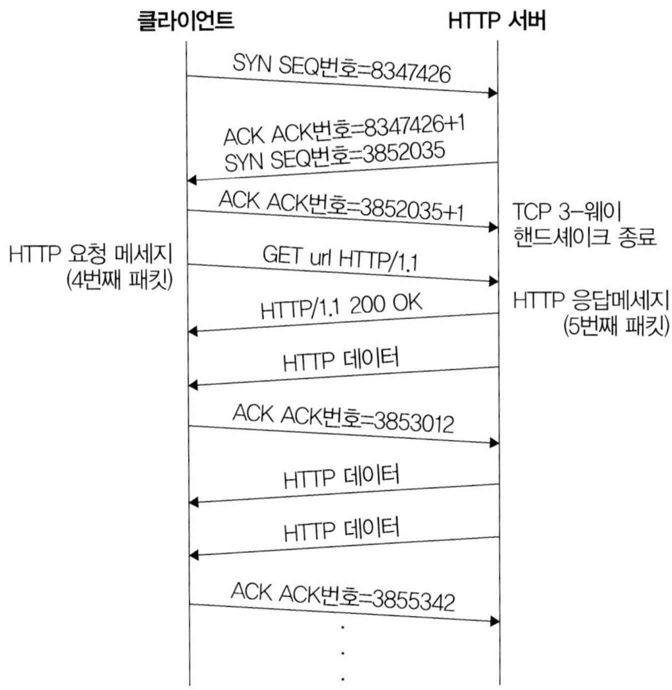

그림 4-7 클라이언트와 서버 간에 전송되는 IP 패킷

서버에서는 이에 대한 응답으로 두 번째 패킷을 보내오는데, 여기서는 TCP 헤더의 ACK 플랙을 1로 세트하고 32비트 ACK 번호는 1번 패킷의 시퀀스 번호보다 1만큼 증가한 8347427을 담고 있다. 또 이 패킷은 자신의 초기 시퀀스 번호를 서버에 알려주기 위해 SYN 플랙을 1로 세트하고 자신의 시퀀스 번호를 3852035로 하고 있다.

클라이언트는 두 번째 패킷에 대한 응답으로 TCP 헤더의 ACK 플랙을 1로 세트하고 ACK 번호는 두 번째 패킷의 SEQ 번호보다 1 증가한 3852036을 담고 있다. 이와 같이 하여 TCP 3-웨이 핸드셰이크가 끝나고 양단 간에 TCP 연결이 이루어진다.

다음 4번째 패킷은 HTTP 요청 메시지이다. 메시지의 시작라인과 헤더 부분의 예를 다음에 보였다(번호는 설명 편의상 넣은 것이다).

```
1    GET   /student/gildong.htm   HTTP/1.1
2    Accept-Language: ko
3    Accept-Encoding: gzip
4    User Agent: MSIE 9.0
5    Host: www.kumoh.a.ckr
6    Connection: Keep-Alive
```

» 1번 라인은 요청 메시지 시작라인(request-line)이며 GET 메서드, Request-URI는/student/gildong.htm, HTTP 1.1 버전을 나타낸다.

» 2번 ~ 6번 라인이 헤더 부분이다. 2번 라인은 사용 언어가 한국어임을 나타낸다.

» 3번 라인은 지원되는 메시지 압축방식(gzip)을 나타낸다.

» 4번 라인은 클라이언트가 사용하는 웹브라우저의 종류를 나타낸다.

» 5번 라인은 연결하려는 웹 서버의 주소를 나타낸다(이 헤더는 HTTP 1.1 버전에서는 반드시 포함되어야 한다).

» 6번 라인에서 사용한 Connection 헤더는 서버와의 연결에 keep-alive 상태를 요청한다. keep-alive 상태란 전송 후 바로 연결을 끊지 않고 지속적인 연결 상태를 유지하는 것을 의미하며 HTTP 1.1 버전부터 지원한다.

다음 5번째 패킷은 HTTP 응답 메시지이다. 메시지의 시작라인과 헤더부분의 예를 다음에 보였다(번호는 설명 편의상 넣은 것이다).

```
1    HTTP/1.1  200   OK
2    Server: Apache 4.0
3    Date: Thu, 01 March 2014 16:10:20 GMT
4    Content-Type: text/html
```

» 1번 라인은 응답 메시지 시작라인(response-line)이며 클라이언트의 요청을 성공적으로 받아들였다는 의미이다.

» 2번 ~ 4번 라인이 헤더 부분이다. 2번 라인은 현재의 웹 서버 소프트웨어 이름 및 버전을 나타내고 있다.

» 3번 라인은 이 메시지가 생성된 시각을 나타낸다.

» 4번 라인은 전송되는 문서 타입이 text/html임을 나타낸다.

6번째 패킷부터는 서버에서 여러 번으로 나누어서 보내는 데이터 패킷들과 이에 대한 클라이언트의 확인 패킷들이다. 서버로부터 데이터를 받을수록 이에 맞추어 ACK 번호가 계속 증가함을 알 수 있다.

4-5 HTTP에서의 캐시 동작

HTML 문서에는 중간 중간에 그림(image) 등이 포함되어 있는 경우가 많다. 이때 HTTP의 동작에서는 html 문서의 내용을 전송 받는 도중에 그림 등의 자원이 포함되어 있으면 이 자원들을 전송 받기 위해 다시 새로운 HTTP 연결을 만들게 된다. 이와 같이 해서 전송 받은 파일들은 클라이언트 내부 캐시(cache)에 저장되어 있다가 다음번에 다시 필요할 때는 서버로부터 다시 전송 받지 않고 캐시에 저장되어 있던

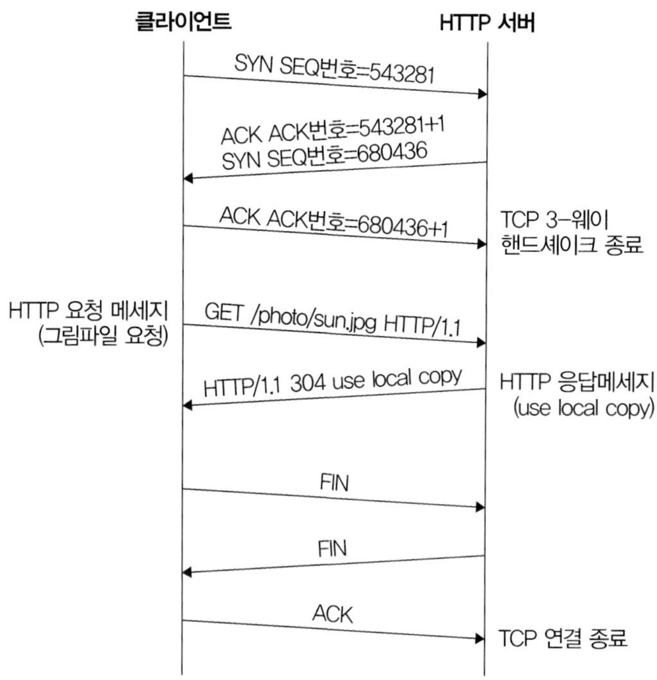

그림 4-8 그림 파일 요청에 대해 클라이언트 내부 캐시를 사용하라는 응답을 받은 경우의 동작

내용을 가져와 웹브라우저 화면에 보여주게 된다. 이러한 HTTP의 캐시 동작으로 빠른 화면을 볼 수 있는 것이다.

위의 [그림 4-8]은 html 문서를 서버로부터 전송 받는 도중에 그림이 포함되어 있어 새로운 HTTP 연결을 설정한 경우이다. 여기서는 그림 파일 요청에 대해 클라이언트 내부 캐시를 사용하라는 응답(use local copy 또는 Not Modified)을 서버로부터 받은 경우에 오가는 패킷의 동작을 보였다(html 문서에서 그림은 html 〈img〉 태그를 사용해 〈img src = /photo/sun.jpg〉 형식으로 파일 위치를 나타낸다).

그림에서 처음의 세 개 패킷은 앞에서와 같이 TCP 3-웨이 핸드셰이크(3-way handshake)를 나타낸다. 다음 HTTP 요청 메시지(GET 메시지)에 그림 파일 위치(/photo/sun.jpg)를 지정하여 서버에게 보낸다. 이 패킷(GET 메시지)의 HTTP 헤더들의 예를 다음에 보였다.

```
1    GET  /photo/sun.jpg   HTTP/1.1
2    Accept : */*
3    Accept-Encoding: gzip
4    If-Modified-Since: Sat, 12 April 2014 10:32:41 GMT;  Length=8237
5    User-Agent: MSIE 9
6    Host: www.kumoh.ac.kr
7    Connection: Keep-Alive
```

» 1번 라인은 요청 메시지 시작라인(request-line)이며 메서드는 GET, Request-URI는 /photo/sun.jpg, HTTP 1.1 버전을 나타낸다.

» 2번 라인부터는 헤더이다. Accept 헤더가 */* 이므로 모든 MIME 형식을 지원 가능하다는 의미이다.

» 3번 라인 Accept-Encoding 헤더는 지원되는 메시지 압축방식을 나타낸다.

» 4번 라인 If-Modified-Since 헤더는 이 그림이 캐시된 날짜와 그림의 크기(Length = 8237)를 나타낸다(바이트 단위). 그리고 만약 서버에서 이 날짜 이후 내용이 수정되었다면 다시 송신하라는 의미이다. 즉 클라이언트에 캐시되어 있는 내용과 다르다면 송신하라는 의미이다.

» 5번 라인 User-Agent 헤더는 클라이언트가 사용하는 웹브라우저의 종류를 나타낸다.

» 6번 라인 Host 헤더는 연결하려는 웹 서버의 주소를 나타낸다.

» 7번 라인 Connection 헤더는 keep-alive 상태를 요청한다.

여기서 중요한 점은 4번째 라인인데, 서버는 클라이언트가 보낸 캐시된 날짜(2014년 4월 12일 10시 32분 41초)와 서버의 현재 그림 파일의 수정일을 비교하여 수정되지 않았으면 상태 코드 304만을 보내고, 캐시된 날짜 이후에 수정되었으면 그림 파일 자체를 응답 메시지 바디 부분에 담아 전송한다.

위의 그림에서 서버로부터의 HTTP 응답 메시지에는 '304 Use local copy' 라는 내용이 들어 있음을 볼 수 있다. 상태코드 번호 304의 의미는 'Use local copy'이다(또는 같은 의미로 'Not Modified'도 사용된다). 여기서는 서버가 클라이언트가 보낸 요청 메시지(GET 메시지)에 들어 있는 If-Modified-Since 헤더의 캐시 정보를 보고, 클라이언트가 원하는 그림 파일이 이전에 전송했던 내용에서 수정되지 않았음을 확인한 경우이다.

이런 경우 서버는 그림 파일을 다시 보내는 대신 클라이언트에게 이미 캐시되어 있는 그림 파일 내용을 사용하라는 의미에서 응답 메시지에 304 상태코드 번호를 넣어 보낸다. 이어지는 세 개의 패킷은 TCP 연결을 종료하기 위한 패킷이다. 그림에서 FIN은 TCP 헤더의 FIN 플랙을 1로 했다는 의미이다. TCP에서는 연결 종료 시 한쪽에서 FIN 플랙을 1로 해서 보내면 상대방에서도 역시 FIN 플랙을 1로 해서 응답하며 이때 연결은 종료된다.

4-6 HTTP 요청 메시지 테스트

웹 서버에게 GET 메서드를 사용한 요청 메시지를 보내고 이에 대한 응답을 표시해 주는 간단한 프로그램 예를 보였다. 여기서는 간단하게 네트워크 프로그램을 구현하기 위해 소스를 C#으로 작성하였다. MS 비주얼(Visual) C#은 비주얼 C++ 이상의 다양한 클래스와 비주얼 베이직의 개발 편의성을 모두 갖춘 객체지향 프로그래밍 언어이며 자바와의 유사성도 많다. 특히 닷넷(.NET) 프레임워크(framework)에 최적화되었으며 네트워크 관련 클래스를 다양하게 제공하므로 네트워크 응용 프로그램 개발에 효과적이다. 9장에서 C# 네트워크 관련 클래스를 상세히 다룬다.

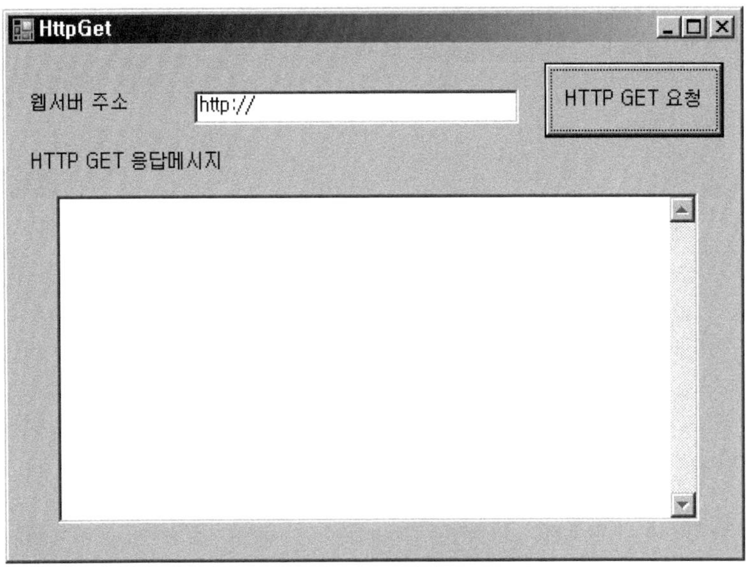

그림 4-9 화면폼 디자인

[그림 4-9]에 비주얼 C# 화면폼 디자인을 보였다. 서버 주소 입력을 위한 텍스트 박스와 서버로부터의 메시지 출력을 위한 텍스트 박스 및 버튼 1개의 간단한 구조이다.

비주얼 C# 초기 화면에서 "파일 → 새프로젝트" 메뉴를 실행하면 빈 폼화면(Form1)이 나오고 도구상자에서 텍스트 박스(TextBox)와 버튼(Button)을 가져와 폼의 적당한 위치에 배치하면 된다. 주요 소스(Form1.cs)는 다음과 같다(C#의 소스는 확장자가 .cs이다).

```
using System;
using System.Windows.Forms;
using System.Net;
using System.IO;

namespace Test_httpGet
{
	public partial class HttpGet : Form
	{
		public HttpGet()
		{
			InitializeComponent();
		}

		private void btnGet_Click(object sender, EventArgs e)
		{
			string serverAddr = textBox1.Text;

			WebRequest request = WebRequest.Create(serverAddr);
			request.Method = "GET";

			WebResponse response = request.GetResponse();
			Stream stream = response.GetResponseStream();

			StreamReader reader = new StreamReader(stream);
			textBox2.Text = reader.ReadToEnd();

			response.Close();
			reader.Close();
		}

	}
}
```

위 소스에서 처음의 using .... 부분은 C#의 각종 클래스들을 체계적으로 분류해 놓은 네임 스페이스(name space) 들이며 이 중 대부분은 비주얼 C# 프로젝트 생성 위저드(wizard)에서 자동 삽입되나 네트워크 및 스트림 관련 클래스를 사용하려면 using System.Net;과 using System.IO; 문을 추가한다.

C#은 네트워크 관련 다양한 클래스를 제공하고 있으며 여기서는 WebRequest와 WebResponse 클래스를 사용하였다(이들 클래스는 9-7절에서 상세히 설명한다). WebRequest 클래스는 서버에 요청을 할 때 사용하고 WebResponse 클래스는 서버로부터 데이터를 읽어 올 때 사용한다. 화면에서 GET 요청 버튼을 누르면 이벤트 핸들러(btnGet_Click)가 실행된다.

이벤트 핸들러의 다음 문에서 사용자가 텍스트 박스에 입력한 서버 주소를 가져온다.

```
string serverAddr = textBox1.Text;
```

다음 문에서는 WebRequest 클래스의 정적 메서드(static method) Create()를 사용해 인스턴스를 생성한다. 이때 입력 받은 서버 주소(serverAddr)가 사용된다.

```
WebRequest request = WebRequest.Create(serverAddr);
```

다음 문에서 WebRequest 클래스의 Method 속성을 사용해 HTTP 요청 메서드를 GET으로 설정한다.

```
request.Method = "GET";
```

다음 문에서 WebRequest 클래스의 GetResponse() 메서드를 사용해 웹 서버로부터의 데이터를 수신하는 데 사용할 WebResponse 객체를 얻는다.

```
WebResponse response = request.GetResponse();
```

다음 문에서 WebResponse 클래스의 GetResponseStream() 메서드를 사용해 웹 서버로부터 데이터를 수신할 스트림을 얻는다.

```
Stream stream = response.GetResponseStream();
```

다음 문에서 문자열을 쉽게 다룰 수 있는 StreamReader 클래스를 사용해 폼 화면의 텍스트 박스(textBox2)로 결과를 출력한다.

```
StreamReader reader = new StreamReader(stream);
textBox2.Text = reader.ReadToEnd();
```

이상에서 설명한 WebRequest와 WebResponse 클래스의 메서드와 속성은 9·7절에서 상세히 설명되어 있다. 다음 [그림 4-10]은 위 소스를 실행시켜 웹 서버에 HTTP GET 메시지를 보낸 경우의 응답 화면 예이다.

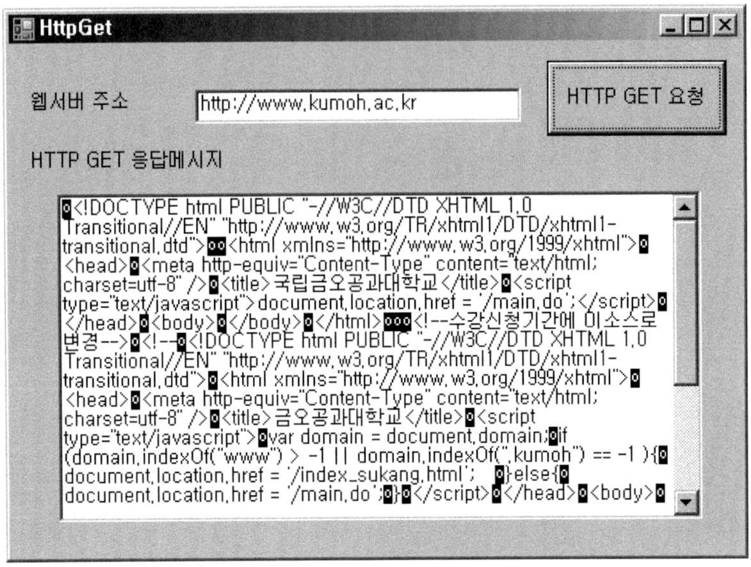

그림 4-10 Http GET 메시지를 보낸 경우의 응답 화면 예

4-7 패킷 분석기를 통한 HTTP 동작 분석

여기서는 패킷 분석기(packet analyzer)를 사용해 HTTP 동작 패킷을 분석한다. 다음 [그림 4-11]은 클라이언트(PC)가 웹 브라우저 주소창에서 http://202.31.201.82/test.htm을 입력해 웹 서버(IP 주소 202.31.201.82)에 문서 test.htm을 요청한 경우의 패킷 캡처화면이다. 필터 검색 식 "ip.addr == 202.31.201.82"를 사용해 해당 IP 주소만 걸러내었다.

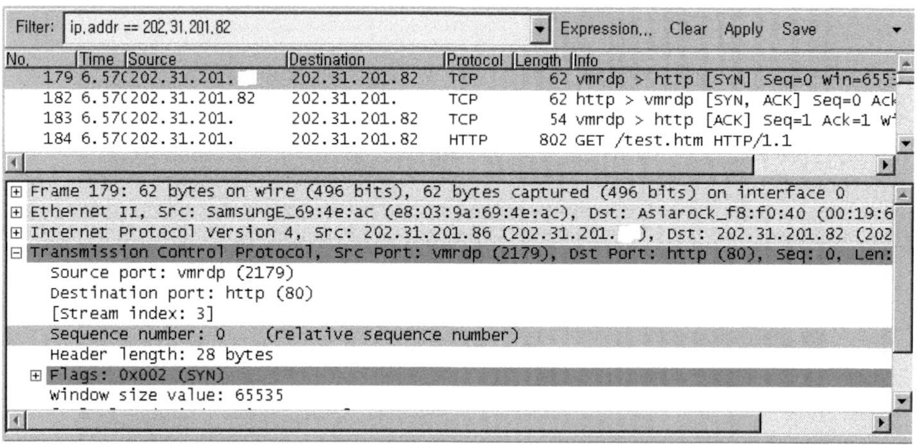

그림 4-11 웹 서버(IP주소 202.31.201.82)에 문서 test.htm을 요청한 경우의 패킷 캡처화면

화면에서 처음 세 개의 패킷은 TCP 3-웨이 핸드셰이크(3-way handshake)이다. 첫 번째 패킷(패킷번호 179)에서는 클라이언트에서 웹 서버(202.31.201.82)의 80번 포

트로 SYN 플랙을 1로 하여 시퀀스 번호를 보낸다. 따라서 화면에서 상대 시퀀스 번호(relative sequence number)가 0이다. 상대 시퀀스 번호는 패킷 분석기에서 편의상 부여한 것이고, 실제 시퀀스 번호는 32비트 숫자이며 [그림 4-11] 캡처화면 아래쪽의 패킷 바이너리 값 창에서 볼 수 있다. 이 창은 여기서는 생략한다.

두 번째 패킷(패킷번호 182)에서는 아래 [그림 4-12]와 같이 첫 번째 패킷의 응답으로 웹 서버(IP 주소 202.31.201.82)에서 클라이언트에게 ACK 번호(클라이언트 상대 시퀀스 번호 0 + 1 = 상대 ACK 번호 1)와 자신의 시퀀스 번호(상대 시퀀스 번호 0)를 보낸다. 이를 위해 ACK 플랙과 SYN 플랙을 1로 하였다.

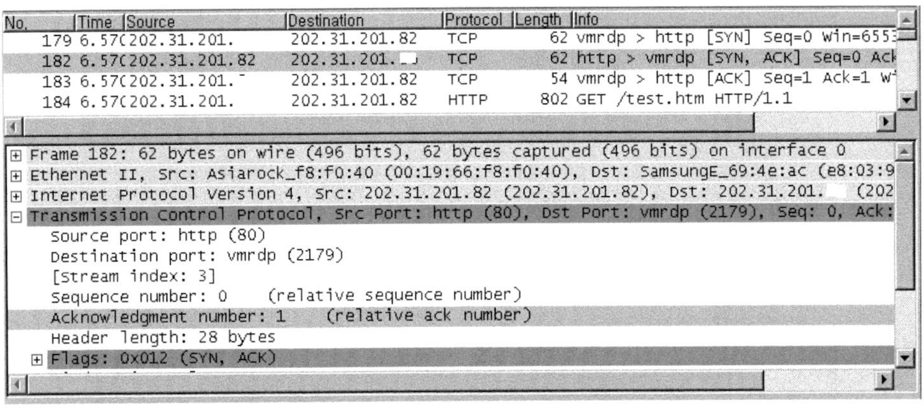

그림 4-12 첫 번째 패킷에 대한 응답 패킷 화면

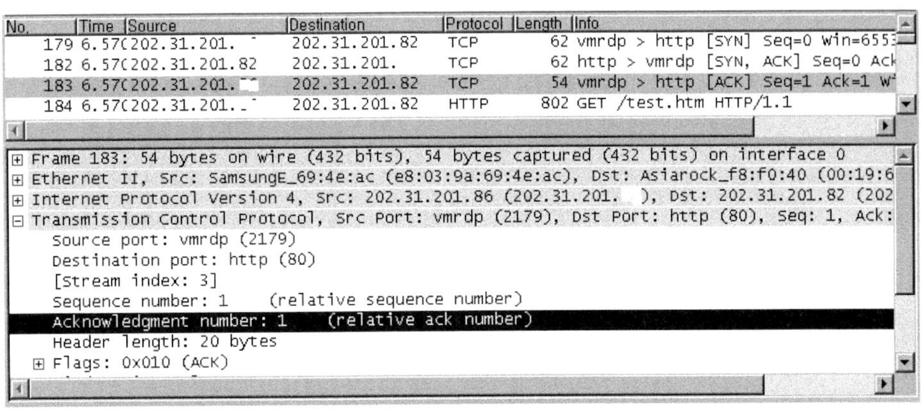

그림 4-13 두 번째 패킷에 대한 응답 패킷 화면

세 번째 패킷(패킷번호 183)에서는 [그림 4-13]과 같이 두 번째 패킷의 응답으로 클라이언트에서 웹 서버(IP 주소 202.31.201.82)에게 ACK 플랙을 1로 하여 ACK 번호(웹 서버 상대 시퀀스 번호 0 + 1 = 상대 ACK 번호 1)를 보낸다. 이와 같이 세 개의 패킷이 오가며 TCP 3-웨이 핸드셰이크 과정이 종료된다.

네 번째 패킷(패킷번호 184)은 [그림 4-14]와 같이 HTTP GET 요청 메시지 패킷이다. 4-2절에서 설명한 대로 HTTP 요청 메시지의 시작인 HTTP 요청라인(Request-Line)은 다음의 구성 요소를 갖는다(CRLF는 줄바꿈 제어문자이다).

요청라인 = '메서드 Request-URI HTTP-버전 CRLF'

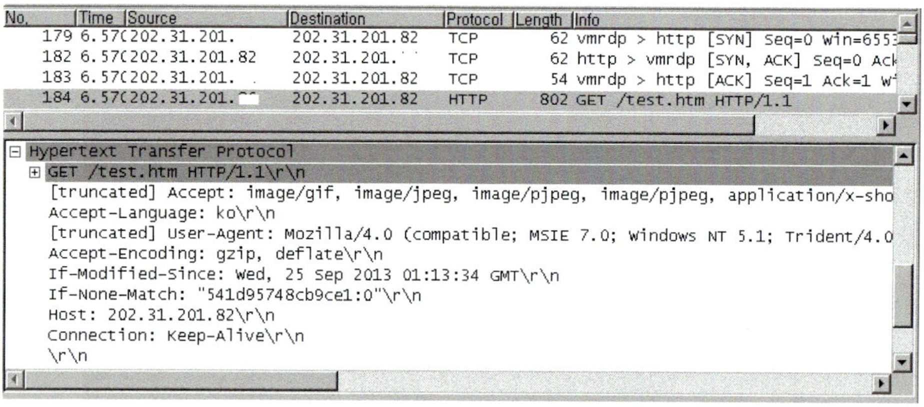

그림 4-14 HTTP GET 요청 메시지 패킷

[그림 4-14] 화면에서 요청라인은 'GET /test.htm HTTP/1.1' 이며 이는 메서드(method)가 GET, Request-URI가 /test.htm, HTTP-Version이 HTTP/1.1임을 각각 나타낸다. HTTP 요청 메시지는 요청라인에 이어 헤더 부분이 나오는데 화면에서 이를 확인해 볼 수 있다(화면에서 \r\n은 줄바꿈 제어문자이다). 여기서는 브라우저에서 인식할 수 있는 언어를 알려주는 Accept-Language 헤더, 브라우저에서 인식할 수 있는 코딩 방식을 알려주는 Accept-Encoding 헤더, 브라우저가 요구하는 문서에 대해 이 헤더 필드에 지정되어 있는 시각 이후에 수정된 문서만 제공해 주기 위한 If-Modified-Since 헤더가 보인다. Host 헤더는 HTTP/1.1에서 유일한 필수 헤더이므

로 포함되어 있고 값은 웹 서버의 주소가 들어간다.

다음 [그림 4-15]는 위의 HTTP GET 요청 메시지에 대한 응답 메시지 패킷(패킷 번호 189)이다. HTTP 응답 메시지의 시작인 상태라인(Status-Line)은 4-2절에서 설명한 바와 같이 다음 4개의 구성 요소를 갖는다.

상태라인 = 'HTTP/버전 상태코드 Reason-Phrase CRLF'

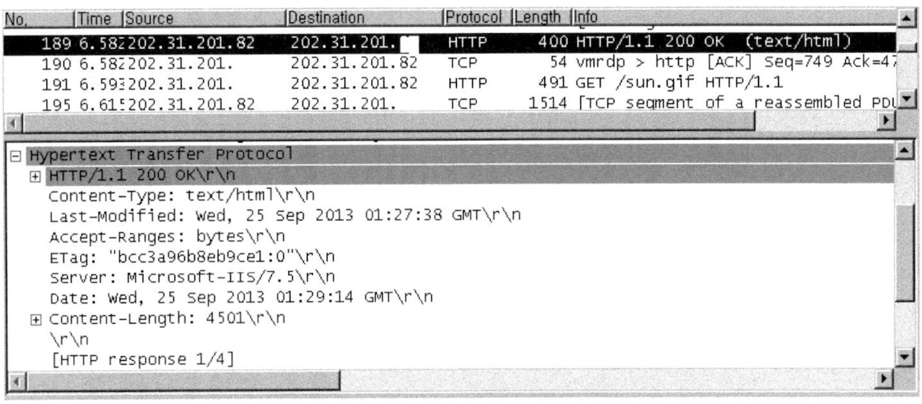

그림 4-15 HTTP 응답 메시지 패킷

[그림 4-15] 화면에서 상태라인은 'HTTP/1.1 200 OK'이며 이는 처리 성공을 의미하는 상태코드 200이고 상태정보를 문자로 알려주는 Reason-Phrase가 OK임을 나타낸다. 이와 같은 상태라인에 이어 헤더가 오며, 화면에서는 바디(본문) 부분에 들어있는 문서의 타입을 나타내는 Content-Type 헤더(값이 html 문서를 의미하는 test/html이다), 문서의 최종 수정 시각을 나타내는 Last-Modified 헤더, 웹 서버 프로그램을 나타내는 Server 헤더(여기서는 MS 윈도우 서버 계열에서 사용하는 IIS이다), 바디의 크기를 나타내는 Content-Length 헤더 등이 보인다. 헤더에 이어서 요청한 문서(test.htm) 내용이 들어 있는 바디 부분이 온다. 여기서는 Content-Length 헤더 값이 4501이므로 바디 부분의 크기가 4501바이트임을 알 수 있다.

다음 [그림 4-16]은 클라이언트가 요청한 문서(test.htm)에 그림을 표시하기 위한 HTML 〈img〉 태그가 있어, 이 그림을 가져오기 위한 HTTP GET 요청 메시지가 발생한 경우의 패킷이다(패킷번호 191). 이 화면에서 HTTP 요청라인은 'GET /sun.gif HTTP/1.1'이며, 이는 요청하는 그림 파일이 test.htm과 같은 디렉터리에 있는 sun.gif임을 나타낸다(디렉터리가 달라지면 /image/sun.gif 식으로 디렉터리 이름이 앞에 붙는다). 헤더 부분에서는 Referer 헤더 값이 http://202.31.201.82/test.htm이며, 이는 이 GET 메서드가 test.htm 파일에서 요청되었음을 보여준다.

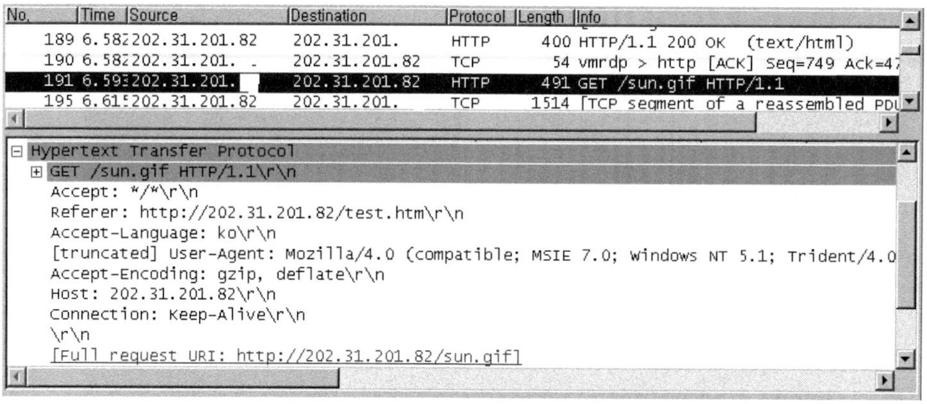

그림 4-16 그림을 가져오기 위한 HTTP GET 요청 메시지 패킷

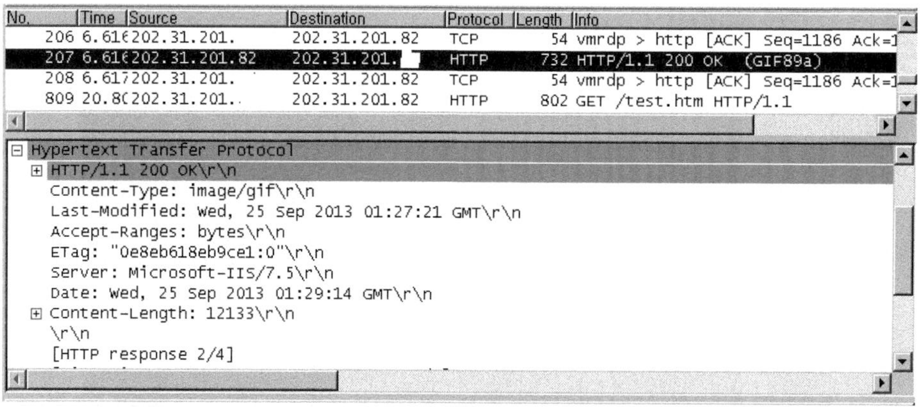

그림 4-17 HTTP GET 요청 메시지(그림 4-16)에 대한 응답 메시지 패킷

다음 [그림 4-17]은 그림을 가져오기 위한 HTTP GET 요청 메시지에 대한 응답 메시지 패킷이다.(패킷번호 207) 상태라인은 요청에 대한 성공을 의미하는 'HTTP/1.1 200 OK'이며 Content-Type 헤더 값이 그림 파일을 의미하는 image/gif 임을 볼 수 있다.

다음 [그림 4-18]은 앞의 [그림 4-14]에서 요청한 문서 test.htm을 나중에 다시 요청한 경우이다. 요청라인이 'GET /test.htm HTTP/1.1' 이므로 앞에서와 동일한 문서 test.htm 임을 알 수 있다. [그림 4-19]는 동일한 문서 test.htm을 나중에 다시 요청했을 경우의 응답 메시지 패킷(패킷번호 810)이다. 여기서 상태라인은 'HTTP/1.1 304 Not Modified'이며, 이는 상태 코드(status code) 304 즉, If-Modified-Since 헤더에 들어 있는 시각 이후 test.htm 문서가 수정되지 않았으므로 서버에서 다시 전송하지 않고, 대신 클라이언트에 들어 있는 이미 캐시된 내용을 사용하라는 의미이다. 따라서 이 경우 응답 메시지의 바디 부분은 비어 있다.

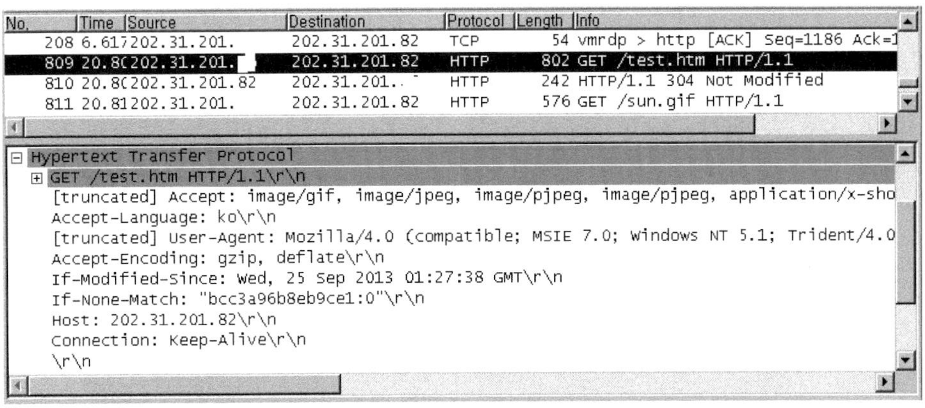

그림 4-18 동일한 문서 test.htm을 나중에 다시 요청한 경우의 패킷

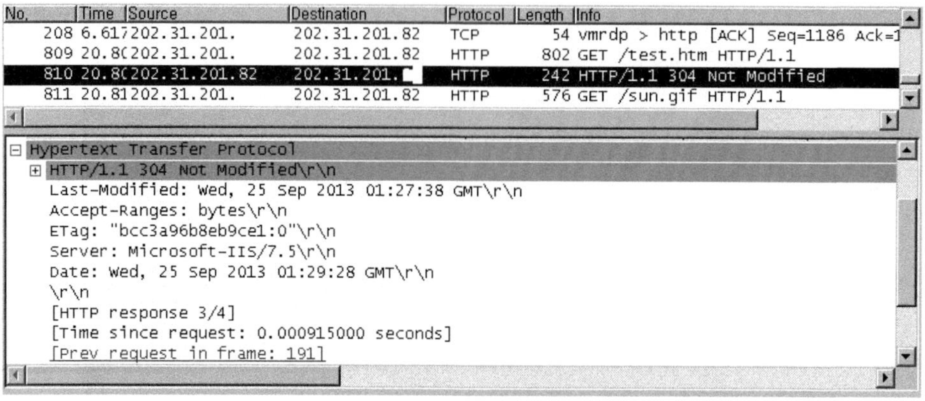

그림 4-19 문서 test.htm 요청에 대한 응답 패킷(상태 코드 304)

RTP

CHAPTER

[5]

5-1 RTP 개요

인터넷 방송, VOD(video on demand), 화상회의 시스템과 같은 응용 서비스에서는 대용량의 멀티미디어 데이터를 네트워크를 통하여 전송할 필요가 있다. 이때 정상적인 동작을 위해서는 실시간성(real-time)과 서비스의 품질(QoS: quality of service) 보증이 요구되고 네트워크의 전송계층에서 이러한 서비스를 지원할 필요가 생긴다.

그러나 현재의 TCP 프로토콜은 실시간 서비스를 수용하기에는 적합하지 않다. 예를 들어 TCP는 패킷이 전송되는 도중 손실될 경우 손실된 패킷을 재전송하는데, 이것은 실시간 멀티미디어 전송 서비스에 적합하지 않다. 실시간 멀티미디어 전송 서비스에서 손실된 패킷은 순간적인 음성/영상의 이상으로 나타나며, 이는 사용자에게는 일과성으로 지나간다. 즉 HTTP나 FTP처럼 엄밀하게 손실된 패킷을 재전송할 필요가 없다.

또 TCP는 단말 대 단말(terminal to terminal)로 직접 연결되는 연결형 서비스(connection oriented service)이기 때문에 멀티캐스팅(multicasting)에 적합하지 않다. 이밖에도 TCP에서는 세그먼트가 만들어질 때 세그먼트에 대한 시간적인 정보를 가지고 있지 않다는 문제점 등이 있다.

이를 해결하기 위한 RTP(real-time transport protocol)는 오디오/비디오 같은 실시간 데이터를 전송하기 위한 인터넷 프로토콜이다. RTP 자체가 데이터의 실시간 전송을 보장하지는 않지만, 송수신 응용 프로그램들이 스트리밍(streaming) 데이터를 처리할 수 있도록 지원한다. RTP는 트랜스포트 계층 프로토콜로 TCP 대신 UDP를 사용하는 것이 일반적이다.

RTP는 rfc 1889 문서로 표준화되었고 현재는 이의 후속 문서인 rfc 3550으로 대치되었으나 기본적인 내용은 거의 같다(이전 버전과의 호환을 위해 기본적인 내용은 바꾸지 않고 일부 내용이 추가되었다).

UDP는 패킷의 멀티캐스트(multicast)가 가능하고 손실된 패킷의 재전송이 없다는 점에서 TCP의 문제점을 일부 해결하지만 타이밍 정보를 가지고 있지 않고 서비스 품질을 보장하는 기능을 제공하지는 않는다. RTP는 이러한 점을 보완하는 기능을 가진다. 이를 위해 RTP는 멀티미디어 데이터 부분인 페이로드(payload)를 식별하기 위한 확장된 구조와 함께 시퀀스 번호 부여(sequence numbering)와 시간 스탬프(time stamping) 기능을 제공함으로써 실시간 멀티미디어 데이터의 전송을 돕도록 설계되었다.

RTP는 기본적으로 RTCP(real-time transport control protocol)와 함께 사용되며, RTCP에 의해 제공되는 정보에 의해 네트워크의 상태정보와 흐름 제어(flow control) 기능을 수행할 수 있어 최소한의 서비스 품질(QoS)을 보증해 줄 수 있다. RTCP는 RTP의 QoS를 유지하기 위해 함께 쓰이는 프로토콜로서 RTP 데이터 전송에 대한 제어 기능과 모니터링 기능을 제공한다. 이를 위해 RTCP는 회선(네트워크)상의 대역폭 변화나 전송 지연 등을 상위 응용 프로그램 층에게 알려주는 기능을 가지며, RTP를 사용하는 각 노드(컴퓨터)들은 주기적으로 RTCP 패킷을 생성해 상대방에게 보낸다.

RTP와 RTCP는 모두 UDP 상에서 동작하므로, 그 특성상 품질보장이나 신뢰성을 완전히 보장하지는 못하지만, 실시간 응용에서 필요한 시간 정보, 멀티미디어 소스의 동기화 등 여러 기능을 제공하기 때문에 인터넷 상에서 실시간 데이터 전송을 필요로 하는 많은 응용 프로그램(예: VOD, AOD, 인터넷 방송, 화상회의 등)들이 RTP 및 RTCP를 이용하고 있다.

다음 [그림 5-1]에 인터넷 계층 모델에서 RTP와 관련 프로토콜들과의 관계를 보였다.

RTP는 응용 프로그램 사이의 데이터 전달 서비스를 제공하며, 그림과 같이 보통 UDP를 트랜스포트 계층의 프로토콜로 사용하고 네트워크 계층으로는 IP가 사용된다. 링크 계층에서는 LAN 환경인 경우 이더넷이나 Wi-Fi가 주로 사용되고

WAN(wide area network) 환경에서도 사용된다. RTP는 유니캐스트(unicast)나 멀티캐스트(multicast) 환경에서 모두 동작할 수 있다.

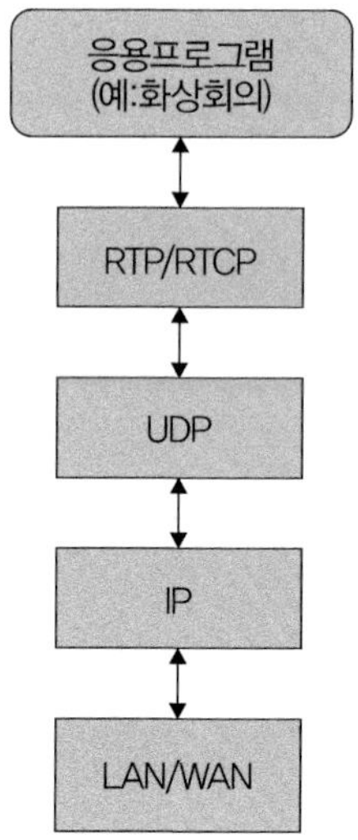

그림 5-1 인터넷 계층 모델에서 RTP와 관련 프로토콜들과의 관계

● RTP 주요 용어

다음에 RTP에서 사용되는 주요 용어를 정리하였다.

- **RTP 패킷**

  RTP 패킷은 고정된 길이의 헤더와 제공 소스(CSRC) 목록 및 페이로드(payload) 데이터로 구성되어 있다. CSRC 목록은 비어 있을 수 있다.

- **RTP 페이로드(payload)**

  RTP 패킷 중에서 헤더 부분을 제외한 실제 오디오/비디오 데이터 부분을 가리키며 오디오 샘플이나 비디오 프레임들이다.

- **RTCP 패킷**

  RTCP 동작을 위한 여러 요소(element)들을 가진 제어 패킷이다.

- **RTP 세션(session)**

  RTP를 사용해 서로 통신하는 참가자들 사이의 연결 상태를 의미한다. 각 참가자들에게 세션은 목적지 트랜스포트 주소(IP 주소와 RTP/RTCP의 포트번호) 쌍으로 정의된다.

- **동기 소스(synchronization source : SSRC)**

  RTP 패킷 스트림의 소스이며 소스 구분을 위해 RTP 헤더에 32비트 SSRC ID 값을 가진다. 수신 측에서는 SSRC ID 값에 의해 동일한 소스로부터 전송된 패킷들인지 알 수 있으며 이들을 모아 오디오/비디오 스트림을 재생시킬 수 있다.

  SSRC의 예로는 마이크나 웹 카메라에서 캡처한 스트림 데이터를 전송하는 모듈이 있다. SSRC ID 값은 임의의 숫자로 생성되며 RTP 세션 내에서 중복되지 않는 유일한 값이어야 한다.

- **믹서(mixer)**

  RTP 동작 환경에서 하나 이상의 소스로부터 RTP 패킷을 수신해 필요시 그 데이터 포맷을 변경하고, 이들을 결합해서 새로운 RTP 패킷을 만들어 이를 전송하는 기능을 한다. 이때 여러 입력 소스들 사이의 타이밍은 서로 동기(synchronize)되지 않는 상태이므로, 믹서는 스트림들 사이의 타이밍을 조절해서 결합된 새로운 스트림에 대한 새로운 타이밍을 생성한다. 따라서 믹서로부터 생성된 RTP 패킷들은 믹서를 동기 소스(SSRC)로 가지게 된다.

- **제공 소스(contributing source : CSRC)**

  RTP 믹서가 여러 소스로부터 스트림들을 수신해 이들을 결합하여 새로운 스트림을 생성할 때 각각의 원래 스트림들의 소스를 나타낸다. 믹서는 자신이 생성하는 RTP 패킷 헤더의 CSRC 부분에 원래 스트림들의 소스를 나타내는 SSRC 값들을 삽입한다. 이를 CSRC 목록이라 한다.

» **제공 소스(contributing source: CSRC)의 예**

10명이 참가하는 인터넷 오디오 회의(화상없이 음성만으로 회의하는 경우)에서 세 명이 동시에 발언할 경우 믹서는 이 세 개의 오디오 스트림을 통합해서 하나의 믹서 스트림으로 만든 후 회의 참가자 전체에게 전송한다. 이 믹서로부터 생성된 스트림(RTP 패킷)의 SSRC ID는 믹서를 나타내지만 믹서는 이 RTP 패킷의 CSRC 목록에 원래 오디오 스트림 소스(즉 세 명의 발언자)를 모두 삽입하였으므로, 각 참여자의 응용 프로그램에서 CSRC 목록을 조사하면 원래 스트림의 소스들을 알 수 있게 된다.

- **모니터(monitor)**

  RTP 세션에 참가한 참가자들이 전송한 RTCP 패킷을 수신하는 응용 프로그램을 의미한다.

5-2 RTP 헤더

RTP 패킷은 고정된 12바이트 헤더와 가변 개수인 CSRC 목록 및 그 다음에 오는 페이로드(payload)로 구성된다. 페이로드는 RTP 패킷에서 헤더를 제외한 실제 오디오/비디오 데이터 부분을 나타내며 오디오 샘플이나 비디오 프레임들이다. [그림 5-2]에 RTP 헤더 구조를 보였다.

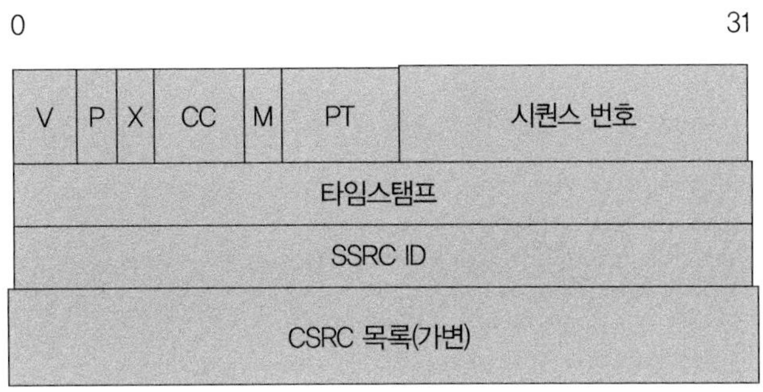

5-2 RTP 헤더 구조

헤더 각 필드의 기능은 다음과 같다.

- **V(version) (2비트)**

  RTP 버전을 나타내는 필드이며 현재는 2이다(버전 1은 과거 RTP 시험판에서 사용하였었다).

- **P(padding) (1비트)**

  패딩 비트이며 값이 1이면 페이로드 끝부분에 한 개 이상의 패딩 옥테트(octet

: 8비트)들이 포함됨을 의미한다. 패딩 옥테트(바이트)들은 32비트 단위로 패킷을 구성하기 위해서 사용된다.

- **X(extension) (1비트)**

  확장 비트이며 값이 1이면 고정 헤더 다음에 추가로 확장 헤더가 있다는 것을 의미한다.

- **CC(CSRC count) (4비트)**

  고정 헤더 뒤에 나오는 CSRC 목록의 개수를 가리킨다.

- **M(marker) (1비트)**

  마커 비트이다. 패킷 스트림에서 프레임 경계를 표시하는 데 사용한다. 예를 들어 비디오 페이로드에서는 프레임의 끝을 표시한다.

- **PT(payload type) (7비트)**

  RTP 패킷에 들어 있는 RTP 페이로드의 타입을 나타낸다. RTP에서 사용되는 기본적인 오디오/비디오 페이로드의 타입은 인터넷 표준 기술 문서 rfc 3551에 나와 있으며 여기에는 오디오/비디오 신호의 각종 인코딩(encoding) 방법과 샘플링(sampling) 주파수 등이 상세하게 기술되어 있다.

- **시퀀스 번호(sequence number) (16비트)**

  RTP 패킷이 송신될 때마다 시퀀스 번호는 1씩 증가한다. 수신 측은 이 필드 값(시퀀스 번호)을 이용하여 전송 도중 발생할 수 있는 패킷 분실(packet loss)을 감지하고 패킷 순서를 조정한다. 초기값은 임의의 숫자로 생성된다.

- **타임스탬프(time stamp) (32비트)**

  이 필드는 RTP 패킷의 첫 번째 바이트(octet)가 샘플링된 시점을 나타낸다. 샘플링 시점(sampling instant)은 일정하게 증가하는 클록으로부터 생성되며 데이터의 동기화와 지터(jitter) 계산에 이용된다. 지터(jitter)란 오디오 샘플이나 비디오 프레임이 원래의 규칙적인 주기 간격에서 벗어나 불규칙한 시간 간격으로 수신되는 형태를 말하며 수신 측에서 재생 시 음성이나 화상 찌그러짐의 원인이 된다.

- **SSRC ID (32비트)**

  RTP 패킷 스트림의 소스 구분을 위해 사용하는 32비트 ID 값이다.

- **CSRC 목록**

  RTP 패킷에 포함된 페이로드의 제공 소스(contributing source)들을 구분하기 위한 32비트 ID 값들이다. 이 ID의 개수는 앞에 나온 CC(CSRC count) 필드에 표시되며 최대 15개까지 표시된다.

5-3 RTP 기본동작

RTP 패킷의 페이로드 부분은 오디오 샘플 또는 비디오 프레임이다. 이들 오디오/비디오 데이터는 마이크나 카메라에서 캡처한 음성이나 영상을 정해진 방법으로 인코딩(encoding)하여 얻어진다. 수신측은 RTP 패킷 헤더 부분의 PT(payload type) 필드 값을 보고 송신측이 사용한 인코딩 방식을 알 수 있으며, 이에 대한 디코딩(decoding) 방식을 선택해 데이터를 처리하므로 오디오/비디오를 재생(play)할 수 있는 것이다.

RTP에서 사용하는 페이로드 타입은 인터넷 표준 기술 문서 rfc 3551에 정의되어 있다(페이로드 타입은 계속 새로운 내용이 추가되는 중이며 새로운 인터넷 표준 기술 문서로 대체 될 수 있다). [표 5-1]에 이 문서에서 정의한 오디오 인코딩 포맷의 일부 예를 보였다.

표 5-1 오디오 인코딩 포맷 예

인코딩 방식	샘플당 비트수	샘플링 주파수(Hz)
DVI4	4	가변
G722	8	16000
L8	8	가변
L16	16	가변
LPC	가변	8000
PCMA	8	가변
PCMU	8	가변

[표 5-1]에서 첫째 줄 DVI4 인코딩 방식은 ADPCM(adaptive delta pulse code modulation)이라는 코딩 방식을 사용하는 것으로, 인코딩 시 각각의 음성 샘플은 4비트로 코딩되며 샘플링 주파수는 가변적이다. 둘째 줄 G722 인코딩 방식은 ITU-T 표준의 음성 압축 방식의 일종으로 인코딩 시 각각의 음성 샘플은 8비트로 코딩되며 샘플링 주파수가 16000Hz라는 것을 나타내고 있다(오디오/비디오 인코딩 방식에 대한 상세한 내용은 본서에서 다룰 내용은 아니므로 여기서는 rfc 3551 문서에 이러한 내용들이 기술되어 있다는 점만 언급한다).

[표 5-2]에 오디오 인코딩 방식에 대한 PT(payload type) 값 중 일부를 보였다. 표에서 미디어 타입 A는 미디어가 오디오(audio)라는 의미이다.

표 5-2 오디오 인코딩 방식에 대한 PT(payload type) 값 예

PT(payload type)	인코딩 방식	미디어 타입	클록 주파수(Hz)
0	PCMU	A	8000
4	G723	A	8000
6	DVI4	A	16000
7	LPC	A	8000
9	G722	A	8000

예를 들어 위 표에서 PT 값이 7인 경우 인코딩 방식이 LPC이고 샘플링 클록이 8000Hz라고 되어 있다. LPC(linear prediction coding)는 음성을 압축하는 인코딩 방식 중 하나로써 이를 사용하면 비 압축 시에 비해 데이터 양을 크게 줄일 수 있다. 따라서 이 방식을 사용하면 RTP 페이로드에 담아 갈 데이터 양을 크게 줄일 수 있는데, 이를 수신한 측에서는 RTP 헤더의 PT 값을 보고 인코딩 방식을 알 수 있으므로 이에 맞춘 디코딩 방식을 사용해 데이터를 원래대로 재생할 수 있다.

[표 5-3]에 비디오 인코딩 방식에 대한 PT(payload type) 값 중 일부를 보였다. 표에서 미디어 타입 V는 미디어가 비디오(video)라는 의미이다.

표 5-3 비디오 인코딩 방식에 대한 PT(payload type) 값 예

PT(payload type)	인코딩 방식	미디어 타입	클록 주파수(Hz)
26	JPEG	V	90000
31	H261	V	90000
32	MPV	V	90000
34	H263	V	90000

위 표에서 PT 값 34인 인코딩 방식이 H263이고 클록 주파수가 90000Hz라고 되어 있다. 이는 ITU-T에서 제안된 동영상 압축 표준의 하나인 H.263을 나타내며 낮은 전송률을 가지는 통신선로에서 영상 회의나 비디오 전화 등을 위한 것이다. 카메라에서 캡처한 비디어 신호가 이 인코딩 방식을 사용해 압축되어 RTP 페이로드에 담겨 송신되면, 이를 수신한 측에서는 RTP 헤더의 PT 값을 보고 인코딩 방식(H.263)을 알 수 있으므로, 이에 맞춘 디코딩 방식을 사용해 비디오 데이터를 원래대로 재생할 수 있다.

참고
[오디오/비디오 인코딩]

오디오/비디오 인코딩은 원래 신호에서 발생하는 데이터 양을 줄이면서 최대한 품질을 유지하기 위한 것이 목적이다. 오디오의 경우 음성만 전달하기 위해서는 마이크에서 발생한 신호에서 초당 8000번 샘플을 취하고 각 샘플당 크기를 8비트로 하면 된다. 따라서 이때 발생하는 데이터 양은 초당 8000 x 8비트 = 64000 비트이다. 이때 이를 그대로 전송하는 것이 PCM(pulse code modulation) 방식인데, 만일 오디오 인코딩 방식을 사용해 데이터를 압축하면 음질을 가능한 한 유지하면서 원래 데이터 양에서 크게 줄일 수 있다. 물론 수신 측에서는 송신 측에서 사용한 인코딩 방식의 역과정인 디코딩 방식을 사용해 데이터를 처리해야 한다. 예로 오디오 인코딩 방식 중 하나인 LPC(linear prediction coding) 방식을 사용하면 원래 데이터 양의 1/10 정도까지 전송량을 줄일 수 있다(음질은 약간 떨어진다). 비디오 신호의 경우는 H.261, H.263, H.264(MPEG-4) 등이 인코딩 방식으로 많이 사용된다.

RTP를 사용하는 응용 프로그램은 목적지 주소로 하나의 IP 주소와 두 개의 포트번호를 사용한다. 두 개의 포트번호 중 하나는 RTP를 사용하고 다른 하나는 RTCP를 사용한다. 이때 RTCP 포트번호는 RTP 포트번호 + 1이다(RTCP는 다음 절에서 설명한다). IP 주소는 멀티캐스트(multicast) 주소를 사용할 수도 있다.

RTP에서 오디오와 비디오는 개별적인 RTP 세션으로 전송된다. 즉 오디오를 위한 RTP 연결과 비디오를 위한 RTP 연결이 각각 따로 있다는 의미이다. RTP를 이용해 오디오 회의를 하는 경우, 보통 각 오디오 샘플은 20 msec 단위로 나눠어 RTP 헤더를 앞에 붙인 후 UDP 패킷에 담겨 보내진다. 이때 RTP 헤더의 PT(payload type) 필드에 송신측 오디오 데이터의 인코딩 방식(G722, G723, LPC 등)에 대한 정보를 담고 있으므로 필요시 회의 중간에 송신측은 인코딩 방식을 변경할 수도 있다. 예로 새로 회의에 참여한 사람이 저속의 네트워크로 연결되어졌다면 이 참여자를 위해 송신측은 전송률이 낮은 인코딩 방식으로 변경할 수 있는 것이다.

5-4 RTCP 개요

앞에서 설명한 RTP는 단독으로 사용되지 않고 RTCP(real-time transfer control protocol)와 함께 사용된다. 따라서 RTCP는 RTP를 기술한 rfc 3550 문서에 함께 포함되어 있다. RTCP는 RTP에게 네트워크의 상태 정보를 제공하며, RTP가 흐름 제어(flow control) 기능을 수행할 수 있도록 하고, 또 RTP가 최소한의 서비스 품질(QoS: quality of service)을 보증해 줄 수 있도록 한다.

이와 같은 기능을 제공하기 위하여 RTCP는 세션의 모든 참가자들에게 제어 패킷을 주기적으로 전송한다. RTCP는 RTP와 별개의 포트를 사용한다(예: RTP가 UDP 포트번호 4010번을 사용한다면 RTCP는 4011번을 사용한다). RTCP가 제공하는 네 가지 기능은 다음과 같다.

1. 데이터 전송의 품질(quality)에 대한 피드백(feedback)을 제공한다. 이 피드백은 참가자들이 사용하는 오디오나 비디오의 인코딩 방식을 조절하는 데 이용될 수 있다. 예로 화상회의 중 패킷 손실이 많이 발생한다면 오디오나 비디오의 인코딩 방식을 데이터 전송량을 적게 발생하는 방식으로 변경할 수 있다. 이 피드백 기능은 뒤에 설명될 RTCP 패킷 중 SR(sender report) 패킷 및 RR(receiver report) 패킷에 의해 수행된다.

2. RTCP는 CNAME(canonical name)이라 불리는 RTP 소스를 구분하기 위한 트랜스포트 레벨의 ID를 제공한다. RTP 헤더의 SSRC 값(32비트)도 RTP 패킷의 소스를 나타내지만 이 값은 네트워크 상에서 충돌이 발견되거나 프로그램이 재시작되면 변화될 수 있는 반면 CNAME은 그렇지 않다. 따라서 수

신 측에서는 이 CNAME을 사용해 각 참가자들을 지속적으로 구분할 수 있게 된다. 이와 같은 기능은 RTCP 패킷 중 SDES 패킷에 의해 수행된다.

3. 위의 두 가지 기능은 RTP 세션의 모든 참여자가 RTCP 패킷을 보냄으로써 이루어지는데, 참가자가 많아지면 이 전송량이 많아질 수 있으므로 이를 너무 높지 않게 제어할 필요가 있다. RTCP에서는 세션 참여자 수를 파악해 이를 조절한다.

4. 옵션 기능으로서 RTCP는 최소한의 세션 제어 정보를 전송한다. 예로 사용자 인터페이스에 세션 참가자의 ID(예: 이름)가 표시되도록 할 수 있는데, 이는 참가자가 자유로이 참가 및 탈퇴할 수 있는 개방된 화상회의 등에 유용하게 사용될 수 있다.

RTCP 패킷 종류는 다음과 같은 것들이 있다

- **SR(sender report) 패킷**

  세션 참가자 중 활동적으로 송신 동작을 하는 노드(active sender)로부터의 송신 및 수신 통계치를 위한 패킷이다.

- **RR(receiver report) 패킷**

  세션 참가자 중 활동적으로 송신 동작을 하지 않는 노드(다른 참가자가 보낸 오디오/비디오 데이터를 수신만 하는 측)로부터의 수신 통계치를 위한 패킷이다.

- **SDES(source description RTCP packet) 패킷**

  CNAME을 포함하는 패킷이다.

- **BYE 패킷**

  세션에서 탈퇴할 때 사용하는 패킷이다.

- **APP(application) 패킷**

  새로운 응용(application)을 위한 실험적인 용도로 사용되는 패킷이다.

각 RTCP 패킷은 RTP 데이터 패킷처럼 고정된 길이의 헤더가 먼저 오고 이어서 패킷 타입에 따라 서로 길이가 다른 요소(element) 부분이 온다. 그러나 항상 32비트 단위여야 한다. 그리고 여러 개의 RTCP 패킷이 서로 연결되어 한 개의 패킷으로 통합될 수 있다. 이를 통합 RTCP 패킷(compound RTCP packet)이라 한다. 이 과정에서 각 RTCP 패킷을 구분하기 위한 구분자(identifier)는 없다. 이는 RTP 헤더의 길이(length) 필드 등으로 다시 분리할 수 있기 때문이다. 이 통합된 한 개의 패킷은 한 개의 UDP 패킷으로 전송될 수 있다.

5-5 SR 패킷과 RR 패킷의 구조와 동작

RTP 수신측은 RTCP 레포트 패킷(SR 패킷, RR 패킷)을 통해 수신 품질(reception quality)에 대한 피드백(feedback)을 제공한다. 수신측이 송신 기능도 하면 SR(sender report) 패킷을 보내고 송신 기능을 하지 않으면 RR(receiver report) 패킷을 보내는데, SR 패킷과 RR 패킷의 유일한 차이점은 SR 패킷에 20바이트 송신자 정보(sender information) 부분이 있다는 것뿐이다. 그 외는 같다. RTP 수신측은 이전의 마지막 리포트 패킷을 제공 후 자신이 패킷을 송신한 적이 있으면 SR(sender report) 패킷을 보내고, 그렇지 않은 경우는 RR(receiver report) 패킷을 보내는 것이다.

이를 위해 SR 패킷이나 RR 패킷은 여러 개의 리포트 블록(report block)을 포함하고 있는데, 리포트 블록 각각은 RTP 데이터 패킷을 보내온 상대방 SSRC (synchronization source)에 대한 정보이다. 각 리포트 블록은 각 블록이 가리키는 소스로부터의 데이터 수신 통계치를 제공한다. 하나의 SR 패킷이나 RR 패킷은 최대 31개의 리포트 블록을 담을 수 있으며 만약 이보다 숫자가 많아지면 다음 패킷에 담아 보내게 된다.

SR(sender report) 패킷 구조를 다음 [그림 5-3]에 보였다. 이 SR 패킷은 헤더, 송신자 정보(sender information), 리포트 블록의 세 부분으로 이루어져 있다.

이 그림에서 첫 번째 부분인 헤더는 8바이트 길이이고 각 필드(field)의 기능은 다음과 같다.

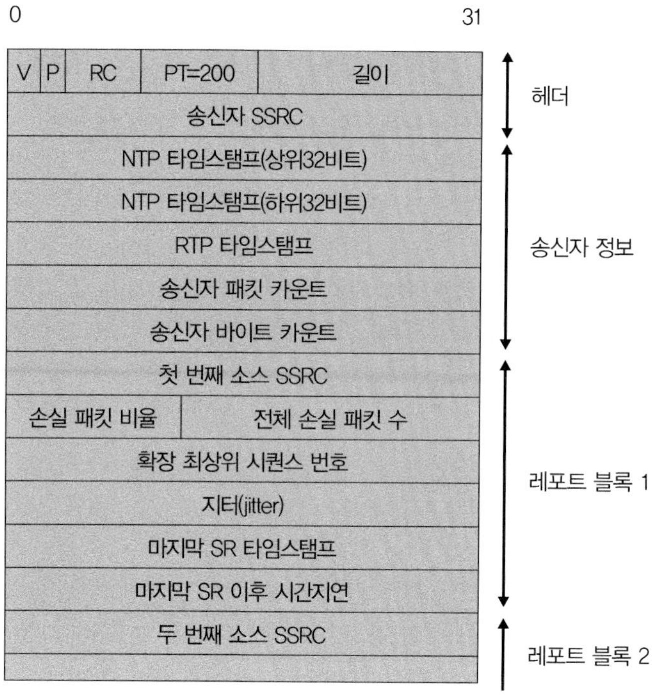

그림 5-3 SR(sender report) 패킷 구조

- **V(version) (2 비트)**

  이는 RTP 버전을 나타내고 RTP 헤더의 버전 값과 같다. 현재는 2이다.

- **P(padding) (1 비트)**

  이 필드가 1이면 RTCP 패킷이 마지막 부분에 추가적으로 패딩 바이트를 가진다는 걸 의미한다. 패딩 바이트들은 32비트 단위로 패킷을 구성하기 위해서 사용된다.

- **RC(reception report count) (5 비트)**

  이 패킷에 포함된 수신 리포트(reception report) 블록의 개수를 나타낸다(0도 가능하다).

- **PT(packet type) (8 비트)**

  항상 200이 들어가는데 이는 이 패킷이 RTCP SR 패킷임을 나타낸다.

- **길이(length) (16 비트)**

  이 RTCP SR 패킷의 길이를 나타낸다.

- **송신자 SSRC(sender SSRC) (16 비트)**

  이 SR 패킷을 발생한 송신자(sender)의 SSRC(synchronization source) ID를 나타낸다.

SR(sender report) 패킷 두 번째 부분인 송신자 정보(sender information) 부분은 20 바이트이며 모든 SR 패킷에 포함되어 있다. 여기에는 이 송신자(sender)로부터의 데이터 전송에 대한 요약 내용이 들어있다. 각 필드의 기능은 다음과 같다.

- **NTP 타임스탬프(NPT timestamp) (64비트)**

  NTP(network time protocol) 타임스탬프는 이 리포트가 송신된 시각(날짜, 시간)을 나타낸다. 1900년 1월 1일 0시를 기준으로 현재의 시각을 초 단위로 나타낸다. 처음 32비트는 정수값, 다음 32비트는 소수점 이하값을 각각 나타낸다.

- **RTP 타임스탬프(RPT timestamp) (32비트)**

  위의 NTP 타임스탬프와 동일한 시각에 대응되지만 RTP 헤더의 타임스탬프 필드와 동일한 포맷을 가진다.

- **송신자 패킷 카운트(sender's packet count) (32비트)**

  송신자(sender)에 의해 지금까지 보내진 RTP 데이터 패킷의 전체 개수를 나타낸다.

- **송신자 바이트 카운트(sender's octet count) (32비트)**

  송신자(sender)에 의해 지금까지 보내진 RTP 데이터 패킷의 전체 페이로드(RTP 데이터 패킷에서 헤더를 제외한 실제 오디오/비디오 데이터 부분)의 크기를 바이트 단위로 나타낸다.

SR(sender report) 패킷 세 번째 부분은 여러 개의 수신 리포트 블록을 포함한다. 각 수신 리포트 블록은 각 동기 소스(synchronization source)로부터의 RTP 패킷 수신에 대한 통계값이 들어 있다. 수신 리포트 블록 각 필드의 기능은 다음과 같다.

- **첫 번째 소스 SSRC (32비트)**

  첫 번째 소스의 SSRC ID를 나타낸다.

- **손실 패킷 비율(fraction lost) (8비트)**

  이전 SR 패킷(또는 RR 패킷)을 보낸 이후 SSRC 소스로부터의 RTP 데이터 패킷 중 손실된 데이터 패킷의 비율을 나타낸다.

- **전체 손실 패킷 수(cumulative number of packets lost) (24비트)**

  수신 시작 후 SSRC 소스로부터의 RTP 데이터 패킷 중 손실된 데이터 패킷의 전체 개수를 나타낸다.

- **확장 최상위 시퀀스 번호(extended highest sequence number received) (32비트)**

  하위 16비트는 소스 SSRC로부터의 RTP 데이터 패킷 중 가장 높은 시퀀스 번호가 들어간다. 상위 16비트는 이 시퀀스 번호를 확장(extend)한 값이 들어간다. RTP 헤더의 시퀀스 번호는 RTP 패킷이 송신될 때마다 1씩 증가하는데 수신측은 이 필드를 이용하여 패킷 손실을 감지하고 패킷 순서를 재저장한다. 초기값은 임의의 값이다.

- **지터(interarrival jitter) (32비트)**

  RTP 데이터 패킷이 도착하는 시간 간격의 통계적 변이(statistical variance)에 대한 추정치가 들어간다. 수신 측에 도착한 패킷들 사이 간격의 차이에 대한 표준편차가 된다.

- **마지막 SR 타임스탬프(last SR timestamp: LSR) (32비트)**

  해당 소스(여기서는 첫 번째 소스 SSRC)로부터 가장 최근 도착한 SR(sender report) 패킷에 들어 있는 64비트 NTP 타임스탬프(timestamp)의 중간 32비트 값이 들어 있다. 64비트 NTP 타임스탬프는 앞에서 설명한 대로 SR(sender report) 패킷의 두 번째 부분인 송신자 정보(sender information)

부분에 있으며 중간 32비트 값은 64비트 NTP 타임스탬프 값에서 정수 부분인 상위 32비트 중 하위 16비트와 소수점 이하 부분인 하위 32비트 중 상위 16비트를 취한 값이다. 이는 64비트 NTP 타임스탬프 값이 너무 정밀도가 높으므로 정밀도를 다소 낮춘 것이다.

- **마지막 SR 이후 지연시간(delay since last SR: DLSR) (32비트)**
  해당 소스로부터 SR 패킷을 가장 최근에 수신한 시각으로부터 이 수신 리포트 블록을 송신하는 데까지 걸린 시간 지연 값이다(단위는 1/65536 초).

수신 리포트 블록은 위에서 설명한 것과 모두 동일한 구조이며 블록 개수만큼 반복된다.

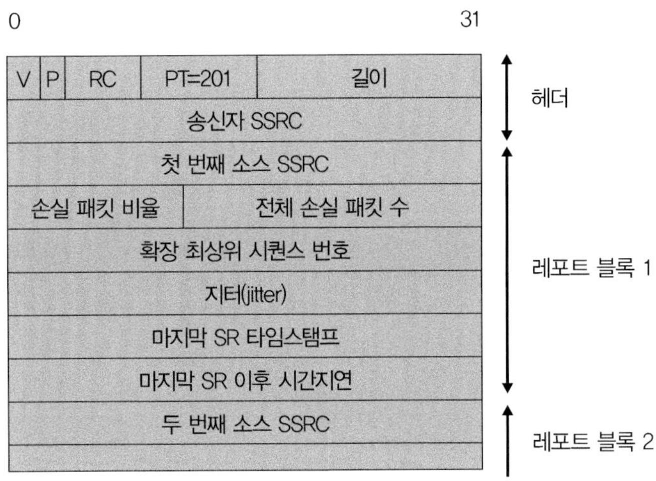

그림 5-4 RR(receiver report) 패킷 구조

RR(receiver report) 패킷 구조를 [그림 5-4]에 보였다. RR 패킷의 구조는 헤더에서 패킷 타입을 나타내는 필드인 PT(packet type)의 값이 201이고(SR 패킷에서 PT는 200이다) 헤더에 이어서 나왔던 송신자 정보(sender information)부분이 생략된 것 외에는 SR 패킷 포맷과 같다.

5-6 SDES 패킷 구조와 동작

SDES(source description) 패킷은 헤더와 여러 청크(chunk)로 구성된 세 단계 구조로 되어 있고, 각 청크(chunk)는 해당 소스를 나타내는 항목들로 구성되어 있다. 세 단계 구조는 헤더, 청크(chunk) 앞부분(SSRC/CSRC ID를 담은 부분) 및 청크(chunk) 뒷부분이다. 청크(chunk) 뒷부분은 SSRC/CSRC에 대한 정보를 담은 항목(item) 부분을 가지고 있다. 예를 들어 CNAME(canonical name)은 이 항목 부분에 위치한다. SDES 패킷 구조를 다음 [그림 5-5]에 보였다.

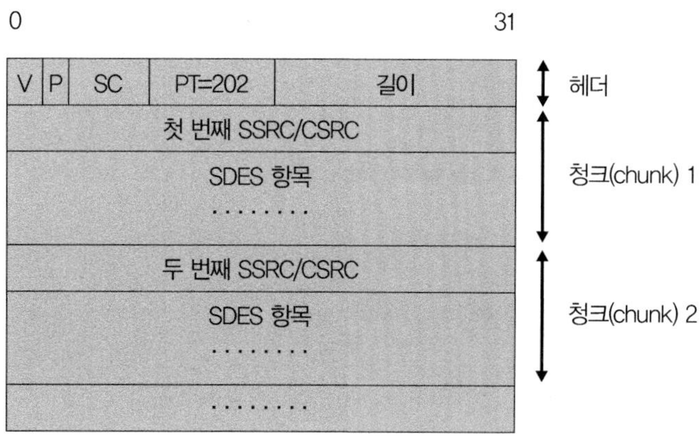

그림 5-5 SDES 패킷 구조

헤더의 각 필드(field)의 기능은 다음과 같다.

- **V(version) (2 비트)**

  이는 RTP 버전을 나타내고 RTP 헤더의 버전 값과 같다. 현재는 2이다.

- **P(padding) (1 비트)**

  이 필드가 1이면 RTCP 패킷이 마지막 부분에 추가적으로 패딩 바이트를 가진다는 걸 의미한다. 패딩 바이트들은 32비트 단위로 패킷을 구성하기 위해서 사용된다.

- **SC(source count) (5 비트)**

  SDES 패킷에 포함된 SSRC/CSRC 청크(chunk)의 개수를 나타낸다.

- **PT(packet type) (8 비트)**

  이 패킷이 SDES 패킷임을 나타내기 위해 202가 들어간다(SR 패킷 경우는 이 값이 200이다).

- **길이(length) (16 비트)**

  이 RTCP 패킷의 길이를 나타낸다.

각 청크(chunk)는 SSRC/CSRC ID에 이어 SSRC/CSRC에 대한 정보를 담은 여러 개의 항목(item)으로 구성된다. 각 항목(item)은 다음 [그림 5-6]과 같이 세 개의 부분으로 구성된다.

- **타입(type) (8비트)**

  항목의 종류를 나타낸다. 값이 1이면 CNAME 항목이다.

- **길이(length) (8비트)**

  텍스트의 길이를 나타낸다.

- **텍스트 필드(text field) (가변길이)**

  텍스트 내용이 온다. 예를 들어 CNAME인 경우라면 'gildong@test1.kumoh.ac.kr' 식으로 사용자 이름이 온다.

타입(8비트)	길이(8비트)	텍스트 필드(가변길이) ....

그림 5-6 청크(chunk) 항목 구성

현재 정의된 SDES 항목 중 주요한 몇 가지 항목을 다음에 보였다. 이들 중 CNAME은 반드시 포함되어야 하는 항목이며 나머지는 옵션이다.

- **CNAME(canonical end-point identifier)**

  RTP 소스의 SSRC ID 값은 동작 중 변할 수 있으므로 원래 소스를 나타낼 수 있는 변하지 않는 값이 필요한데 이것이 CNAME이다. 보통 'user@host'와 같이 나타내는데, 예를 들면 'gildong@test1.kumoh.ac.kr'와 같은 형식이다. [그림 5-6]의 타입 값은 1이다.

- **NAME**

  해당 소스를 나타내는 실제 이름이다(예: Hong Gil Dong). 타입 값은 2이다.

- **EMAIL**

  해당 소스의 E-mail 주소이다(예: gildong@gmail.com). 타입 값은 3이다.

- **PHONE**

  해당 소스를 나타내는 전화번호이다(예: +82 54 731 6528). 타입 값은 4이다.

- **LOC**

  해당 소스의 지도 상 위치를 나타낸다(예: Yangho-dong, Kumi, Kyungbuk). 타입 값은 5이다.

5-7 BYE 패킷 구조와 동작

BYE 패킷은 소스들이 더 이상 동작 중이 아니라는 것을 나타낸다. BYE 패킷 구조를 다음 [그림 5-7]에 보였다. 헤더 다음에 SSRC/CSRC 목록이 오고 옵션으로 RTP 동작에서 떠나는 이유가 텍스트 필드(가변 길이)로 들어간다.

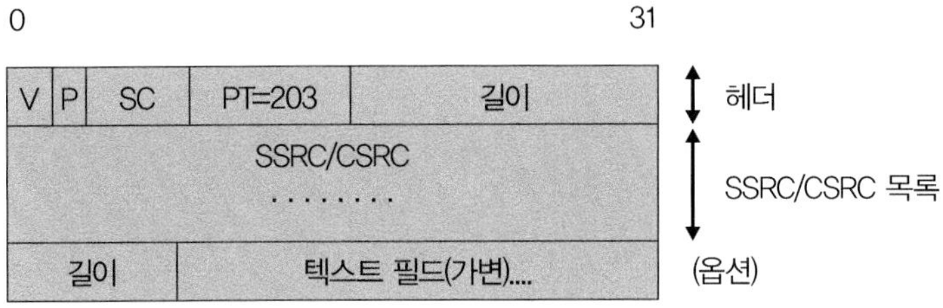

그림 5-7 BYE 패킷 구조

헤더 각 필드의 기능은 다음과 같다.

- **V, P, 길이**

  이상 세 개 필드는 SR 패킷의 경우와 기능이 동일하다.

- **SC(source count) (5 비트)**

  BYE 패킷에 포함된 SSRC/CSRC ID의 개수를 나타낸다.

- **PT(packet type) (8 비트)**

  이 패킷이 BYE 패킷임을 나타내기 위해 203이 들어간다(SR 패킷 경우는 이 값이 200이다).

유닉스/리눅스 네트워크 프로그래밍

CHAPTER

[6]

6-1 소켓 디스크립터

TCP/IP 기반의 프로토콜을 이용하는 네트워크 프로그램을 작성하려면 이 프로토콜 기능을 사용할 수 있게 하는 함수 그룹(즉, API: application program interface)이 필요하다. 과거 버클리(Berkeley) 대학이 개발한 유닉스 버전인 BSD 유닉스에 TCP/IP 통신을 위한 C 언어 API가 처음 포함되었는데, 이를 BSD 소켓 인터페이스(socket interface)라 불렀다(보통 BSD 소켓, 버클리 소켓이라 부른다). 이후 대부분의 유닉스/리눅스 버전에서 이를 채택하였고, MS 윈도우즈 등 다른 운영체제에서도 TCP/IP 네트워크 프로그램 작성을 위해 소켓 인터페이스가 사용되었다(MS 윈도우즈의 소켓 인터페이스를 윈속(winsock)이라고도 불렀다). 이 장에서는 C 언어를 사용한 유닉스/리눅스 소켓 인터페이스에 대해 다룬다.

● 소켓 디스크립터(socket descriptor)

소켓 인터페이스는 유닉스/리눅스에서의 파일 입출력과 유사한 구조를 가지고 있다. 유닉스/리눅스에서 다음과 같이 파일을 오픈하면,

```
fd = open("sample", O_RDONLY)
```

양의 정수값을 리턴하는데, 이를 파일 디스크립터(file descriptor)라고 하고 프로그램에서 이 오픈된 파일을 액세스할 때 이 파일 디스크립터를 사용한다(여기서 sample은 파일이름이고 O_RDONLY는 C 헤더 파일(header file)에 정의된 상수이고 파일

이 읽기만 가능하다는 의미이다).

파일 디스크립터는 디스크립터 테이블(descriptor table)의 각 요소(element)를 가리키는 인덱스(index) 번호이고, 디스크립터 테이블의 각 요소들은 현재 오픈되어 있는 파일의 각종 정보를 포함하고 있는 구조체(structure)를 가리키는 포인터(pointer)이다. C 프로그램에서는 이 파일 디스크립터를 이용해 다음과 같이 오픈된 파일을 읽을 수 있다.

```
read(fd, buf, 512)
```

여기서는 fd가 가리키는 파일에서 512 바이트를 읽어 버퍼인 buf에 넣는다. 소켓(socket)도 이와 유사하게 작동한다. 네트워크 프로그램에서 다음의 예와 같이 socket() 함수를 사용하면

```
sd = socket(AF_INET, SOCK_STREAM, 0)
```

파일 디스크립터와 같은 기능을 하는 양의 정수인 소켓 디스크립터(socket descriptor)가 리턴된다. 네트워크 프로그램에서는 이 소켓 디스크립터를 사용하여 통신을 하게 된다(socket() 함수의 각 파라미터들에 대한 설명은 다음에 나온다).

유닉스/리눅스에서는 파일과 소켓이 디스크립터 테이블(descriptor table)을 공유하므로 파일 디스크립터와 소켓 디스크립터가 같은 디스크립터 테이블의 각각의 인덱스를 가리키며 하나의 프로세스에서 서로 중복된 것은 없다. 그러나 서로 다른 프로세스에서는 중복되어도 상관없다.

이 디스크립터 테이블에 들어 있는 각 요소인 포인터들은 현재 오픈되어 있는 파일이나 소켓의 각종 정보를 포함하고 있는 구조체를 가리킨다. 이의 구성을 다음 [그림 6-1]에 보였다.

파일 디스크립터 중에서 0번, 1번, 2번은 각각 표준입력(standard in), 표준출력(standard out), 표준에러출력(standard error out)을 가리키며 유닉스/리눅스 시스템에서 이미 사용하고 있으므로 프로그램에서 사용하는 파일 디스크립터나 소켓 디스크립터는 3번부터 시작된다.

예를 들어 하나의 네트워크 프로그램에서 처음 socket() 함수를 부르면 소켓 디스크립터는 3번이, 다음번에도 socket() 함수를 부르면 소켓 디스크립터는 4번이, 다음번에는 open() 함수를 부르면 파일 디스크립터는 5번이 각각 리턴된다.

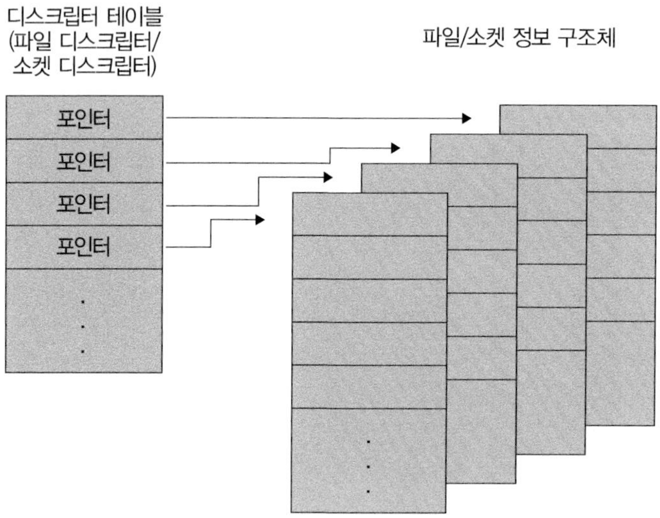

그림 6-1 디스크립터 테이블 구성

6-2 소켓 함수 및 소켓 구조체

네트워크 프로그램에서 소켓을 만들기 위해서는 socket() 함수를 사용한다. socket() 함수 포맷은 다음과 같다.

```
int socket(int family, int type, int protocol)
```

위에서 함수의 파라미터 family에는 다음 값들이 올 수 있다.

AF_INET	(인터넷 주소 체계)
AF_UNIX	(유닉스 주소 체계)
AF_INET6	(128비트 IPv6 주소 체계)

소켓은 원래 TCP/IP 네트워크, 즉 인터넷만을 위하여 정의된 것이 아니고 여러 다른 프로토콜을 사용하는 네트워크도 포함할 수 있도록 일반적으로 정의된 것이므로 파라미터 family에서 사용할 범주를 정해 주어야 한다. TCP/IP 네트워크를 사용하려면 이 값을 AF_INET으로 하여야 한다. AF는 주소 패밀리(address family)를 의미한다. AF_INET 대신 PF_INET을 사용해도 된다. PF는 프로토콜 패밀리(protocol family)를 의미한다.

socket() 함수의 파라미터 type은 서비스 타입(type of service)을 의미하는데, 연결형(stream) 서비스를 위해서는 SOCK_STREAM을 사용하고, 비연결형(datagram) 서비스를 위해서는 SOCK_DGRAM을 사용한다. type에는 다음 [표 6-1]과 같은 값들이 올 수 있다.

표 6-1 socket() 함수 파라미터 type의 값

socket() 함수 파라미터 type	값
SOCK_STREAM	스트림(stream) 방식(TCP)의 소켓 생성
SOCK_DGRAM	데이터그램(datagram) 방식(UDP)의 소켓 생성
SOCK_RAW	raw 모드의 소켓 생성(TCP/UDP 계층 거치지 않고 바로 IP 계층에 액세스)
SOCK_PACKET	리눅스에서만 지원(TCP/UDP 및 IP 계층 거치지 않고 바로 링크 계층(예: 이더넷 드라이버)에 액세스

위에서 SOCK_RAW는 트랜스포트 계층인 TCP나 UDP를 거치지 않으므로, 응용 계층에서 헤더의 의미를 해석하고 헤더 부분을 제외하여 데이터를 처리해야 하는 등 모든 처리를 해주어야 한다. 따라서 일반 네트워크 응용 프로그램에서 사용하는 경우는 거의 없고 대표적으로 패킷분석기 프로그램에서 사용한다. 또 ping, traceroute, arp 등과 같은 유틸리티들도 SOCK_RAW 타입 소켓을 사용한다.

socket() 함수의 파라미터 protocol은 소켓을 지원하는 프로토콜을 지정하는데, 대부분의 네트워크 프로그램에서는 0을 사용하면 된다. 다음 socket() 함수 사용 예를 보였다.

```
sd1 = socket(AF_INET, SOCK_STREAM, 0)
sd2 = socket(AF_INET, SOCK_DGRAM, 0)
```

네트워크 프로그램에서 소켓을 이용해 통신할 상대방의 구체적인 주소를 표현하기 위해서는 주소 패밀리(address family), IP 주소 및 포트번호가 지정되어야 하는데, 이 세 개를 소켓주소(socket address)라고 부른다.

소켓 프로그램에서는 소켓주소를 담을 구조체인 sockaddr을 다음과 같이 정의한다.

```
struct      sockaddr {
     u_short       sa_family;             /* address family */
     char      sa_data[14];               /* address */
};
```

이것은 2바이트의 주소 패밀리(address family)와 14바이트의 주소로 구성되어 있고 통신에 필요한 IP 주소와 포트번호가 14바이트의 주소 부분에 위치한다. 이 sockaddr 구조체는 IP 주소와 포트번호가 구분되어 있지 않으므로 사용상 불편하다. 따라서 실제 네트워크 프로그램에서는 IP 주소와 포트번호를 분리해 지정할 수 있는 다음과 같은 sockaddr_in 구조체를 일반적으로 사용한다.

```
struct  sockaddr_in {
     short sin_family;            /*  주소 패밀리 */
     u_short sin_port;            /* 16비트 포트번호 */
     struct in_addr sin_addr;     /* 32비트 IP 주소*/
     char sin_zero[8];            /* 더미 문자열 */
};
```

sockaddr_in 구조체 내에서는 멤버로 주소 패밀리(sin_family), 16비트 포트(sin_port), 32비트 IP 주소를 가리키는 in_addr 구조체(sin_addr), 그리고 전체 크기를 sockaddr 구조체와 동일한 16바이트로 하기 위한 더미(dummy) 문자가 정의되어 있다.

주소 패밀리를 나타내는 sin_family의 값은 보통 AF_INET(또는 PF_INET)으로 두는데 이는 인터넷 주소 체계를 나타낸다. 우리가 작성하는 대부분의 네트워크 프로그램은 TCP/IP를 사용하므로, 이 경우 sin_family 값이 인터넷 주소 체계를 나타내는 AF_INET이어야 하는 것이다.

또 멤버 중 하나인 in_addr 구조체는 32비트 IP 주소를 나타낸다. in_addr 구조체의 정의를 다음에 보였다.

```
struct  in_addr {
          u_long s_addr;
};
```

더미 문자열은 sockaddr_in과 sockaddr 구조체의 호환성을 위하여 sockaddr_in 구조체의 전체 크기를 sockaddr 구조체의 크기와 동일한 16바이트로 만드는 데 사용된다.

관련 함수로 inet_addr()과 inet_ntoa()이 있다. 이 함수의 포맷을 다음에 보였다.

```
in_addr  inet_addr(const char *host);
char  *inet_ntoa(struct in_addr addr);
```

함수 inet_addr()는 문자열 형태의 IP 주소(예: "202.31.128.2")를 2진수 형태로 바꾸어 준다. 이 주소를 in_addr 구조체에 넣으면 된다. 함수 inet_ntoa()는 위의 in_addr 구조체에 들어 있는 2진수 형태의 IP 주소를 문자열 형태의 IP주소로 바꾸어 준다. 이 함수들을 사용하려면 다음 헤더 파일을 추가해야 한다.

```
#include <arpa/inet.h>
```

6-3 소켓을 이용한 네트워크 연결

서버와 클라이언트 사이의 네트워크 연결에서는 서버쪽 네트워크 프로그램이 먼저 수행되어야 한다. 다음 [그림 6-2]에 서버와 클라이언트가 연결형 소켓(TCP)을 생성해 서로 통신하는 절차를 보였다.

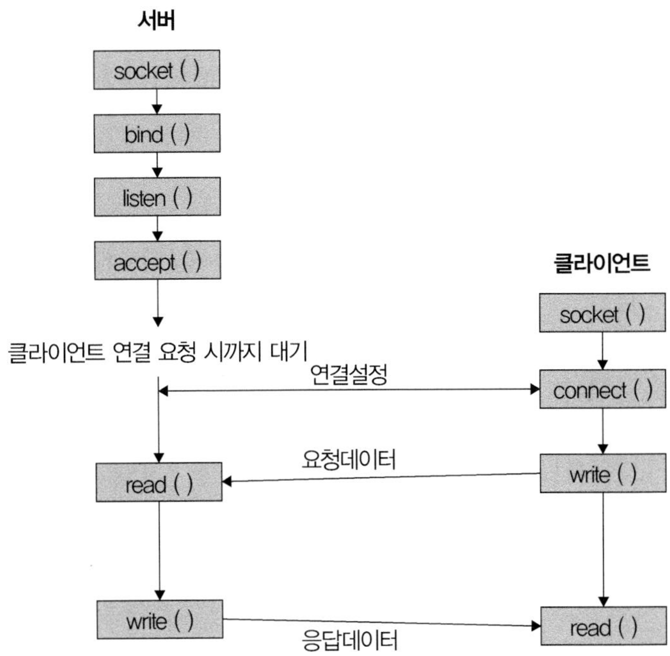

그림 6-2 서버와 클라이언트가 연결형 소켓(TCP)을 생성해 서로 통신하는 절차

서버 측 동작

1. 서버는 socket() 함수를 호출하여 통신에 사용할 소켓을 하나 개설한다. 즉 시스템으로부터 소켓 디스크립터(socket descriptor)를 한 개 얻는다.
2. 다음 bind() 함수를 사용해 소켓 디스크립터와 자신의 소켓주소를 서로 묶는다. 서버의 네트워크 프로그램은 자신이 사용하고 있는 포트번호를 통하여 클라이언트의 서비스를 처리해야 하므로 소켓 디스크립터와 소켓주소를 서로 연결시켜야 하는 것이다.
3. 다음에 서버는 listen() 함수를 호출하여 클라이언트로부터의 연결 요청을 기다리는 수동 대기모드로 들어간다(이 함수는 즉시 리턴된다).
4. 클라이언트로부터의 연결 요청이 왔을 때 이를 처리하기 위한 함수인 accept()를 호출한다. 이 함수는 실제 클라이언트로부터의 연결 요청이 올 때까지 리턴되지 않고 대기(wait)상태에 있는데, 이 상태에서 클라이언트가 connect() 함수를 호출하여 연결 요청을 해오면 이를 처리한다.
5. 서버는 클라이언트와 send(), receive() 함수(또는 read(), write() 함수)를 사용하여 데이터를 주고받는다.

클라이언트 측 동작

1. 클라이언트는 socket() 함수를 호출하여 통신에 사용할 소켓을 하나 개설한다. 즉 시스템으로부터 소켓 디스크립터(socket descriptor)를 한 개 얻는다.
2. 위에서 얻은 소켓번호(소켓 디스크립터)와 서버의 소켓주소(구조체)를 사용해 connect() 함수를 호출한다. 서버와 달리 bind() 함수를 사용하지 않는 이유는 자신이 사용하는 IP 주소나 포트번호를 다른 클라이언트 또는 서버가 미리 알고 있을 필요가 없기 때문이다.

3. connect() 함수가 리턴되면, 서버와 연결이 이루어진 것이다. 이때 클라이언트의 포트번호가 할당된다.

4. 클라이언트는 서버와 send(), receive() 함수(또는 read(), write() 함수)를 사용하여 데이터를 주고받는다.

5. close() 함수로 연결을 종료한다.

6-4

연결형(TCP) 소켓 프로그램 작성 절차

여기서는 연결형(TCP) 클라이언트 소켓 프로그램과 서버 소켓 프로그램의 작성 절차에 대해 설명한다.

연결형(TCP) 클라이언트 소켓 프로그램

1. 클라이언트는 다음의 socket() 함수를 호출하여 정수값인 소켓 디스크립터(소켓 번호)를 얻는다.

    ```
    int socket(int family, int type, int protocol)
    ```

    이때 함수 파라미터 family를 AF_INET, type은 SOCK_STREAM, protocol은 0으로 각각 설정한다. TCP/IP 네트워크 프로그램에서는 socket() 함수 호출 시 함수 파라미터 type 부분만 SOCK_STREAM(TCP 사용 시) 또는 SOCK_DGRAM(UDP 사용 시)으로 하고 나머지는 같다.

2. 연결하고자 하는 서버의 IP 주소와 포트번호를 소켓주소 구조체(sockaddr_in)에 지정한다.

3. 다음과 같이 connect() 함수를 호출한다. 이때 위에서 만든 소켓주소 구조체를 사용한다.

```
int connect (int  s,  const struct sockaddr  *addr,  int  addrlen)
```

여기서 s는 socket() 함수에서 얻은 소켓 디스크립터이고, addr은 2번에서 만든 상대방 서버의 소켓주소 구조체의 포인터이며 addrlen은 이 구조체(*addr)의 길이이다. 클라이언트는 자신이 사용할 포트번호를 명시적으로 지정할 필요가 없어 bind() 함수를 호출할 필요가 없으며, connect() 함수가 호출되어 성공적으로 리턴되면 임의의 포트번호가 할당된다.

2-5절에 나오는 TCP 3-웨이 핸드셰이크(3-way handshake) 관점에서 보면 connect() 함수를 호출하면 클라이언트는 TCP 세그먼트를 하나 서버로 보내는데, 이는 3-웨이 핸드셰이크 첫 번째 단계인 다음 내용에 해당한다.

"연결을 맺고자 하는 측에서 먼저 TCP 헤더의 SYN 플랙을 1로 하고 시퀀스 번호(sequence number)를 32비트 임의의 정수(예:8347426)로 한 요청 세그먼트를 보낸다."

4. 위의 connect() 함수를 통해 소켓주소에 지정된 서버의 IP 주소와 포트번호로 연결을 시도하여 연결에 성공하면 0이 리턴된다. connect() 함수 연결에 성공하기 위해서는 2-5절에 나오는 TCP 3-웨이 핸드셰이크 관점에서 보면 두 번째 단계인 다음 내용에 해당한다.

"요청 세그먼트를 받은 상대방(서버)은 자신이 사용할 32비트 시퀀스 번호(예:3852035)를 생성하고 이를 클라이언트에게 알려주기 위해 헤더의 SYN 플랙을 1로 한다. 또 클라이언트가 보낸 세그먼트에 대한 확인을 위해 ACK 번호를 클라이언트의 시퀀스 번호 + 1(여기서는 8347426 + 1)로 하고 ACK 플랙을 1로 한다. 서버는 이와 같은 내용이 헤더에 들어간 응답 세그먼트를 클라이언트에게 보내 준다."

단, 위의 과정이 서버에서 실행되려면 서버는 listen() 함수와 accept() 함수를 호출하여 클라이언트로부터 연결을 기다리는 상태에 있어야 한다.

서버로부터 TCP 3-웨이 핸드셰이크의 두 번째 단계에 해당하는 위의 응답 세그먼트를 받으면 클라이언트로는 TCP 3-웨이 핸드셰이크의 세 번째 단계인 서버의 시퀀스 번호 + 1 (여기서는 3852035 + 1)을 ACK 번호로 한 응답 세그먼트를 보내고, 이때 connect() 함수가 정상적으로 리턴되며 TCP 3-웨이 핸드셰이크 절차가 끝난다.

서버에서는 클라이언트로부터 TCP 3-웨이 핸드셰이크의 세 번째 단계에 해당하는 응답 세그먼트를 받으면 accept() 함수가 정상적으로 리턴된다.

connect() 함수는 서버에의 연결에 실패하면 −1을 리턴하며 유닉스/리눅스 시스템 전역변수 errno에 에러코드가 들어간다.

5. 클라이언트가 서버와 연결되면 send(), recv() 함수를 사용하여 서버와 데이터를 송수신할 수 있다. 또는 write(), read() 함수도 사용 가능하다. 다음에 send() 함수의 포맷을 보였다.

```
int send(int s, char* buf, int length, int flags)
```

여기서 s는 최초의 socket() 함수에서 리턴된 소켓 디스크립터이고, buf는 클라이언트가 송신할 데이터가 저장된 버퍼이며, length는 buf의 길이이고 flags는 보통 0으로 둔다. 리턴되는 값은 실제로 송신된 데이터 크기(바이트 단위)이다. 다음에 recv() 함수의 포맷을 보였다.

```
int recv(int s, char* buf, int length, int flags)
```

여기서 s는 최초의 socket() 함수에서 리턴된 소켓 디스크립터이고, buf는 서버가 보내온 데이터를 저장할 버퍼이며, length는 buf의 길이이고 flags는 보통 0으로 둔다. 리턴되는 값은 실제로 수신된 데이터 크기(바이트 단위)이다. 여기서 사용하는 스트림형 소켓에서는 IP 패킷의 최대 전송 크기보다 큰 데이터를 송신 버퍼에 저장하고 send() 함수(또는 write() 함수)를 호출할 수 있다. 이때 전체 데이터가 IP 패킷 단위로 분할되어 전송되며 수신 측에서는 패킷의 순서와 분실을 검사하고 필요하면 재전송을 요구한다. 즉 앞에서 설명했던 TCP 프로토콜이 제공하는 기능이다. 반면 UDP 소켓에서는 IP 패킷의 최대 전송 크기보다 큰 데이터를 전송하려 하면 에러가 발생하거나 IP 패킷의 최대 전송 크기만큼 전송되고 나머지는 잘려진다.

6. 연결을 종료하려면 다음의 close() 함수를 호출한다. 이 함수는 송신 버퍼에서 아직 전송하지 못한 데이터나 전달 중인 데이터들을 모두 처리한 후에 소켓을 닫는다.

```
close(int s)
```

여기서 s는 socket() 함수에서 리턴된 소켓 디스크립터이다.

연결형(TCP) 서버 소켓 프로그램

1. 서버 프로그램도 클라이언트 프로그램과 동일하게 socket() 함수를 호출하여 리턴값으로 정수값인 소켓 디스크립터(소켓 번호)를 얻는다.

```
int socket(int family, int type, int protocol)
```

이때 파라미터 family는 AF_INET, type은 SOCK_STREAM(TCP 프로토콜을 사용하므로), protocol은 0을 각각 넣는다.

2. bind() 함수를 사용하여 위의 socket() 함수를 통해서 리턴된 소켓 디스크립터와 TCP/IP 시스템이 제공하는 소켓주소(32비트 IP 주소, 16비트 포트번호)를 연결한다. bind() 함수의 포맷은 다음과 같다.

```
int bind (int s, struct sockaddr *addr, int len)
```

여기서 s는 socket() 함수에서 리턴된 소켓 디스크립터이고 addr은 서버 소켓주소 구조체의 포인터이며 len은 *addr 구조체의 길이이다. 이 함수는 성공하면 0을, 실패하면 −1을 리턴한다.

bind() 함수를 사용하는 이유는 다음과 같다. 앞의 1번에서 socket() 함수를 통해서 리턴된 소켓 디스크립터(소켓 번호)는 서버의 해당 프로그램만 아는 번호이고, 클라이언트가 이 프로그램과 연결을 하려면 이 소켓 번호를 알아야 한다. 그런데 클라이언트가 이 번호를 알 수는 없고 서버의 소켓주소(32비트 IP 주소, 16비트 포트번호)만을 안다. 따라서 서버는 클라이언트가 알고 있는 서버의 소켓주소(32비트 IP 주소, 16비트 포트번호)와 클라이언트가 모르는 소켓 번호를 미리 서로 연결시켜 두어야 하는데, 이 기능을 bind() 함수가 하는 것이다. 다음에 bind() 함수를 사용하는 예를 보였다.

```
int sock;
struct sockaddr_in srv_addr;

sock = socket(AF_INET, SOCK_STREAM, 0);

bzero((char *)&srv_addr, sizeof(srv_addr));
srv_s_addr.sin_family = AF_INET;
srv_addr.sin_addr.s_addr = inet_addr("202.31.128.33");
srv_addr.sin_port = htons(3000);

bind(sock, (struct sockaddr *)&srv_addr, sizeof(srv_addr));
```

이 예에서는 IP 주소 202.31.128.33과 포트번호 3000을 socket() 함수에서 리턴된 소켓 디스크립터 sock과 바인드시키고 있다(htons()는 16비트 숫자를 네트워크 바이트 순서로 변경해 주는 함수이다).

3. 다음 서버는 클라이언트로부터의 연결 요청을 받아들이기 위하여 listen() 함수를 호출한다. 이 함수는 소켓을 단지 수동 대기모드로 바꾸는 것이므로 이 함수의 호출은 즉시 리턴되며, 이때 리턴되는 값은 성공 시에는 0, 실패 시에는 −1이다. listen() 함수의 사용 포맷을 보였다.

```
int listen (int s, int log)
```

여기서 파라미터 s는 socket() 함수에서 리턴된 소켓 디스크립터(소켓 번호)이고 log는 연결을 기다리는 클라이언트의 최대수를 나타낸다. 즉 서버에서 listen() 함수 다음에 실행되는 accept() 함수를 처리하는 동안 대기시킬 수 있는 클라이언트의 연결 요청의 최대 개수를 나타내는데, 이 값을 넘어서서 들어온 클라이언트의 연결 요청은 거부된다(클라이언트는 서버와의 연결 요청을 위해 connect() 함수를 사용한다). 예로 log 값이 10이면 10개까지 클라이언트로부터의 connect() 함수 연결 요청을 대기시킬 수 있으며 11번째 이후의 연결 요청은 거부된다.

4. 다음 서버는 accept() 함수를 호출한다. 이 함수는 클라이언트의 연결 요청이 있을 때까지 리턴되지 않고 대기(wait)상태에 있다가 클라이언트의 연결 요청이 있을 때 이를 처리하게 된다. accept() 함수의 호출이 성공한 경우에는 연결된 상대방 클라이언트와 서버 사이의 통신에 사용할 새로운 소켓이 만들어지고, 이 소켓 디스크립터 값을 리턴하며 실패 시에는 −1을 리턴한다. accept() 함수가 리턴한 소켓 디스크립터는 이후 서버가 클라이언트와 데이터를 주고받기 위해 사용된다. accept() 함수의 사용포맷을 다음에 보였다.

```
int accept (int s,  struct sockaddr *addr,  int *addrlen)
```

여기서 s는 앞의 1번에서 서버의 socket() 함수에서 리턴된 소켓 디스크립터이고, addr은 서버에 연결 요청을 한 상대방 클라이언트의 소켓주소 구조체를 가리키는 포인터이다. 이 소켓주소 구조체에는 서버의 소켓주소가 아니라 클라이언트의 IP 주소와 포트번호가 들어있다. addrlen은 이 *addr 구조체 길이 포인터이다.

5. 이와 같이 하여 서버가 클라이언트와 연결되면 send(), recv() 함수(또는 write(), read() 함수)를 사용하여 클라이언트와 데이터를 송수신할 수 있다. 이들 함수에 사용할 소켓 디스크립터는 1번의 socket() 함수에서 얻은 소켓 디스크립터가 아니라 4번의 accept() 함수에서 리턴된 새로운 소켓 디스크립터이다.

6. 소켓을 닫을 때 클라이언트의 경우와 같이 close() 함수를 호출한다. 이때 송신 버퍼에서 아직 전송하지 못한 데이터나 전달 중인 데이터들을 모두 처리한 후에 소켓을 닫는다. 반면에 1번의 socket() 함수 호출 시 SOCK_STREAM 대신 SOCK_DGRAM을 사용해 생성된 데이터그램(UDP) 소켓의 경우는 close() 함수를 호출하면 단순히 사용하던 소켓을 닫는다. setsockopt() 함수를 사용하면 미처리 패킷을 즉시 모두 버리게 하거나, 지정한 시간 동안 처리되기를 기다릴 수도 있다.

6-5 비연결형(UDP) 소켓 프로그램 작성 절차

다음 [그림 6-3]에 서버와 클라이언트가 비연결형(UDP) 소켓을 생성해 서로 통신하는 절차를 보였다. 여기서는 비연결형(UDP) 서버와 클라이언트 소켓 프로그램의 작성 절차에 대해 설명한다.

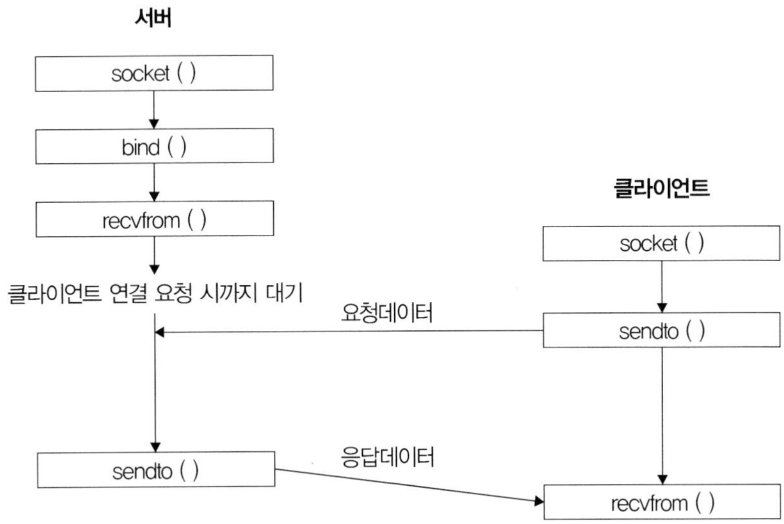

그림 6-3 서버와 클라이언트가 비연결형(UDP) 소켓을 생성해 서로 통신하는 절차

비연결형(UCP) 서버 소켓 프로그램

UDP 서버의 경우 socket() 함수를 사용해 소켓을 생성한 후(이때 소켓 디스크립터가 리턴된다), 리턴된 소켓 디스크립터와 서버의 소켓주소(IP 주소, 포

트번호)를 bind() 함수를 통해 서로 연결시킨다. 여기까지는 앞에서 설명한 TCP형 서버 소켓 프로그램의 경우와 동일하다.

그러나 TCP형 소켓의 경우 listen() 함수와 accept() 함수를 거쳐야 클라이언트와의 통신이 가능한 반면, UDP형 소켓의 경우는 소켓이 목적지별로 개설되는 것이 아니라, 하나의 소켓을 통하여 임의의 목적지를 향하여 IP 패킷을 보낼 수 있으므로 바로 클라이언트와 통신이 가능한 상태가 된다. 이때 sendto()와 recvfrom() 함수를 사용하는데, TCP 소켓에서 사용하는 send()나 recv() 함수와는 달리 sendto() 함수의 경우 목적지의 소켓주소(IP 주소와 포트번호)가 함수의 인수로 주어지고, recvfrom() 함수의 경우에는 송신 측의 소켓주소를 인수로 갖는다. 즉 recvfrom() 함수가 성공적으로 리턴되면 서버에서는 송신 측(클라이언트)의 소켓주소를 알 수 있다.

비연결형(UCP) 클라이언트 소켓 프로그램

UDP 클라이언트의 경우 socket() 함수를 사용해 소켓을 생성한 후(이때 소켓 디스크립터가 리턴된다), TCP에서 사용했던 connect() 함수를 사용할 필요 없이 바로 서버와 sendto(), recvfrom() 함수를 사용해 데이터를 송수신할 수 있다. 이때 패킷을 전송할 때에는 각 패킷마다 목적지의 소켓주소(IP 주소와 포트번호)를 항상 함수의 인수로 주어야 한다. 종료 시는 close() 함수를 사용한다.
데이터를 전송할 때 사용하는 sendto() 함수의 포맷을 보였다.

```
int sendto(int s, char* buf, int length, int flags, sockaddr* to, int tolen)
```

여기서 s는 소켓 디스크립터이고, buf는 전송할 데이터가 저장된 버퍼를 나타내며, length는 buf의 크기이고 flags는 보통 0으로 둔다. 그리고 to는 목적지의 소켓주소 구조체를 가리키는 포인터이며 tolen는 이 구조체의 길이이다. 파라미터 to가 가리키는 구조체에는 sendto() 함수를 호출하기 전에 데이터를 받을 상대방의 소켓주소가 들어있어야 한다.
데이터를 수신할 때 사용하는 recvfrom() 함수의 포맷을 보였다.

```
int recvfrom(int s,  char* buf, int length, int flags, sockaddr* from,
             int* fromlen)
```

여기서 s는 소켓 디스크립터이고, buf는 수신 데이터가 저장된 버퍼이며, length는 버퍼의 크기이고 flags는 보통 0으로 둔다. 그리고 from은 송신 측의 소켓주소 구조체를 가리키는 포인터이며 fromlen은 이 구조체의 길이이다. recvfrom() 함수가 성공적으로 리턴되면 from 구조체에는 현재 수신된 패킷을 보낸 송신 측의 소켓주소가 들어 있다. 따라서 이 recvfrom() 함수에서 얻은 소켓주소를 다시 sendto() 함수에 사용하면 데이터를 보내온 상대방에게 자신의 데이터를 보낼 수 있다.

6-6 소켓 프로그래밍 예

여기서는 몇 가지 소켓 프로그래밍의 예를 설명한다.

예제 1) 클라이언트가 전송한 문자열을 받아 그대로 클라이언트로 재전송하는 에코 서버기능 예제

소켓 프로그래밍의 첫 번째 예로 클라이언트가 전송한 문자열을 받아 그대로 다시 클라이언트로 전송하는 에코(echo) 서버 기능을 설명한다. 여기서는 TCP 소켓을 사용한다. 소스 예를 다음에 보였다.

```
#include <stdio.h>
#include <sys/socket.h>
#include <sys/types.h>
#include <netinet/in.h>

int main(int argc, char *argv[]) {

      int addr_cl_size, length;
      char buffer[256];

      struct sockaddr_in addr_svr, addr_cl;
      int sock_svr, sock_cl;

      if(argc != 2) {
            printf("실행방법 : %s 포트번호\n", argv[0]);
                  return -1;
      }

      sock_svr = socket(AF_INET, SOCK_STREAM, 0);
```

```
    bzero((char *)&addr_svr, sizeof(addr_svr));
    addr_svr.sin_family = AF_INET;
    addr_svr.sin_addr.s_addr = htonl(INADDR_ANY);
    addr_svr.sin_port = htons(atoi(argv[1]));

    if(bind(sock_svr, (struct sockaddr *)&addr_svr, sizeof(addr_svr)) < 0) {
            printf("바인드 에러!");
                    return -1;
    }

    listen(sock_svr, 10);

    while(1) {
            printf("서버 대기 중...\n");
            addr_cl_size = sizeof(addr_cl);

            sock_cl = accept(sock_svr, (struct sockaddr *)&addr_cl, &addr_cl_size);
            if(sock_cl < 0) {
                    printf("accept() 실패!\n");
                            return -1;
            }

            printf("클라이언트 연결됨\n");

            length = read(sock_cl, buffer, sizeof(buffer));
            write(sock_cl, buffer, length);
            close(sock_cl);
    }
    close(sock_svr);
}
```

위 소스에서 헤더 파일인 sys/types.h는 소켓 시스템 콜(socket system call)에 필요한 상수가 선언되어 있고 sys/socket.h 파일에는 소켓 관련 함수들이 선언되어 있다(유닉스/리눅스에서 헤더 파일의 기본위치는 /usr/include 디렉터리이다). 파일 socket.h의 내용 중 일부를 다음에 보였다. 여기서 보면 PF_INET과 AF_INET은 서로 같은 값으로 정의되어 있는 것을 알 수 있다.

```
#define SOCK_STREAM 2   /* stream socket */
#define SOCK_DGRAM  1   /* datagram socket */
#define SOCK_RAW        4       /* raw-protocol interface */
/*
*Address families.
*/
#define AF_UNSPEC       0       /* unspecified */
#define AF_UNIX         1       /* local to host (pipes, portals) */
#define AF_INET         2       /* internetwork: UDP, TCP, etc. */
#define AF_IMPLINK      3       /* arpanet imp addresses */
/*
* Protocol families, same as address families for now.
*/
#define PF_UNSPEC       AF_UNSPEC
#define PF_UNIX         AF_UNIX
#define PF_INET         AF_INET
#define PF_IMPLINK      AF_IMPLINK
```

위 소스에서 다음 문의 스트림(TCP) 형 소켓을 생성한다.

```
sock_svr = socket(AF_INET, SOCK_STREAM, 0);
```

이때 소켓 디스크립터(소켓 번호) sock_svr이 리턴된다. 소켓 생성에 실패 시 –1이 리턴되므로 이를 체크하기 위해 다음과 같이 하는 것이 원칙이다.

```
if((sock_svr = socket(AF_INET, SOCK_STREAM, 0)) < 0) {
      printf("TCP 소켓 생성 실패!");
      return -1;
}
```

다음 문에서는 bzero() 함수를 사용하여 서버 주소인 addr_svr 구조체(타입은 sockaddr_in)를 초기화시킨다.

```
bzero((char *)&addr_svr, sizeof(addr_svr));
```

이때 bzero() 함수 대신 memset() 함수를 다음과 같이 사용해도 된다.

```
memset(addr_svr, 0, sizeof(addr_svr));
```

다음 문에서는 addr_svr의 주소 패밀리 sin_family에 AF_INET을 할당한다.

```
addr_svr.sin_family = AF_INET;
```

다음 문에서는 addr_svr의 32비트 IP 주소인 sin_addr.s_addr에 호스트에 설정된 IP 주소를 할당한다. 이를 위하여 htonl(INADDR_ANY)이 사용되었다.

```
addr_svr.sin_addr.s_addr = htonl(INADDR_ANY);
```

함수 htonl()은 4바이트(32비트) 숫자(여기서는 서버 IP 주소)를 네트워크 바이트 순서로 변경해 주는 기능(host-to-network-long)을 한다. 포트번호와 같은 2바이트(16비트) 숫자를 네트워크 바이트 순서로 변경해 주는 함수는 htons()이다(host-to-network-short).

다음 문에서는 프로그램 실행 시 입력받은 포트번호를 addr_svr의 16비트 포트번호인 addr_svr.sin_port에 할당한다. 함수 atoi()는 ASCII 코드(입력받은 포트번호)를 정수형으로 바꾸어 준다.

```
addr_svr.sin_port = htons(atoi(argv[1]));
```

다음 문에서 소켓 번호(sock_svr)와 서버 주소(addr_svr)를 서로 바인드시킨다.

```
if(bind(sock_svr, (struct sockaddr *)&addr_svr, sizeof(addr_svr)) < 0) {
```

다음 문에서 listen() 함수를 불러 소켓을 수동 대기모드로 바꾼다. 여기서는 10개까지 클라이언트로부터의 connect() 함수 연결 요청을 대기시킬 수 있다.

```
listen(sock_svr, 10);
```

다음 문에서 클라이언트의 연결 요청이 발생하면 연결된 상대방 클라이언트와 서버사이의 통신에 사용할 새로운 소켓 디스크립터(sock_cl)를 리턴한다.

```
sock_cl = accept(sock_svr, (struct sockaddr *)&addr_cl, &addr_cl_size);
```

다음 문에서 클라이언트에서 보내온 메시지를 읽어 들인다.

```
length = read(sock_cl, buffer, sizeof(buffer));
```

다음 문에서 읽은 메시지를 다시 클라이언트에게 전송한다.

```
write(sock_cl, buffer, length);
```

위 소스 파일(파일명 예: echo_server.c)을 컴파일하기 위해서 유닉스/리눅스용 공개 C 컴파일러인 gcc를 사용해 'gcc echo_server.c'와 같이 한다. 이 명령은 컴파일 후 링커(linker)인 ld를 불러 실행파일 a.out을 생성한다. 프로그램 실행을 위해서는 'a.out 3000'의 형식으로 포트번호를 준다. 실행 파일명을 a.out 대신 다른 이름으로 지정하려면 'gcc -o echo_server echo_server.c'의 형식으로 -o 옵션을 사용하면 된다(이때 실행 파일 echo_server가 생성된다).

참고

[유닉스 cc 링크 옵션]

리눅스 C 컴파일러는 gcc를 보통 사용하나 유닉스 경우 cc가 기본 컴파일러이다. 이 경우 소켓 프로그램 링크 시 기본 C 언어 라이브러리(library) 이외에 소켓 및 네트워크 관련 함수를 포함하는 라이브러리가 추가로 필요한 경우가 있다. 이때는 옵션으로 –lsocket과 –lnsl을 사용해 'cc 소스파일명 –lsocket –lnsl' 와 같이 한다. 리눅스 경우는 필요없다. 이때 –lsocket은 /usr/lib/libsocket.so나 /usr/lib/libsocket.a를 링크 시 사용하라는 의미이고, –lnsl은 /usr/lib/libnsl.so나 /usr/lib/libnsl.a를 링크 시 사용하라는 의미이다. 유닉스/리눅스에서 파일명이 .so로 끝나는 파일은 공유 오브젝트 라이브러리(shared object library)이고, .a로 끝나는 파일은 아카이브 라이브러리(archive library)이다.

[리틀엔디안(little–endian)과 빅엔디안(big–endian)]

2바이트 이상의 데이터를 메모리에 저장할 때 프로세서에 따라서 데이터의 낮은 자리부터 먼저 메모리 낮은 번지에 저장되는 경우가 있는데, 이와 같은 정렬방식을 리틀엔디안(little–endian)이라 한다(예: 16진수 1234를 메모리 2000번지부터 저장한다면 메모리 2000번지에 34, 2001번지에 12가 들어간다). 반대로 데이터의 높은 자리부터 먼저 메모리 낮은 번지에 저장되는 경우를 빅엔디안(big–endian)이라 한다(예: 16진수 1234를 메모리 2000번지부터 저장한다면 메모리 2000번지에 12, 2001번지에 34가 들어간다).

TCP/IP 프로토콜에서는 IP 주소(32비트)나 포트번호(16비트)를 바이트 단위로 상대방에 보낼 때 높은자리 바이트부터 보낸다(즉, 빅엔디안 식이다). 컴퓨터 내에서만 데이터를 사용한다면 어느 정렬방식을 사용하건 문제가 되지 않으나, 네트워크를 통해서 리틀엔디안 방식의 컴퓨터와 빅엔디안 방식의 컴퓨터가 서로 TCP/IP 프로토콜로 통신한다면 IP 주소나 포트번호 해석이 문제가 된다. 즉 상대방이 수신 시 바이트 순서가 바뀌는 문제가 발생한다.

이를 피하기 위해 전송 전에 리틀엔디안 방식을 사용하는 컴퓨터의 경우 컴퓨터 내부의 데이터 정렬 방식을 네트워크에서 사용하는 방식으로 변환해 주어야 한다. 이를 위해 htons(), htonl() 함수가 제공된다. htons()는 포트번호와 같은 16비트 데이터 변환에 사용되고 htonl()은 IP 주소와 같은 32비트 데이터 변환에 사용된다. 수신 시에는 다시 자신이 사용하는 데이터 정렬 방식으로 바꿔 주어야 하는데, 이를 위한 함수는 16비트 데이터 변환을 위한 ntohs()와 32비트 데이터 변환을 위한 ntohl()가 있다.

자신이 사용하는 시스템의 CPU 데이터 정렬방식을 잘 모를 경우 무조건 이 함수를 사용하면 된다. 만일 빅엔디안 방식의 프로세서인 경우라면 이 함수의 사용은 아무 기능도 하지 않게 된다. 또 네트워크 전송 시 헤더 부분이 아닌 데이터 부분에는 CPU의 데이터 정렬방식과 무관하다.

예제 2) 에코 서버 프로그램을 이용하는 에코 클라이언트 프로그램

앞 예제 1)의 에코 서버 프로그램을 이용하는 에코 클라이언트 프로그램을 다음에 보였다. 여기서도 TCP 소켓을 사용한다.

```
#include <stdio.h>
#include <netinet/in.h>
#include <unistd.h>
#include <sys/types.h>
#include <sys/socket.h>

#define PORT 3000
#define LENGTH 256

int main(int argc, char *argv[]) {

      int sock_cl, len;

      char buffer[LENGTH];

      struct sockaddr_in addr_svr;

      if(argc != 2) {
            printf("실행방법 : %s 서버주소\n", argv[0]);
                  return -1;
      }

      if((sock_cl = socket(AF_INET, SOCK_STREAM, 0)) < 0) {
            printf("TCP 소켓 생성 실패!");
                  return -1;
```

```
    }

    bzero((char *)&addr_svr, sizeof(addr_svr));
    addr_svr.sin_family = AF_INET;
    addr_svr.sin_addr.s_addr = inet_addr(argv[1]);
    addr_svr.sin_port = htons(PORT);

    connect(sock_cl, (struct sockaddr *)&addr_svr, sizeof(addr_svr));

    printf("메시지 입력 : ");
    fgets(buffer, LENGTH, stdin);
    len = strlen(buffer);

    if (write(sock_cl, buffer, len) < 0) {
    printf("메시지 송신 실패!\n");
    return -1;
    }

    printf("수신된 메시지 : ");

    if(read(sock_cl, buffer, sizeof(buffer)) < 0) {
           printf("메시지 수신 실패!\n");
                  return -1;
    }

    printf("%s", buffer);
    close(sock_cl);
}
```

위 소스에서 다음 문에서 스트림(TCP) 형의 소켓을 생성한다.

```
if((sock_cl = socket(AF_INET, SOCK_STREAM, 0)) < 0) {
```

다음 문에서는 주소 구조체 addr_svr을 초기화시킨다.

```
bzero((char *)&addr_svr, sizeof(addr_svr));
```

다음 문에서는 주소 패밀리에 AF_INET을 할당하고, inet_addr() 함수를 사용해 문자열 형태의 서버 IP 주소(예: "202.31.128.91")를 2진수 형태로 바꾸어 addr_svr.sin_addr.s_addr에 이 값을 할당한다. 또 서버의 포트번호를 htonl() 함수를 사용해 네트워크 바이트 형식으로 바꾼 후 addr_svr.sin_port에 할당한다.

```
addr_svr.sin_family = AF_INET;
addr_svr.sin_addr.s_addr = inet_addr(argv[1]);
addr_svr.sin_port = htons(PORT);
```

다음 문에서는 connect() 함수를 사용해 서버와 연결을 시도한다.

```
connect(sock_cl, (struct sockaddr *)&addr_svr, sizeof(addr_svr));
```

여기서 함수의 인수로 (struct sockaddr *)&addr_svr와 같이 하는 것은 소스에서 서버의 소켓주소를 나타내기 위해 사용이 쉬운 sockaddr_in 구조체를 사용하지만 실제 소켓 관련 함수에서는 sockaddr 구조체로 정의되어 있기 때문이다. 여기서는 프로그램 흐름을 따라가기 쉽도록 생략했지만, 실제 프로그램에서는 connect() 함수가 연결에 실패하는 경우를 체크하기 위해 다음과 같이 하는 것이 원칙이다.

```
if(connect(sock_cl, (struct sockaddr *)&addr_svr, sizeof(addr_svr)) < 0) {
      printf("서버와 연결 실패!\n");
      return -1;
}
```

다음 문에서는 stdin(즉, 키보드)에서 입력한 내용을 버퍼(buffer)에 저장한다.

```
fgets(buffer, LENGTH, stdin);
```

다음 문에서는 버퍼의 내용을 write() 함수를 이용하여(send() 함수를 이용해도 된다) 서버로 전송한다.

```
if (write(sock_cl, buffer, len) < 0) {
```

다음 문에서는 read() 함수를 이용하여 서버에서 전송된 내용을 수신한다.

```
if(read(sock_cl, buffer, sizeof(buffer)) < 0) {
```

수신된 내용은 화면에 출력한다.

예제 3) 토크 서버 프로그램

토크(talk) 서버 프로그램의 예를 설명한다. 토크 서버는 1대1 대화 기능을 제공하며 TCP 소켓을 사용한다. 여기서는 메시지 송수신과 사용자로부터의 입력을 하나의 프로그램에서 처리하기 위하여 fork() 함수를 사용한다. 클라이언트에서 입력한 메시지는 서버 화면 창에 그대로 표시되고 서버에서 입력한 메시지는 클라이언트 화면 창에 그대로 표시된다. 프로그램 종료를 위해서는 'quit'을 입력한다.

- **fork() 함수**

  fork() 함수는 자신과 동일한 프로세스를 복제하며, 이때 fork() 함수를 호출한 프로세스는 부모 프로세스(parent process)가 되고 복제된 프로세스는 자식 프로세스(child process)가 되어 별개의 프로세스 번호(process ID)를 부여 받는다. 자식 프로세스는 자신을 호출한 부모 프로세스와 변수를 제외한 코드, 스택, 소켓 디스크립터 등 실행환경을 공유한다. 부모 프로세스에서 실행된 fork() 함수의 리턴 값은 자식 프로세스의 프로세스 번호가 되며, 자식 프로세스에서 실행된 fork() 함수의 리턴 값은 0이 된다. 따라서 이 리턴 값의 차이를 사용해 하나의 프로그램에서 부모 프로세스와 자식 프로세스의 할 일을 서로 구분할 수 있다.

토크 서버 프로그램 소스를 다음에 보였다. 포트번호는 4000번을 사용하는 것으로 하였다.

```
#include <stdio.h>
#include <stdlib.h>
#include <sys/socket.h>
#include <netinet/in.h>
#include <arpa/inet.h>
#include <sys/types.h>
#include <signal.h>
#include <string.h>

#define PORT 4000
#define END "quit"

int main(int argc, char *argv[]) {

      struct sockaddr_in addr_svr, addr_cl;

      int sock_svr, sock_cl;
      int proc_id, addr_cl_size, str_len;

      char msg_send[256], msg_recv[256];

      if((sock_svr = socket(AF_INET, SOCK_STREAM, 0)) < 0) {
             printf("TCP 소켓 생성 실패!");
                    return -1;
      }

      bzero((char *)&addr_svr, sizeof(addr_svr));
```

```
addr_svr.sin_family = AF_INET;
addr_svr.sin_addr.s_addr = htonl(INADDR_ANY);
addr_svr.sin_port = htons(PORT);

if(bind(sock_svr, (struct sockaddr *)&addr_svr, sizeof(addr_svr)) < 0) {
       printf("바인드 에러! \n");
       return -1;
}

listen(sock_svr, 10);

printf("토크서버 시작...\n");

addr_cl_size = sizeof(addr_cl);

if((sock_cl=accept(sock_svr,(struct sockaddr *)&addr_cl, &addr_cl_size)) < 0) {
       printf("accept() 실패!\n");
       return -1;
}

if((proc_id = fork()) > 0)  {
       //부모 프로세스
       while(fgets(msg_send, 256, stdin) != NULL) {

              str_len = strlen(msg_send);
              if(write(sock_cl, msg_send, str_len) < 0)
                 printf("write() 실패!\n");

              if (strstr(msg_send, END) != NULL ) {
                 printf("종료...\n");
                 close(sock_cl);
                 return -1;
              }
       }
} else if (proc_id == 0) {

while(1) {
       //자식 프로세스
       if((str_len = read(sock_cl, msg_recv, 256)) < 0) {
              printf("read() 에러!\n");
              close(sock_cl);
              return -1;
       }
              msg_recv[str_len] =  '\0';
              if (strstr(msg_recv, END) != NULL )  break;
```

```
                printf("수신 메시지 : %s", msg_recv);
            }
        }
    close(sock_svr);
    close(sock_cl);
}
```

위 소스에서 다음 문에서 스트림(TCP) 형의 소켓을 생성한다.

```
if((sock_svr = socket(AF_INET, SOCK_STREAM, 0)) < 0)
```

다음 문에서는 서버 IP 주소(addr_svr.sin_addr.s_addr)에 INADDR_ANY를 사용하여 호스트에 설정된 모든 IP 주소를 할당하고, 포트번호 PORT를 서버 포트번호(addr_svr.sin_port)에 할당한다.

```
addr_svr.sin_addr.s_addr = htonl(INADDR_ANY);
addr_svr.sin_port = htons(PORT));
```

다음 문에서 소켓 번호(sock_svr)와 서버 주소(addr_svr)를 서로 바인드시킨다.

```
if(bind(sock_svr, (struct sockaddr *)&addr_svr, sizeof(addr_svr)) < 0) {
```

다음 문에서 listen() 함수를 불러 소켓을 수동 대기모드로 바꾼다. 여기서는 10개까지 클라이언트로부터의 connect() 함수 연결 요청을 대기시킬 수 있다.

```
listen(sock_svr, 10);
```

다음 문에서 클라이언트의 연결 요청이 발생하면 연결된 상대방 클라이언트와 서버 사이의 통신에 사용할 새로운 소켓 디스크립터(sock_cl)를 리턴한다.

```
sock_cl = accept(sock_svr, (struct sockaddr *)&addr_cl, &addr_cl_size);
```

다음 문에서 fork() 함수를 호출하여 자식 프로세스를 생성하고, 이때 리턴되는 값이 0보다 크면 부모 프로세스가 수행할 작업이 시작된다.

```
if((proc_id = fork()) > 0)  {
```

부모 프로세스가 수행할 작업 중 다음 문에서는 사용자 입력을 받아들인다.

```
while(fgets(msg_send, 256, stdin) != NULL)  {
```

다음 문에서는 입력한 메시지를 클라이언트에게 보낸다.

```
if(write(sock_cl, msg_send, strlen(msg_send)) != size)
```

다음 문에서는 입력한 메시지가 종료 메시지인 경우 클라이언트와의 소켓 연결을 종료한다.

```
if (strstr(msg_send, END) != NULL ) {
      printf("종료...\n");
      close(sock_cl);
      return -1;
```

다음 문에서는 fork() 함수에서 리턴되는 값이 0이므로 자식 프로세스가 수행할 작업이 시작된다.

```
} else if (pid == 0) {
```

자식 프로세스가 수행할 작업 중 다음 문에서는 read() 함수를 사용하여 클라이언트로부터 메시지를 수신한다.

```
if((str_len = read(sock_cl, msg_recv, 256)) < 0) {
```

다음 문에서는 수신된 메시지를 화면에 출력한다.

```
printf("%s", msg_recv);
```

이와 같이 fork() 함수를 사용하여 부모 프로세스는 사용자로부터의 메시지 입력과 이를 클라이언트에게 송신하는 동작을 하고, 자식 프로세스는 클라이언트로부터 메시지를 수신하고 이를 화면에 출력하는 기능을 한다.

예제 4) 토크 서버 프로그램과 함께 동작하는 토크 클라이언트 프로그램

앞 예제 3)의 토크 서버 프로그램과 함께 동작하는 토크 클라이언트 프로그램이다. 여기서도 fork() 함수를 사용하여 두 개의 프로세스가 각각의 역할을 분담하도록 하였다. 프로그램 소스를 다음에 보였다. 서버의 포트번호는 4000번이고 서버가 먼저 실행되어 있어야 한다. 클라이언트 프로그램에서 입력한 메시지는 서버 화면 창에 그대로 표시되고 서버 프로그램에서 입력한 메시지는 클라이언트 화면 창에 그대로 표시된다. 프로그램 종료를 위해서는 'quit'를 입력한다. 프로그램 실행은 '실행파일명 서버 IP주소' 처럼 한다(서버가 로컬 호스트인 경우는 서버 IP 주소 127.0.0.1을 사용하면 된다).

```
#include <stdio.h>
#include <stdlib.h>
#include <sys/socket.h>
#include <netinet/in.h>
#include <arpa/inet.h>
#include <sys/types.h>
#include <signal.h>
#include <string.h>

#define PORT 4000
#define END "quit"

int main(int argc, char *argv[]) {

    struct sockaddr_in addr_svr;

    char msg_send[256], msg_recv[256];
    int proc_id, sock_cl, str_len;

    if (argc != 2)  {
        printf("실행방법 : %s 서버IP주소 \n", argv[0]);
        return -1;
    }


    if((sock_cl = socket(AF_INET, SOCK_STREAM, 0)) < 0)  {
        printf("TCP 소켓 생성 실패!\n");
        return -1;
    }

    bzero((char *)&addr_svr, sizeof(addr_svr));
    addr_svr.sin_family = AF_INET;
    addr_svr.sin_addr.s_addr = inet_addr(argv[1]);
    addr_svr.sin_port = htons(PORT);

    if(connect(sock_cl, (struct sockaddr *)&addr_svr,sizeof(addr_svr)) < 0) {
        printf("서버로 연결 실패!\n");
        return -1;
```

```
    }

    printf("메시지 입력 가능 ... \n");
    if((proc_id = fork()) > 0) {
        //부모 프로세스
        while(fgets(msg_send, 256, stdin) != NULL) {

            str_len = strlen(msg_send);
            if(write(sock_cl, msg_send, strlen(msg_send)) < 0)
                printf("write() 실패!\n");

            if (strstr(msg_send, END) != NULL ) {
                printf("종료...\n");
                close(sock_cl);
                return -1;
            }
        }
    } else if (proc_id == 0) {

        while(1) {

                if((str_len = read(sock_cl, msg_recv, 256)) < 0) {
                printf("read() 에러!\n");
                close(sock_cl);
                return -1;
            }

                msg_recv[str_len] =  '\0';
                if (strstr(msg_recv, END) != NULL )  break;
                printf("수신 메시지 : %s", msg_recv);
            }
    }
        close(sock_cl);
}
```

위 소스에서 다음 문에서 스트림(TCP) 형의 소켓을 생성한다.

```
if((sock_cl = socket(AF_INET, SOCK_STREAM, 0)) < 0) {
```

다음 문에서는 프로그램 실행 시 입력받은 값(argv[1])을 서버 IP 주소(addr_svr.sin_addr.s_addr)에 넣고, 포트번호 PORT를 서버 포트번호(addr_svr.sin_port)에 넣는다.

```
addr_svr.sin_addr.s_addr = inet_addr(argv[1]);
addr_svr.sin_port = htons(PORT);
```

다음 문에서 connect() 함수를 사용하여 서버와 연결을 시도한다.

```
if(connect(sock_cl, (struct sockaddr *)&addr_svr,sizeof(addr_svr)) < 0) {
```

다음 문에서 fork() 함수를 호출하여 자식 프로세스를 생성하고, 이때 리턴되는 값이 0보다 크면 부모 프로세스가 수행할 작업이 시작된다.

```
if((proc_id = fork()) > 0)  {
```

부모 프로세스가 수행할 작업 중 다음 문에서는 사용자가 입력한 메시지를 받아들이고 메시지를 서버에게 보낸다.

```
while(fgets(msg_send, 256, stdin) != NULL)  {
      str_len = strlen(msg_send);
      if(write(sock_cl, msg_send, strlen(msg_send)) != size)
```

다음 문에서는 입력한 메시지가 종료 메시지인 경우 서버와의 소켓 연결을 종료한다.

```
if (strstr(msg_send, END) != NULL ) {
```

```
    printf("종료...\n");
    close(sock_cl);
    return -1;
```

다음 문에서는 fork() 함수에서 리턴되는 값이 0이므로 자식 프로세스가 수행할 작업이 시작된다.

```
} else if (pid == 0) {
```

자식 프로세스가 수행할 작업 중 다음 문에서는 read() 함수를 사용하여 서버로부터 메시지를 수신한다.

```
if((str_len = read(sock_cl, msg_recv, 256)) < 0) {
```

다음 문에서는 수신된 메시지를 화면에 출력한다.

```
printf("%s", msg_recv);
```

여기서도 fork() 함수를 사용하여 자식 프로세스를 생성한다. 부모 프로세스는 사용자로부터의 메시지 입력 및 이를 상대방에게 송신하는 동작을 담당하고 자식 프로세스는 상대방으로부터의 메시지 수신 및 이를 화면에 출력하는 기능을 담당하도록 하였다. [그림 6-4]에 서버의 동작 화면, [그림 6-5]에 클라이언트의 동작 화면을 각각 보였다.

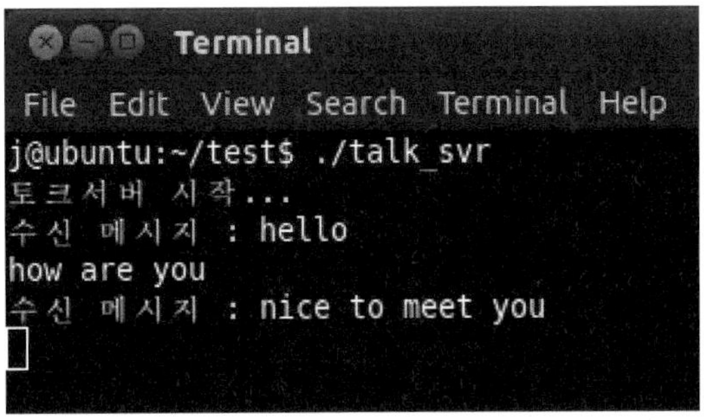

그림 6-4 서버의 동작 화면

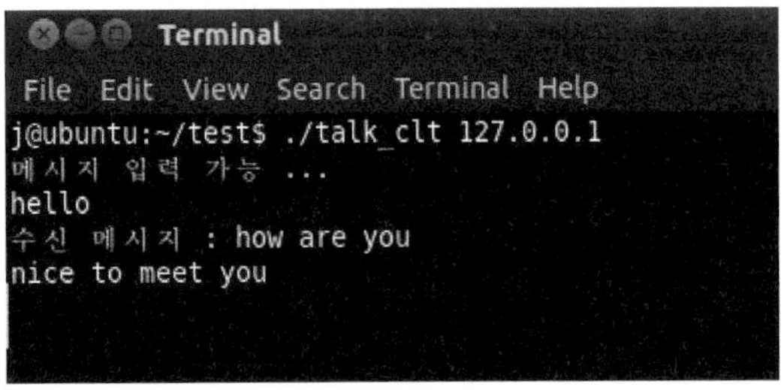

그림 6-5 클라이언트의 동작 화면

6-7 멀티캐스트 소켓 프로그래밍

IP 멀티캐스트(multicast)는 3-2절에서 설명했듯이 특정 그룹에 속한 호스트들에게만 패킷이 전달되는 방식이다. IP 멀티캐스트를 사용하면 하나의 소스에서 송신된 IP 데이터그램(패킷)을 여러 목적지로 전달할 수 있다. IP 멀티캐스트를 위해서는 클래스 D IP 주소가 사용되고 트랜스포트 계층에서는 UDP가 사용된다. 클래스 D IP 주소는 2진수로 1110인 상위 4비트와 멀티캐스트 그룹 ID로 사용되는 나머지 28비트로 구성되며, 주소 범위는 224.0.0.0 ~ 239.255.255.255이다.

멀티캐스트 경우에 48비트 MAC 주소 중 멀티캐스트 용으로 사용되는 주소 범위는 16진수로 01:00:5E: ~ 로 시작하도록 미리 지정되어 있다. IP 멀티캐스트 패킷에 MAC 헤더가 붙을 때에는 IP 멀티캐스트 주소의 하위 23비트가 MAC 주소의 하위 23비트에 복사된다. 멀티캐스트 그룹의 가입/탈퇴를 위해서는 3-3절에서 상세히 설명한 IGMP가 사용된다.

LAN 환경에서 멀티캐스트 그룹에 가입한다는 것은 MAC 주소가 01:00:5E: ~ 로 시작하며 가입한 멀티캐스트 그룹 주소의 하위 23비트를 나머지 주소로 가지는 모든 이더넷 프레임을 받아들이겠다는 의미이다(예: 가입한 멀티캐스트 그룹 주소가 235.08.05.01이라면 MAC 주소가 01:00:5E:08:05:01인 모든 이더넷 프레임을 수신한다).

멀티캐스트 패킷을 송신하는 측에서는 TCP가 아닌 UDP를 사용해야 하는데, 이때 IP 주소는 멀티캐스트 그룹 주소이고 UDP 포트번호는 응용에 맞게 선정하면 된다. 단, 멀티캐스트 패킷 송신은 단지 IP 주소(클래스 D 멀티캐스트 그룹 주소)와 UDP 포트번호만 지정하면 되므로 멀티캐스트 그룹에 가입하지 않은 호스트라도 할 수 있다.

● **setsockopt() 함수**

멀티캐스트 패킷 송수신을 위해서는 소켓 옵션을 설정해 주는 setsockopt() 함수의 사용이 필요하다. 이 함수를 통해서 멀티캐스트 그룹 가입/탈퇴 및 멀티캐스트 패킷 TTL(time to live) 값 변경 등을 할 수 있다(TTL에 대해서는 2-1절 IP 헤더 부분에서 설명하였다). setsockopt() 함수의 포맷은 다음과 같다.

```
int setsockopt(int s, int level, int opt, const char *optval, int optlen);
```

여기서 파라미터 s는 옵션을 바꿀 소켓번호이고, level은 프로토콜 레벨을 지정하며 SOL_SOCKET, IPPROTO_IP, IPPROTO_TCP의 세 가지 값 중 하나를 가진다. SOL_SOCKET은 소켓의 일반적인 옵션 지정, IPPROTO_IP는 IP 프로토콜에 관한 옵션 지정(예: 멀티캐스트 그룹 가입/탈퇴), IPPROTO_TCP는 TCP 프로토콜에 관한 옵션을 지정한다. opt는 실제 옵션 값이다. [표 6-2]~[표 6-4]에 각 프로토콜 레벨에 대한 주요 옵션 값을 정리하였다.

표 6-2 SOL_SOCKET 레벨의 주요 옵션 값

옵션	기능
SO_REUSEADDR	주소 재사용
SO_BROADCAST	브로드캐스트 전송 허용
SO_KEEPALIVE	TCP연결 유지 확인
SO_LINGER	소켓 종료 시 아직 전송되지 않은 데이터가 있어도 지정된 시간 후에 종료
SO_RCVBUF	수신버퍼 크기 설정
SO_SNDBUF	송신버퍼 크기 설정

표 6-3 IPPROTO_IP 레벨의 주요 옵션 값

옵션	기능
IP_ADD_MEMBERSHIP	멀티캐스트 그룹 가입
IP_DROP_MEMBERSHIP	멀티캐스트 그룹 탈퇴
IP_TTL	IP 패킷의 TTL 값 설정
IP_MULTICAST_TTL	멀티캐스트 IP 패킷의 TTL 값 설정

표 6-4 IPPROTO_TCP 레벨의 주요 옵션 값

옵션	기능
TCP_MAXSEG	TCP 최대 메시지 크기 설정
TCP_MAXRT	TCP 최대 재전송 값 설정

● ip_mreq 구조체

멀티캐스트 그룹에 가입/탈퇴 시에는 멀티캐스트 그룹 주소를 나타내는 구조체 ip_mreq를 사용한다. 이 구조체 포맷은 다음과 같다. 여기서 imr_multiadddr는 멀티캐스트 그룹 주소를 나타내는 IP 주소(클래스 D 영역)이고, imr_interface는 멀티캐스트 그룹에 가입한 자신(클라이언트)의 IP 주소이다.

```
struct  ip_mreq {
      struct in_addr imr_multiadddr;
      struct in_addr imr_interface;
}
```

예제) 멀티캐스트 프로그램

멀티캐스트를 이용한 채팅 프로그램의 예를 다음에 보였다. 여기서는 사용자들끼리 서로 채팅 메시지를 멀티캐스트 방식으로 주고받으므로 별도의 서버가 필요 없다. 소스에서 사용 포트번호는 5000, 멀티캐스트 주소는 235.5.5.5로 하였으며 물론 변경할 수 있다. 프로그램 실행 방법은 컴파일 후 '실행파일명 사용자이름'과 같이 하면 된다.

```
#include <stdio.h>
#include <sys/socket.h>
#include <netinet/in.h>
#include <stdlib.h>
#include <string.h>
#include <sys/types.h>
#include <unistd.h>

#define ADDR "235.5.5.5"

#define PORT 5000

int main(int argc, char *argv[]) {

      int sock_tx, sock_rx;
      struct ip_mreq multi_interface;
      struct sockaddr_in addr_mulicast;

      char user_name[20];
      int proc_id, rcv_len, k;

      if (argc != 2) {
             printf("실행방법 : %s  사용자이름\n", argv[0]);
             return -1;
      }

      sprintf(user_name, "[%s]", argv[1]);

      bzero((char *)&addr_mulicast, sizeof(addr_mulicast));
      addr_mulicast.sin_family = AF_INET;
      addr_mulicast.sin_addr.s_addr = inet_addr(ADDR);
      addr_mulicast.sin_port = htons(PORT);

      if ((sock_rx=socket(AF_INET, SOCK_DGRAM, 0)) < 0) {
             printf("소켓 생성 실패!\n"); return -1;
      }
```

```
if ((sock_tx=socket(AF_INET, SOCK_DGRAM, 0)) < 0) {
        printf("소켓 생성 실패!\n"); return -1;
}

multi_interface.imr_multiaddr = addr_mulicast.sin_addr;

multi_interface.imr_interface.s_addr = htonl(INADDR_ANY);

if (setsockopt(sock_rx, IPPROTO_IP, IP_ADD_MEMBERSHIP,
        &multi_interface, sizeof(multi_interface)) < 0) {
        printf("그룹 가입 실패!\n"); return -1;
}

if (bind(sock_rx, (struct sockaddr*)&addr_mulicast, sizeof(addr_mulicast))
< 0) {
        printf("바인드 실패!\n"); return -1;
}

printf("멀티캐스트 채팅 프로그램 시작...\n");

if((proc_id = fork()) > 0)  {

//부모 프로세스
        char buffer[512], buffer_2[512];

        printf("\n메시지 입력...\n");
        while (fgets(buffer, 512, stdin) != NULL) {

                sprintf(buffer_2, "%s %s", user_name, buffer);

                if(sendto(sock_tx, buffer_2, strlen(buffer_2), 0,(struct sockaddr*)
                &addr_mulicast, sizeof(addr_mulicast)) < 0) {
                    printf("전송 실패!\n"); return -1;
                }
        }

} else if (proc_id == 0) {

//자식 프로세스
        struct sockaddr_in addr_recv;
        char buffer[512];

        for (;;) {

                k = sizeof(addr_recv);
```

```
                if((rcv_len = recvfrom(sock_rx, buffer, 512, 0,
                (struct sockaddr*)&addr_recv, &k)) < 0) {
                    printf("수신 에러!\n"); return -1;
                }

                buffer[rcv_len] = '\0';
                printf("수신 메시지 : %s\n", buffer);
        }

    } else {
        printf("fork() 실패!\n"); return -1;
    }
}
```

위 소스에서 다음 문에서 멀티캐스트 주소(235.5.5.5)와 포트번호(5000)를 addr_mulicast에 설정하고 UDP 소켓을 하나 생성한다.

```
addr_mulicast.sin_addr.s_addr = inet_addr(ADDR);
addr_mulicast.sin_port = htons(PORT);
if ((sock_rx=socket(AF_INET, SOCK_DGRAM, 0)) < 0) {
```

다음 문에서는 메시지 송신에 사용할 소켓을 생성한다.

```
if ((sock_tx=socket(AF_INET, SOCK_DGRAM, 0)) < 0) {
```

다음 문에서는 멀티캐스트 그룹 주소를 나타내는 구조체(ip_mreq) 타입인 multi_interface에서 멀티캐스트 그룹 주소(235.5.5.5)를 imr_multiadddr에 넣고 그룹에 가입한 호스트 자신의 IP 주소를 imr_interface.s_addr에 넣는다.

```
multi_interface.imr_multiaddr = addr_mulicast.sin_addr;
multi_interface.imr_interface.s_addr = htonl(INADDR_ANY);
```

다음 문에서는 소켓 옵션을 설정해 주는 setsockopt() 함수를 사용해 함수의 프로토콜 레벨 값을 IPPROTO_IP, 옵션 값을 IP_ADD_MEMBERSHIP으로 하여 multi_interface에서 지정한 멀티캐스트 그룹 주소에 가입한다.

```
if (setsockopt(sock_rx, IPPROTO_IP, IP_ADD_MEMBERSHIP,
    &multi_interface, sizeof(multi_interface)) < 0) {
```

참고

[IP 주소의 중복 바인딩]

유닉스/리눅스는 서버로 사용하는 경우가 많으므로 여러 명의 사용자가 동일한 서버에 ssh(secure shell) 등을 통하여 접속할 수 있고 이들이 같은 멀티캐스트 그룹 주소에 가입할 수도 있다. 이 경우 각 사용자들의 프로세스에서 동일한 IP 주소와 포트번호를 바인딩하려 할 수 있는데, 기본적으로 하나의 호스트에서 IP 주소와 포트번호의 중복 바인딩은 허락되지 않는다. 이 경우 다음과 같이 setsockopt() 함수를 사용해 중복 바인딩을 허락할 수 있다.

```
int flag=1;
setsockopt(sock_rx, SOL_SOCKET, SO_REUSEADDR, &flag, sizeof(flag));
```

위에서는 setsockopt() 함수의 프로토콜 레벨 값을 SOL_SOCKET으로 하고, 옵션 값을 SO_REUSEADDR로 하여 IP 주소의 재사용이 가능하도록 한다. 이와 같은 중복 바인딩은 UDP에서만 가능하다.

다음 문에서는 bind() 함수를 사용해 소켓과 멀티캐스트 IP 주소를 서로 연결한다. 이 소켓을 통해 멀티캐스트 그룹 주소(멀티캐스트 IP 주소)로 전송된 메시지들이 수신된다.

```
if (bind(sock_rx, (struct sockaddr*)&addr_mulicast, sizeof(addr_mulicast))
```

다음 문에서는 fork() 함수를 사용해 수신을 담당할 자식 프로세스를 생성한다.

```
if((proc_id = fork()) > 0) {
```

fork() 함수가 리턴하는 값이 0보다 크면 부모 프로세스이다(이 경우는 자식 프로세스의 프로세스 ID가 리턴된다). 부모 프로세스는 다음 문과 같이 키보드로부터 메시지를 입력 받아 이 메시지에 사용자 이름(user_name)을 첨부하고 sendto() 함수를 사용해 전체 메시지를 송신하는 기능을 한다.

```
while (fgets(buffer, 512, stdin) != NULL) {
      sprintf(buffer_2, "%s %s", user_name, buffer);
      if(sendto(sock_tx, buffer_2, strlen(buffer_2), 0, (struct sockaddr*)
            &addr_mulicast, sizeof(addr_mulicast)) < 0) {
```

sendto() 함수에서는 목적지 주소 인수로 단순히 멀티캐스트 주소(여기서는 addr_mulicast)만 넣으면 되므로 멀티캐스트 메시지의 송신은 멀티캐스트 그룹에 가입하지 않아도 가능함을 알 수 있다. 그러나 멀티캐스트 메시지를 수신하려면 반드시 멀티캐스트 그룹에 가입하여야 한다.

자식 프로세스인 경우 fork() 함수가 리턴하는 값이 0이므로 else if (proc_id == 0) 이하 부분이 실행된다. 자식 프로세스에서는 다음 문에서 recvfrom() 함수를 사용해 메시지를 수신한다. 이 메시지는 자신이 가입한 멀티캐스트 그룹 주소로 전송된 메시지들이다.

```
if((rcv_len = recvfrom(sock_rx, buffer, 512, 0,
      (struct sockaddr*)&addr_recv, &k)) < 0) {
```

자바 네트워크 프로그래밍 기초

CHAPTER

[7]

7-1 자바 기초 문법

다른 프로그래밍 언어와 비교한 자바(Java)의 특징 중 하나는 바이트 코드(byte code)와 가상머신 JVM(Java Vitual Machine)을 사용한다는 점이다. 자바 소스(확장자 .java)의 컴파일 결과인 바이트 코드(확장자 .class)는 자바 가상머신인 JVM에서 실행된다. 자바 가상머신은 프로그램 실행 환경을 위해 가상 CPU와 OS(운영체제)를 제공하며 main() 메서드를 프로그램 실행의 시작점으로 삼는다(따라서 자바 프로그램 소스에는 main() 메서드가 있어야 한다). 이와 같이 자바 프로그램은 실제 CPU나 OS와 무관하게 실행되는 장점이 있으나 가상머신 상에서 이루어지므로 C 언어 비해 속도는 느리다.

참고

[달빅(Dalvik) 가상머신과 안드로이드]

스마트 폰 운영체제인 안드로이드에서는 리눅스 커널 위에 자바 가상머신과 유사한 달빅(Dalvik) 가상머신을 구현해 자바로 작성한 프로그램이 이 가상머신 상에서 실행된다. 이 달빅 가상머신은 모바일 환경에 최적화되어 있는데, 자바 가상머신 JVM이 아니므로 바이트 코드(.class 파일)가 바로 실행되지는 못하고 달빅 바이트 코드인 dex 포맷으로 변환과정을 거친 후 실행된다. 또 안드로이드에서 주요 라이브러리는 속도 향상을 위해 C 언어로 작성되어 있다.

● 데이터 타입

자바의 데이터 타입은 기본 타입(primitive type)과 클래스 형태(문자열, 배열 포함)의 객체 타입(object type)이 있다. 기본 타입은 C 언어와 유사하지만 일부 차이가 있으며 [표 7-1]에 자바 기본 데이터 타입을 보였다.

표 7-1 자바 기본 데이터 타입

타입	설명
char	16비트 유니코드로 문자 1개를 표현(C 언어에서는 8비트)
byte	8비트 값
short	16비트 정수형 타입
int	32비트 정수형 타입(정수형 타입의 기본값이다)
long	64비트 정수형 타입
float	32비트 부동 소숫점 타입
double	64비트 부동 소숫점 타입(부동 소숫점 타입의 기본값이다)
boolean	true와 false 중 하나만 가진다(TRUE, FALSE는 안된다).

● 벡터

벡터(vector)는 일반 배열(array)과 달리 크기를 미리 정하지 않아도 되며 객체들을 벡터에 편리하게 추가/삭제할 수 있고 벡터 내의 항목들을 쉽게 검색할 수 있다. 벡터가 제공하는 주요 메서드(method)는 [표 7-2]와 같다.

표 7-2 벡터가 제공하는 주요 메서드

메서드	기능
addElement(Object obj)	벡터의 끝에 새로운 객체를 추가한다.
insertElementAt(Object obj, int i)	i번째 위치에 객체를 삽입한다.
contains(Object obj)	벡터에 어떤 객체가 들어 있는지 확인한다.
indexOf(Object obj)	특정 객체의 인덱스를 리턴한다.
elementAt(int i)	i번째의 객체를 리턴한다.
setElementAt(Object obj, int i)	i번째 객체를 새로운 객체 obj로 바꾼다.
removeElementAt(int i)	i번째의 객체를 제거한다(뒤에 있던 항목들은 하나씩 앞으로 이동되며 벡터의 크기는 하나 감소한다).

메서드	기능
size()	벡터에 들어 있는 항목의 수를 리턴한다.
capacity()	벡터의 크기(용량)를 리턴한다.

● 스레드(thread)

네트워크 응용 프로그램에서는 스레드(thread)를 많이 사용하는데, 스레드는 하나의 프로그램 내에서 독립적으로 수행되는 제어의 흐름이다. 자바는 운영체제와 무관하게 자체적으로 멀티스레드 기능을 제공한다(C 프로그램의 경우 새로운 프로세스를 생성하기 위해서는 운영체제(유닉스/리눅스)가 제공하는 시스템 호출 함수인 fork()를 사용해야 한다).

자바에서 스레드를 만들기 위해서는 다음 두 가지 방법이 있다.

1. Thread 클래스 상속
2. Runnable 인터페이스 사용

다음은 Thread 클래스를 상속받아 스레드를 구현한 예이다.

```
public class Test_1 {
	public static void main(String[] args) {

		Test_1 test = new Test_1();
		Tmp t = test.new Tmp();
		t.start();

	}
	class Tmp extends Thread {
		public void run() {

			System.out.println("스레드 실행...");

		}
	}
}
```

여기서는 클래스 Test_1의 인스턴스 test를 만들고, Thread 클래스를 상속받은 내부 클래스 Tmp의 인스턴스 t를 만든 후, Thread 클래스의 start() 메서드를 실행하였다. start() 메서드가 실행되면 해당 스레드의 run() 메서드가 실행되어 화면에 문자열이 출력된다. 네트워크 응용 프로그램에서는 Thread 클래스를 상속받은 내부 클래스의 run() 메서드에 실제 스레드가 실행할 코드를 넣어주면 된다.

다음은 Runnable 인터페이스를 사용해 스레드를 구현한 예이다.

```
public class Test_2 {
      public static void main(String[] args) {
            Thread test = new Thread(new Tmp());
            test.start();
      }
      static class Tmp implements Runnable {
            public void run() {

            System.out.println("스레드 실행...");

            }
      }
}
```

여기서는 내부 클래스 Tmp에서 Runnable 인터페이스를 구현하고 있고, 이 클래스의 인스턴스를 인자로 하여 스레드 인스턴스 test를 만들고 여기에서 start() 메서드를 실행하였다. start() 메서드가 실행되면 스레드로 동작하는 내부 클래스 Tmp의 run() 메서드가 실행된다.

● 이벤트 처리

자바의 이벤트(event) 처리에는 각 이벤트 별로 이벤트 처리루틴(리스너: listener)을 두고 이벤트 발생 시 해당 처리루틴(리스너)이 이를 처리하도록 하는 방식이 주로 사용된다. 다음에 이벤트 처리 예를 보였다.

```
import java.awt.*;
import java.awt.event.*;
import java.io.*;

public class Test_3 {
   TextArea out_txt;

   public static void main(String[] args) {
            new Test_3().proc();
   }

   public void proc() {

       Frame frm = new Frame("Test_3");

       Button btn = new Button("이벤트 테스트");
       out_txt = new TextArea();

       frm.setSize(150, 150);

       frm.add("South", btn);
       frm.add(out_txt, "North");

       frm.setVisible(true);


       btn.addActionListener(new Proc_Button());
   }

   class Proc_Button implements ActionListener {
       public void actionPerformed(ActionEvent ev) {
            out_txt.append ("\n 단추 눌려짐...");
       }
   }
}
```

여기서는 단추를 누를 때 발생하는 이벤트인 ActionEvent를 처리하기 위해 이벤트 처리루틴(리스너) Proc_Button에서 ActionListener 인터페이스를 구현하였다. ActionListener 인터페이스는 ActionEvent를 처리하기 위한 actionPerformed() 메서드를 정의하고 있으므로 이 부분에 실제로 이벤트 발생 시 처리할 내용을 작성해 두면 된다. 다음 문에서 리스너를 등록한다.

```
btn.addActionListener(new Proc_Button());
```

위에서는 다음 문에서 단추를 표시할 컨테이너인 프레임 객체 frm, 단추 btn, 글자를 출력할 TextArea 객체 out_txt를 각각 생성한다.

```
Frame frm = new Frame();
Button btn = new Button("이벤트 테스트");
        out_txt = new TextArea();
```

다음 frm.setSize(150, 150); 문에서는 프레임 크기를 150×150 픽셀로 설정하고, frn.add("South", btn); 문과 frm.add(out_txt, "North"); 문에서 단추는 프레임 아래에 배치하고 TextArea 객체 out_txt는 프레임 위쪽에 각각 배치한다. 다음 frm.setVisible(true); 문에서 프레임이 화면에 보이도록 한다. 단추를 누르면 이벤트가 발생하고 이벤트 리스너에서 TextArea에 글자를 표시한다. [그림 7-1]에 실행 화면을 보였다.

그림 7-1 이벤트 예제 실행화면

7-2 자바 개발 환경

MS 윈도우에서 자바 개발 환경으로는 이클립스(eclipse)를 주로 사용한다. 이클립스는 자바를 비롯한 여러 언어를 지원하는 프로그래밍 통합 개발환경을 제공하며 리눅스, Mac OS X 등 여러 운영체제에서 사용할 수 있다. 이클립스 실행을 위해서는 자바 개발 키트 JDK(java development kit)가 먼저 설치되어야 한다. JDK는 오라클 홈페이지인 http://www.oracle.com에서 운영체제 별로 다운로드할 수 있다. 표준 엔진(SE), 모바일 엔진(ME), 엔터프라이즈 엔진(EE)의 세 가지 종류가 있으나 보통 표준 엔진인 JDK SE를 사용하며 현재 최신 버전은 1.7이다(Java SE 7 이라고 부른다). 이를 설치하면 C:\Program Files\Java 폴더 밑에 자바 컴파일러, 라이브러리 등이 들어 있는 jdk1.7xxx 폴더(xxx는 세부 버전별로 다르다. 예: jdk1.7.0_40)와 자바 런타임 환경(JRE: java runtime environment)이 들어 있는 jre7 폴더가 생긴다(jre7\bin 폴더에는 자바 실행 시 필요한 각종 DLL 파일들이 있다).

참고
[명령 프롬프트 창에서의 자바 실행과 환경변수 설정]

이클립스를 설치하지 않아도 JDK만 설치하면 간단한 자바 프로그램을 윈도우 명령 프롬프트 창에서 실행시킬 수 있다. 이를 위해서는 윈도우 환경변수 Path를 편집해 기존의 내용 뒤에 ";C:₩Program Files₩Java₩jdk1.7.0_40₩bin;" 식으로 자바 컴파일러 javac.exe 등 실행 파일이 위치한 경로를 추가해 준다(실제 위치는 설치 버전별로 다르다). 이후부터는 명령 프롬프트 창에서 어느 폴더에서나 자바 명령어들을 사용할 수 있다. 텍스트 에디터로 자바 소스 파일(예: test.java)을 만든 후 다음과 같은 식으로 자바 컴파일러를 실행해 .class 파일(test.class)을 생성한다.

```
javac test.java
```

컴파일하여 얻은 자바 클래스를 실행하기 위해서는 다음과 같이 생성된 클래스 이름을 주면 된다.

```
java test
```

윈도우 명령 프롬프트 창에서의 자바 사용은 이클립스 환경보다 많이 불편하므로 이클립스 설치 후에는 거의 사용할 필요가 없으나, 사용자 인터페이스가 없고 간단한 메시지를 System.out.println() 메서드 등을 사용해 콘솔 화면으로 출력하는 프로그램의 경우에는(예: 네트워크 서버 프로그램) 소스 편집 및 컴파일은 편리한 이클립스 환경에서 하고 실행은 명령 프롬프트 창에서 하는 경우도 있다.

또 필요시 자바 클래스 경로를 표시하는 환경변수 CLASSPATH와 자바 설치 위치를 표시하는 환경변수 JAVA_HOME을 설정한다. CLASSPATH의 예는 ".;C:\Program Files\Java\jdk1.7.0_40\lib" 형식이고, JAVA_HOME의 예는 "C:\Program Files\Java\jdk1.7.0_40" 형식으로 한다. 환경변수 JAVA_HOME을 만들었으면 CLASSPATH에 ".;%JAVA_HOME%\lib"와 같이 환경변수를 사용해도 된다. 환경변수는 윈도우 7의 경우 "제어판 → 시스템 → 고급시스템설정 → 환경변수" 항목에서 편집한다.

이클립스는 현재 다음 링크에서 다양한 패키지와 운영체제 별로 다운로드할 수 있는데, 이클립스 플랫폼과 개발 및 디버깅에 필요한 모든 도구를 포함하고 있는 스탠다드(standard) 패키지가 일반적으로 많이 사용된다(링크는 추후 변경될 수도 있다).

```
http://www.eclipse.org/downloads/
```

현재 최신 버전은 4.3이고 MS 윈도우(32비트/64비트), Mac OS X, 리눅스 이상 세 가지 운영체제 별로 제공된다(이클립스는 버전 별로 이름이 붙는데 Helios, Indigo, Juno 등이며 현재 버전 4.3은 Kepler이다). 압축 파일 형태로 되어 있으며 압축을 해제하면 현 위치에 eclipse 폴더가 생기는데, 이 안에 있는 실행 파일인 eclipse.exe를 실행시키면 된다. 별도의 윈도우 설치과정은 필요 없다. eclipse.exe 실행 시 자바 가상머신 생성에 실패했다는 의미인 "Failed to create the Java Virtual Machine"이라는 에러 메시지가 발생하면 eclipse.ini 파일에 다음 두 줄을 추가해서 자바 JDK 설치 위치를 알려주면 된다(자바 JDK 설치 위치는 버전별로 다르므로 실제 위치로 맞춰주어야 한다).

```
-vm
C:\Program Files\Java\jdk1.7.0_40\bin\javaw.exe
```

처음 실행 시 프로그램 소스 및 환경설정 등을 저장할 workspace 폴더 위치 설정이 있다. [그림 7-2]는 이클립스 실행 화면 예이다.

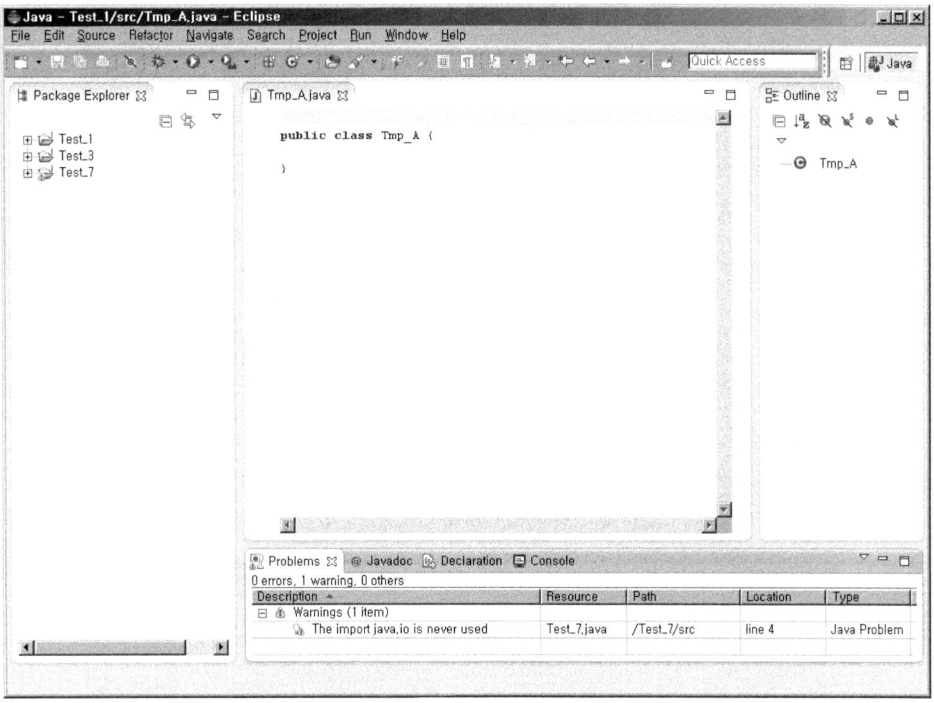

그림 7-2 이클립스 실행 화면

왼쪽 창은 프로젝트 관리, 가운데 창은 자바 소스 편집, 오른쪽 창은 클래스 내부의 각종 메서드와 변수 등을 보여준다. 아래쪽 창은 여러 탭으로 되어 있는데 Problem 탭에는 컴파일 관련 에러 메시지 등이 표시되며, Console 탭에는 자바 소스에서 System.out.println() 메서드를 사용한 화면 출력 등 각종 콘솔 메시지가 표시된다. File → New 메뉴 또는 왼쪽 창에서 마우스 오른쪽 버튼 → New 메뉴를 통해서는 새로운 자바 프로젝트, 클래스, 패키지 등을 생성할 수 있다.

[그림 7-3]은 새로운 프로젝트 생성화면이다. 프로젝트 이름을 입력하고 Finish 단추를 누르면 기본 형태의 자바 프로젝트가 생성된다. JRE 항목에서는 자바 런타임 환경을 JDK 버전 별로 설정할 수 있다. 폴더 위치 변경, 라이브러리 추가 등 프로젝트 세부 설정을 변경하려면 Next 단추를 누른다.

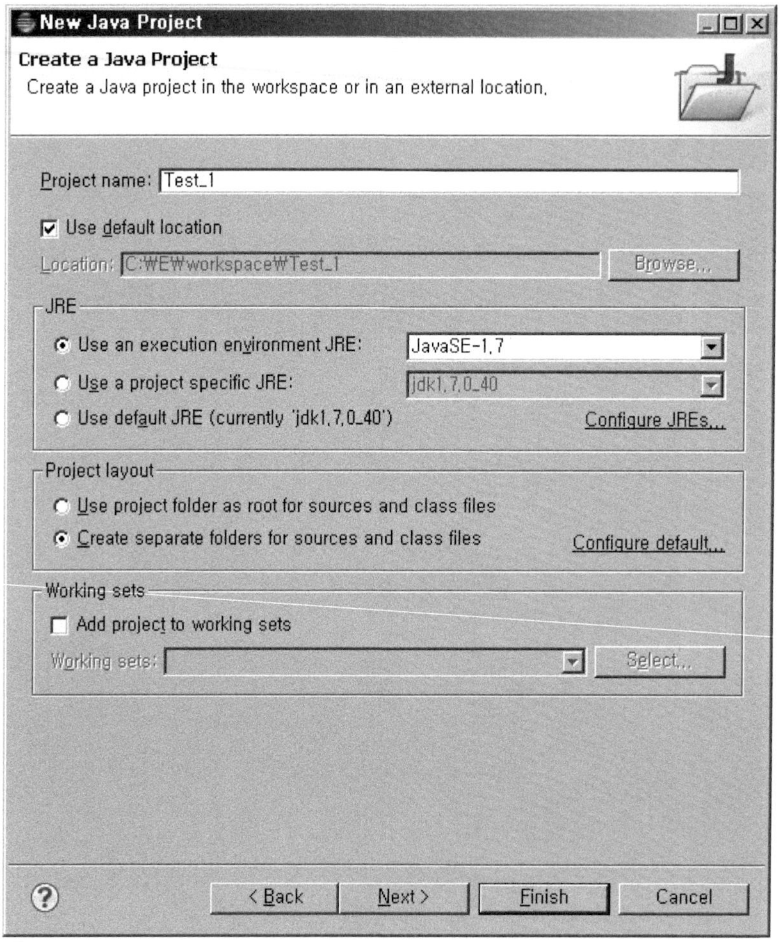

그림 7-3 새로운 프로젝트 생성화면

[그림 7-4]는 프로젝트에 들어갈 새로운 클래스 생성화면이다.

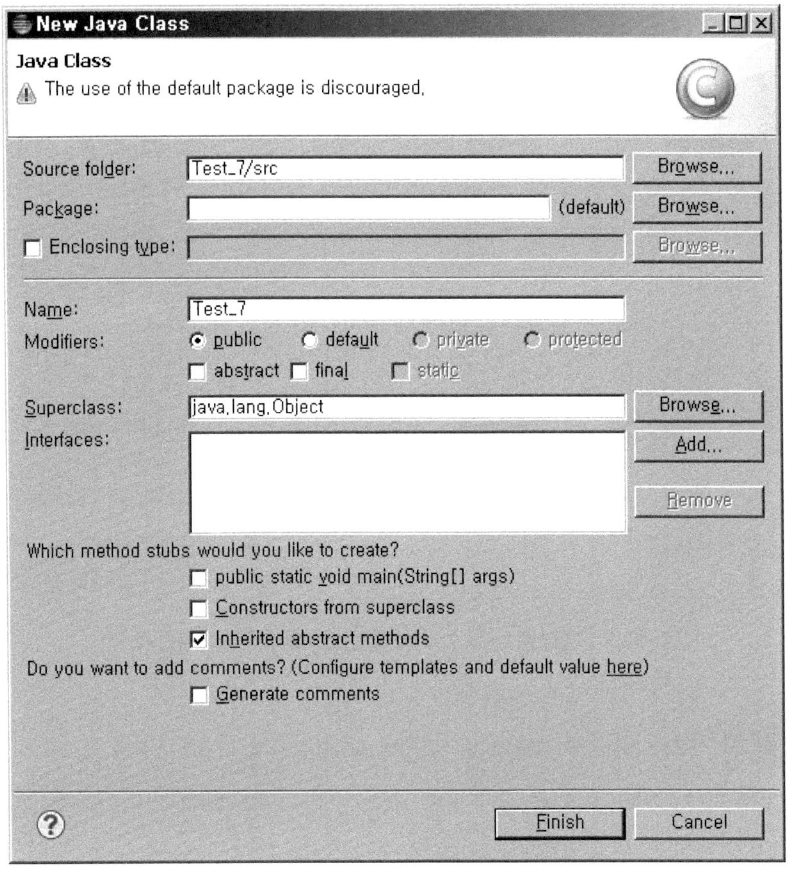

그림 7-4 새로운 클래스 생성화면

새로운 클래스가 생성되면 가운데 편집 창에서 소스 내용을 편집할 수 있다. 소스 입력 후 Run → Run 메뉴 또는 툴박스의 Run 단추로 컴파일 및 실행을 할 수 있으며, 컴파일 결과인 .class 파일은 디폴트로 프로젝트 폴더 아래의 bin 폴더에 생성된다. Run → Debug 메뉴 또는 툴박스의 Debug 단추로 디버깅을 할 수 있다.

[그림 7-5]는 새로운 클래스 Test_7을 생성 후 소스를 입력해 컴파일한 화면이다. 아래쪽 창에 '0 errors, 1 warning(에러 없음, 경고 1개)' 메시지가 보인다.

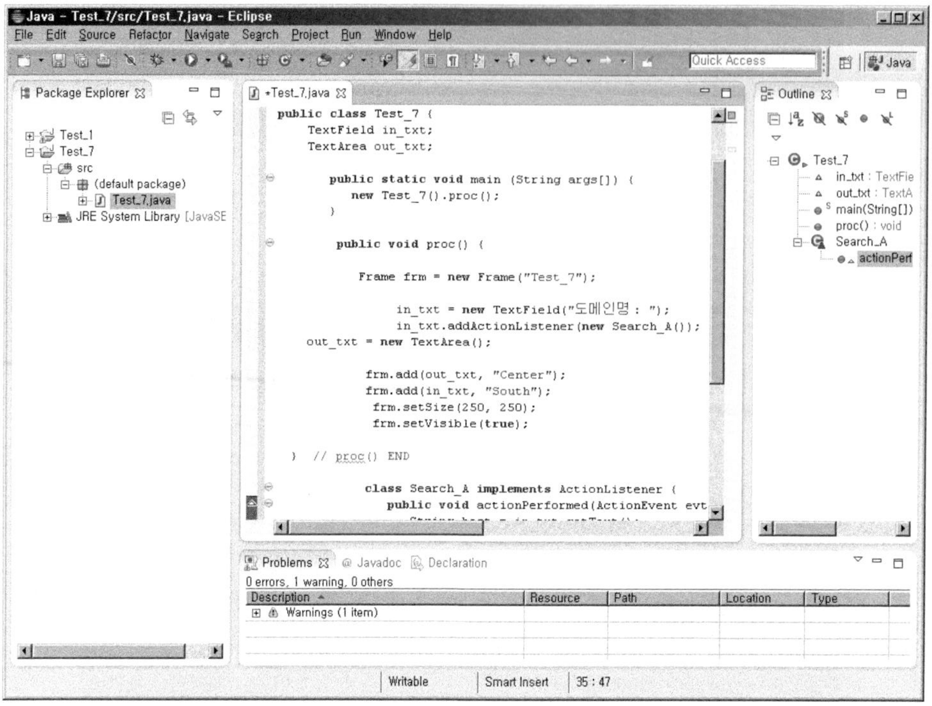

그림 7-5 클래스 Test_7 생성 후 소스 입력해 컴파일한 화면

이클립스는 다양한 단축키를 제공하여 프로그램 개발의 편리성을 높여준다. 예를 들어 Ctrl + Shift + O 키를 누르면 자바 클래스 소스에 필요한 import 문을 자동으로 삽입해 주고, Ctrl + Shift + F 키를 누르면 소스를 보기 쉽게 자동 정렬해 준다. 이클립스가 제공하는 전체 단축키를 보려면 Ctrl + Shift + L 키를 누르면 된다.

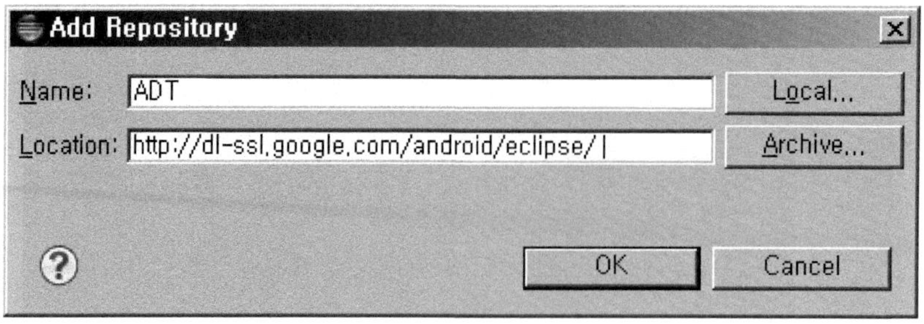

그림 7-6 ADT(android development tool) 설치 화면

이클립스는 Help → Install New Software... 메뉴를 통해 새로운 기능을 플러그인(plug-in)시켜 개발 환경을 확장시킬 수 있다. [그림 7-6]은 Help → Install New Software...를 실행한 창에서 오른쪽 상단 add 단추를 눌러 나타난 Add Repository 창이다. 여기서 이름과 위치를 입력해 안드로이드 개발을 위한 ADT(android development tool)를 설치하는 화면이다.

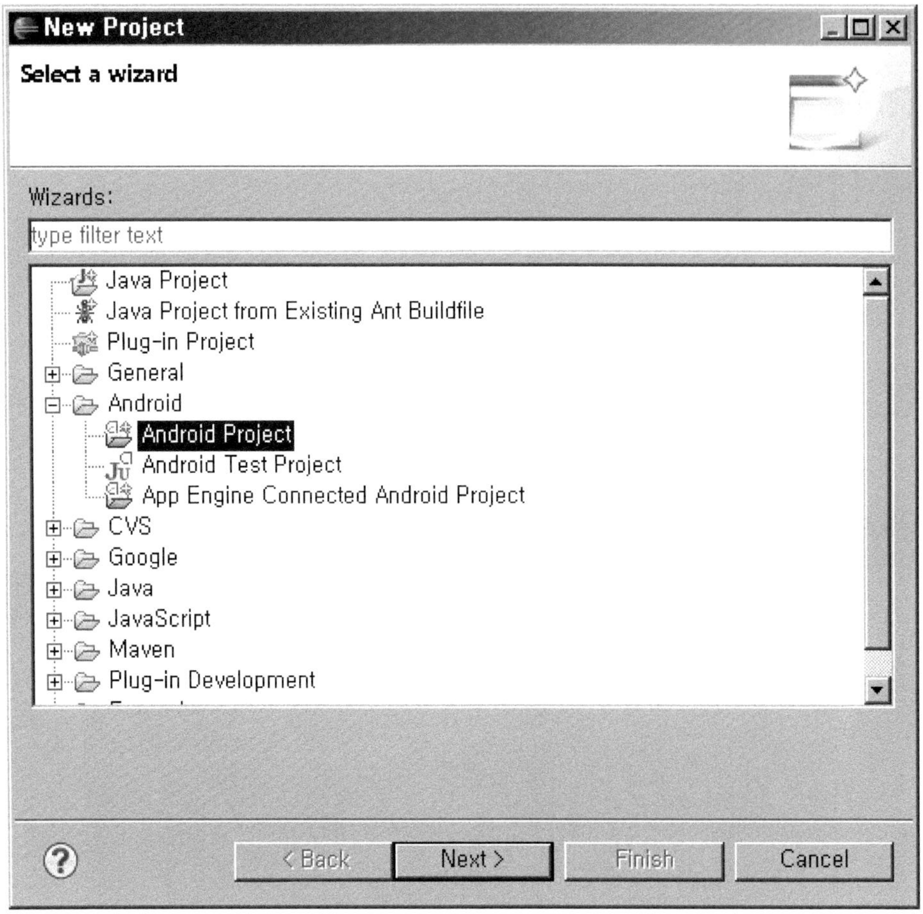

그림 7-7 안드로이드 프로젝트가 포함된 새로운 프로젝트 생성화면

[그림 7-7]은 위의 ADT(android development tool) 설치한 후 새로운 프로젝트를 생성하기 위한 화면이다. 기본 이클립스에는 없었던 Android Project 항목이 생겨

있음을 알 수 있다(안드로이드 프로그램 개발을 위해서는 안드로이드 SDK도 따로 다운로드 받아 설치해야 한다). 이 항목을 사용해 새로운 안드로이드 프로젝트를 생성한다.

7-3 자바 스트림 클래스

스트림 클래스는 네트워크 응용 프로그램에서 많이 사용되므로 이에 대해 설명한다. 자바 스트림에는 바이트 단위로 입출력하는 바이트 스트림과 16비트 문자(character) 단위로 입출력하는 문자 스트림이 있다(자바에서 문자 타입 변수는 C 언어와 달리 16비트 유니코드를 사용한다). 또 이들 각 스트림은 로우레벨 스트림과 하이레벨 스트림으로 나누어진다. 로우레벨 스트림은 바이트/문자 단위 입출력만 지원하고 하이레벨 스트림은 기본 변수 타입(예: int, long, double 등)이 가능하며 버퍼를 이용해 속도를 높일 수 있다.

● InputStream 클래스, OutputStream 클래스

바이트 스트림 관련 클래스 중 로우레벨 스트림으로는 InputStream 클래스와 OutputStream 클래스가 있다. [표 7-3]에 InputStream 클래스의 주요 메서드, [표 7-4]에 OutputStream 클래스의 주요 메서드를 각각 보였다(이들 사용 중 발생할 수 있는 예외처리를 위해 'throws IOException'을 추가하는 것이 일반적이다).

표 7-3 InputStream 클래스 주요 메서드

메서드	기능
abstract int read()	입력 스트림에서 1바이트를 읽는다(입력한다). 실제로는 32비트 정수 값을 리턴하는데 이 중 가장 아래쪽 8비트만 사용한다.
int read(byte[] b)	입력 스트림에서 여러 바이트를 읽어 바이트 배열 b에 넣는다.
int read(byte[] b, int off, int len)	오프셋 off에서 len 바이트만큼 읽어 바이트 배열 b에 넣는다.

메서드	기능
void close()	입력 스트림을 닫는다.
long skip(long n)	입력 스트림에서 n 바이트를 건너뛴다.

표 7-4 OutputStream 클래스 주요 메서드

메서드	기능
abstract void write(int b)	출력 스트림에 1바이트를 쓴다(출력한다). 인수로는 32비트 정수 값이 전달되는데 이 중 가장 아래쪽 8비트만 사용한다.
void write(byte[] b)	출력 스트림에 바이트 배열 b를 쓴다.
void write(byte[] b, int off, int len)	바이트 배열 b의 오프셋 off 위치에서 len개의 바이트만큼 출력 스트림에 쓴다.
void close()	출력 스트림을 닫는다.
void flush()	출력 스트림에 버퍼의 데이터를 강제로 쓴다.

다음은 InputStream을 사용한 간단한 예이다(예외 처리문은 생략하였다).

```
class Test_4 {
    public static void main(String[] args) {

        int k = 0;
        InputStream in_strm = new FileInputStream("test.txt");

        while(in_strm.read() != -1) k++;
        System.out.println("파일크기=" + k + " 바이트");
    }
}
```

여기서는 FileInputStream을 사용해 파일 test.txt에 대한 입력 파일 스트림을 생성하고 InputStream 클래스의 read() 메서드로 바이트 단위로 파일을 읽은 후 크기를 화면에 출력한다.

● DataInputStream 클래스, DataOutputStream 클래스, BufferedInputStream 클래스, BufferedOutputStream 클래스

바이트 스트림 관련 클래스에서 하이레벨 스트림으로는 FilterInputStream 클래스와 FilterOuputStream 클래스에서 파생된 여러 클래스들이 있으나, 이들 중 DataInputStream 클래스, DataOutputStream 클래스, BufferedInputStream 클래스 및 BufferedOutputStream 클래스가 많이 사용된다. 이들은 하이레벨 스트림이므로 바이트 단위 입출력만 아니라 자바 기본 변수 타입(char, short, int, long, float, double, booolean)으로도 입출력할 수 있다. [표 7-5]에 DataInputStream 클래스의 주요 메서드를, [표 7-6]에 DataOutputStream 클래스의 주요 메서드를 각각 보였다.

표 7-5 DataInputStream 클래스 주요 메서드

메서드	기능
int read(byte[] b)	여러 바이트(1바이트 포함)를 읽어 바이트 배열 b에 넣는다.
int read(byte[] b, int off, int len)	오프셋 off에서 len 바이트만큼 읽어 바이트 배열 b에 넣는다.
int readShort()	16비트 정수형 타입 데이터를 읽는다.
int readInt()	32비트 정수형 타입 데이터를 읽는다.
int readLong()	64비트 정수형 타입 데이터를 읽는다.
char readChar()	1문자(16비트)를 읽는다.
float readFloat()	32비트 부동소숫점 타입 데이터를 읽는다.
double readDouble()	64비트 부동소숫점 타입 데이터를 읽는다.
boolean readBoolean()	boolean 데이터를 읽는다.

표 7-6 DataOutputStream 클래스 주요 메서드

메서드	기능
void write(int b)	1바이트를 쓴다(출력한다).
void write(byte[] b, int off, int len)	바이트 배열 b의 오프셋 off 위치에서 len개의 바이트 만큼 쓴다.
void writeShort(int v)	16비트 정수형 타입 데이터를 쓴다.
void writeInt(int v)	32비트 정수형 타입 데이터를 쓴다.

메서드	기능
void writeLong(long v)	64비트 정수형 타입 데이터를 쓴다.
void writeFloat(float v)	32비트 부동소숫점 타입 데이터를 쓴다.
void writeDouble(doube v)	64비트 부동소숫점 타입 데이터를 쓴다.
void writeChar(int v)	1문자(16비트)를 출력한다.
void writeChars(String s)	스트링(string)을 출력한다.

BufferedInputStream 클래스와 BufferedOutputStream 클래스는 내부적으로 버퍼 기능이 제공되므로 입력 및 출력 시 해당 데이터가 준비되어 있지 않아서 발생할 수 있는 프로그램의 대기 시간을 줄일 수 있다. 따라서 네트워크를 통해 데이터를 주고받을 때 유용하게 사용된다. 이들 클래스의 생성자(constructor)는 다음과 같다.

```
BufferedInputStream(InputStream in)
      디폴트 크기의 버퍼를 사용한 바이트 입력 스트림을 생성한다.

BufferedInputStream(InputStream in, int size)
      주어진 크기의 버퍼를 사용한 바이트 입력 스트림을 생성한다.

BufferedOutputStream(OutputStream out)
      디폴트 크기의 버퍼를 사용한 바이트 출력 스트림을 생성한다.

BufferedOutputStream(OutputStream out, int size)
      주어진 크기의 버퍼를 사용한 바이트 출력 스트림을 생성한다.
```

주요 메서드는 다음과 같으며 기능은 앞에서 설명한 InputStream 클래스 및 OutputStream 클래스의 경우와 같다([표 7-3], [표 7-4] 참조).

```
int read()
int read(byte[] b, int off, int len)
void write(int b)
void write(byte[] b, int off, int len)
```

- **BufferedReader 클래스, BufferedWriter 클래스, FileReader 클래스, FileWriter 클래스, InputStreamReader 클래스와 OutputStreamWriter 클래스**

16비트 문자(character) 단위로 입출력하는 문자 스트림의 로우레벨 스트림에는 Reader 클래스와 Writer 클래스가 있다. 그러나 문자 스트림에서는 이와 같은 로우레벨 스트림을 직접 사용하지는 않고 여기서 파생된 하이레벨 스트림들을 사용한다. 이들 하이레벨 스트림 중에서 네트워크 프로그램에서 많이 사용되는 것이 버퍼 기능이 있는 BufferedReader 클래스와 BufferedWriter 클래스이다. BufferedReader 클래스와 BufferedWriter 클래스의 생성자는 다음과 같다.

```
BufferedReader(Reader in)
      디폴트 크기의 버퍼를 사용한 문자 입력 스트림을 생성한다.

BufferedReader(Reader in, int sz)
      주어진 크기의 버퍼를 사용한 문자 입력 스트림을 생성한다.

BufferedWriter(Writer out)
      디폴트 크기의 버퍼를 사용한 문자 출력 스트림을 생성한다.

BufferedWriter(Writer out, int sz)
      주어진 크기의 버퍼를 사용한 문자 출력 스트림을 생성한다.
```

[표 7-7]에 BufferedReader 클래스의 주요 메서드, [표 7-8]에 BufferedWriter 클래스의 주요 메서드를 각각 보였다.

표 7-7 BufferedReader 클래스 주요 메서드

메서드	기능
int read()	1문자를 읽는다(입력한다).
int read(char[] cbuf, int off, int len)	문자열을 읽어 배열 cbuf에 넣는다(off는 오프셋, len은 읽을 문자수).
String readLine()	1라인을 읽는다
void close()	문자 스트림을 닫는다.

표 7-8 BufferedWriter 클래스 주요 메서드

메서드	기능
void write(int c)	1문자를 쓴다(출력한다).
void write(char[] cbuf, int off, int len)	문자 배열을 쓴다(off는 오프셋, len은 쓸 문자수).
void write(String s, int off, int len)	스트링 s의 일부분을 쓴다(off는 오프셋, len은 쓸 문자수).
void newLine()	라인 분리자(줄바꿈)를 쓴다.
void close()	문자 스트림을 닫는다.

FileReader 클래스와 FileWriter 클래스는 파일에서 편리하게 문자 단위로 읽고 쓰는 기능을 제공한다(파일에서 바이트 단위로 읽고 쓰려면 FileInputStream과 FileOutputStream을 사용한다). 대표적인 생성자는 다음과 같다.

```
FileReader(File file)
    주어진 파일에 대해 FileReader 객체를 생성한다.

FileReader(String fileName)
    스트링(문자열) 타입으로 주어진 파일명에 대해 FileReader 객체를 생성한다.

FileWriter(File file)
    주어진 파일에 대해 FileWriter 객체를 생성한다.

FileWriter(String fileName)
    스트링(문자열) 타입으로 주어진 파일명에 대해 FileWriter 객체를 생성한다.
```

InputStreamReader 클래스와 OutputStreamWriter 클래스는 바이트 스트림을 문자 스트림으로 디코딩해 주는 기능을 한다. InputStreamReader 클래스와 OutputStreamWriter 클래스의 생성자는 각각 다음과 같다.

```
InputStreamReader(InputStream in)
      주어진 InputStream(바이트 단위)에 대해 InputStreamReader 객체를 생성한다.

OutputStreamWriter(OutputStream out)
      주어진 OutputStream(바이트 단위)에 대해 OutputStreamWriter 객체를 생성한다.
```

다음은 문자 스트림을 사용하는 예이다(예외 처리문은 생략하였다).

```
class Test_6 {
      public static void main(String [] args) {

            String str;
            FileReader file_in = new FileReader("test.txt");
            BufferedReader buff = new BufferedReader(file_in);

            while ((str = buff.readLine()) != null) {
                  System.out.println(s);
            }
      }
}
```

여기서는 FileReader를 사용해 파일 test.txt을 열고 BufferedReader 스트림을 만든 후 readLine() 메서드로 한 줄씩 화면에 출력하는 예이다.

7-4 자바 IP 주소 관련 클래스

유닉스/리눅스에서 제공하는 C 언어로 구현된 소켓(버클리 소켓)에서는 32비트 IP 주소 표현을 위해 구조체 addr_in을 사용하고, IP 주소와 포트번호를 모두 나타내는 소켓주소(socket address) 표현을 위해 구조체 sockaddr_in을 사용한다(5·2절 참조). 자바 네트워크 프로그램에서는 이들 구조체 대신 더욱 편리한 InetAddress 클래스를 사용한다.

● InetAddress 클래스

InetAddress 클래스는 IP 주소 변환을 위한 다양한 메서드를 제공한다. [표 7-9]에 InetAddress 클래스가 제공하는 메서드를 보였다(여기서 처리하는 IP 주소는 32비트 IPv4 주소이며 관련 클래스로 IPv6 주소를 처리하기 위한 Inet6Address가 있다).

표 7-9 InetAddress 클래스가 제공하는 메서드

메서드	기능
byte[] getAddress()	32비트 바이너리 형태의 IP 주소를 얻는다.
static InetAddress[] getAllByName(String host)	문자열로 주어진 호스트의 모든 IP 주소(InetAddress 타입)를 얻는다.
static InetAddress getByAddress(byte[] addr)	주어진 32비트 바이너리 IP 주소에 대한 InetAddress 객체(IP 주소)를 얻는다.
static InetAddress getByName(String host)	문자열로 주어진 호스트의 InetAddress 객체(IP 주소)를 얻는다.
String getHostAddress()	10진수 형태의 문자열 IP 주소(dotted decimal)를 얻는다. (예: 202.31.128.2)

String getHostName()	문자열 형태의 호스트 이름(도메인 네임)을 얻는다. (예: www.kumoh.ac.kr)
static InetAddress getLocalHost()	로컬 호스트의 InetAddress 객체(IP 주소)를 얻는다.
String toString()	IP 주소를 스트링(문자열) 형태로 바꾼다.

다음에 이들 메서드의 사용 예를 보였다.

» 자신의 IP 주소를 InetAddress 타입으로 얻으려면 getLocalHost() 메서드를 사용한다.

```
InetAddress local_inet_addr = InetAddress.getLocalHost();
```

» InetAddress 타입 주소에서 32비트 바이너리 형태의 IP 주소를 얻으려면 getAddress() 메서드를 사용한다.

```
byte[]  local_addr  = local_inet_addr.getAddress();
```

» InetAddress 타입 주소에서 10진수 형태(dotted decimal)의 문자열 IP 주소를 얻으려면 getHostAddress() 메서드를 사용한다.

```
String local_addr_decimal = local_inet_addr.getHostAddress();
```

» InetAddress 타입 주소에서 문자열 형태의 호스트 이름(도메인 네임)을 얻으려면 getHostName() 메서드를 사용한다.

```
String local_name = local_inet_addr.getHostName();
```

» 주어진 도메인 네임에 해당하는 32비트 바이너리 형태의 IP 주소를 얻으려면 다음과 같이 한다.

```
InetAddress target_inet_addr=InetAddress.getByName("www.kumoh.ac.kr");
byte[] local_addr=target_inet_addr.getAddress();
```

다음은 InetAddress 클래스의 사용 예를 보였다. 여기서는 입력 받은 도메인 이름에 해당하는 호스트의 IP 주소를 화면에 출력한다. 소스는 다음과 같다.

```
import java.awt.Frame;
import java.awt.TextArea;
import java.awt.TextField;
import java.awt.event.ActionEvent;
import java.awt.event.ActionListener;
import java.net.InetAddress;
import java.net.UnknownHostException;

    public class Test_7 {
    TextField in_txt;
    TextArea out_txt;

        public static void main (String args[]) {
            new Test_7().proc();
        }

        public void proc() {

            Frame frm = new Frame("Test_7");

              in_txt = new TextField("도메인명 : ");
              in_txt.addActionListener(new Search_A());
              out_txt = new TextArea();
```

```
                frm.add(out_txt, "Center");
                frm.add(in_txt, "South");
                frm.setSize(250, 250);
                frm.setVisible(true);

        }

            class Search_A implements ActionListener {
                public void actionPerformed(ActionEvent evt) {
                        String host = in_txt.getText();

                        try {
                          InetAddress addr = InetAddress.getByName(host);

                          out_txt.append  ("\n 검색된 IP 주소 : " +
                                            addr.getHostAddress());

                        } catch (UnknownHostException excp) {
                          out_txt.append ("\n getByName() 에러!");
                }
            }
        }
}
```

위에서 new Frame("Test_7"); 문에서 프레임을 만들고, new TextField(" "); 문에서 입력을 받을 텍스트 필드를 만들며, new TextArea(); 문에서 텍스트 출력 영역을 만든다. 다음 문에서 이벤트 처리를 위한 리스너 Search_A()를 등록한다.

```
in_txt.addActionListener(new Search_A());
```

리스너에서는 in_txt.getText(); 문에서 입력 받은 문자열 형태의 도메인 이름(예: 'www.kumoh.ac.kr')에 대해 InetAddress의 getByName() 메서드를 사용해 InetAddress 타입 주소를 얻고, 여기에서 10진수 형태의 문자열 IP 주소(예: "202.31.128.2")를 얻기 위해 getHostAddress() 메서드를 사용하였다. getByName() 메서드는 실행 중에 UnknownHostException 예외를 발생시킬 수 있으므로

try-catch 문을 사용해 예외를 처리해 주었다. [그림 7-8]에 실행 화면 예를 보였다.

그림 7-8 실행 화면 예

7-5 자바 소켓 클래스

C 언어로 구현된 유닉스/리눅스 소켓(버클리 소켓)에서는 서버와 클라이언트용 소켓의 구분이 없는 반면 자바에서는 이의 구분이 있는 점이 다르다. 소켓 생성을 위하여 유닉스/리눅스 소켓에서는 서버와 클라이언트 구분 없이 TCP인 경우 socket(AF_INET, SOCK_STREAM, 0) 함수를 사용하였고, UDP인 경우 socket(AF_INET, SOCK_DGRAM, 0) 함수를 사용하였다.

반면 자바에서는 소켓 생성을 위하여 TCP 클라이언트는 Socket 클래스, TCP 서버는 ServerSocket 클래스, UDP에서는 DatagramSocket 클래스를 각각 사용한다. 유닉스/리눅스 소켓에서는 socket() 함수를 호출한 후에 connect() 함수를 호출하여야 서버와 연결되는 반면 자바에서는 소켓 객체를 만들 때 바로 서버와 연결이 이루어진다(물론 이를 위해서는 서버 프로세스는 미리 실행되고 있어야 한다).

● Socket 클래스

표 7-10 Socket 클래스 생성자 포맷

생성자 포맷	기능
Socket(InetAddress address, int port)	소켓을 생성하고 주어진 서버 주소(InetAddress 타입) 및 포트번호에 연결한다.
Socket(InetAddress address, int port, InetAddress localAddr, int localPort)	주어진 로컬 호스트 주소(InetAddress 타입) 및 로컬 포트번호로 소켓을 생성하고 주어진 서버 주소(InetAddress 타입) 및 포트번호에 연결한다.
Socket(String host, int port)	소켓을 생성하고 주어진 서버 주소(문자열 타입) 및 포트번호에 연결한다.

생성자 포맷	기능
Socket(String host, int port, InetAddress localAddr, int localPort)	주어진 로컬 호스트 주소(문자열 타입) 및 로컬 포트번호로 소켓을 생성하고 주어진 서버 주소(문자열 타입) 및 포트번호에 연결한다.

자바에서는 Socket 클래스에서 IP 주소, 포트번호 등에 대해 네트워크 순서로의 바이트 변환(즉 데이터 정렬에서 big-endian 방식)을 처리해 주므로 C 언어로 소켓 구현 시 사용되는 htons(), htonl() 등과 같은 순서 변환 함수를 사용할 필요가 없다. Socket 클래스 생성자 포맷은 [표 7-10]과 같다. 다음에 생성자 사용 예를 보였다.

```
String str = "www.kumoh.ac.kr";
int svr_pt = 3000;
Socket sock = new Socket(str, svr_pt);
```

» 클라이언트에서 소켓 객체를 생성하고 주어진 서버 주소(포트번호 3000)와의 연결이 이루어진다.

```
InetAddress svr_addr = InetAddress,getByName("www.kumoh.ac.kr");
int svr_pt = 3000;
InetAddress local_addr = InetAddress.getLocalHost() ;
int local_pt = 5500;
Socket sock = new Socket(svr_addr, svr_pt, local_addr, local_pt);
```

» 클라이언트에서 소켓 생성 시 자신의 로컬 주소와 로컬 포트번호를 명시한 경우이다. 소켓 생성 후 서버와의 연결이 이루어진다.

[표 7-11]에는 Socket 클래스가 제공하는 주요 메서드를 보였다.

표 7-11 Socket 클래스 주요 메서드

메서드	기능
void connect(SocketAddress endpoint)	서버와 소켓을 연결한다.
InetAddress getInetAddress()	소켓이 연결된 상대방의 InetAddress를 얻는다.
InputStream getInputStream()	이 소켓의 InputStream을 얻는다.
OutputStream getOutputStream()	이 소켓의 OutputStream을 얻는다
InetAddress getLocalAddress()	이 소켓이 바인드된 InetAddress를 얻는다.
int getLocalPort()	이 소켓이 바인드된 포트번호를 얻는다.
int getPort()	소켓이 연결된 상대방의 포트번호를 얻는다.
void close()	소켓을 닫는다.

소켓이 상대방과 연결된 후에는 이 소켓의 입력 스트림(InputStream)과 출력 스트림(OutputStream)을 통하여 데이터를 송수신한다. 이때 위의 메서드들 중에서 getInputStream()과 getOutputStream()을 사용하면 바이트 단위 로우레벨 스트림인 InputStream과 OutputStream을 얻을 수 있다. 다음에 사용 예를 보였다.

```
String svr = "test1.kumoh.ac.kr";
int svr_port = 5000;
Socket sock = new Socket(svr, svr_port);
InputStream in_strm = sock.getInputStream();
byte tmp;
while (true) {
      tmp =  in_strm.read();
      .................
}
```

» 소켓을 생성해 서버와 연결 후 getInputStream() 메서드를 사용해 바이트 단위 입력 스트림인 InputStream을 얻은 후, 여기서 read() 메서드를 사용해 한 바이트씩 입력한다.

```
int recv_data;
String svr = "test1.kumoh.ac.kr";
int svr_port = 5000;
Socket sock = new Socket(svr, svr_port);
DataInputStream data_in = new DataInputStream(new
                BufferedInputStream(sock.getInputStream());
recv_data =  data_in.readInt();
```

» 소켓의 getInputStream() 메서드에서 로우레벨 바이트 스트림 InputStream을 얻고, 이것을 버퍼 기능이 제공되는 하이레벨 바이트 스트림 BufferedInputStream으로 만들고, 다시 DataInputStream으로 만들어 readInt() 메서드를 사용해 32비트 데이터(정수)를 얻고 있다.

BufferedInputStream 클래스와 BufferedOutputStream 클래스는 내부적으로 버퍼 기능이 제공되므로 입력 및 출력 시 발생할 수 있는 프로그램 대기 시간을 줄일 수 있어 네트워크를 통한 데이터 송수신에 유용하다. 다음에 사용 예를 보였다.

```
String svr = "test1.kumoh.ac.kr";
int svr_port = 5000;
Socket sock = new Socket(svr, svr_port);
BufferedReader buff_recv = new BufferedReader(new
                          InputStreamReader(sock.getInputStream()));
BufferedWriter buff_send = new BufferedWriter(new
                          OutputStreamWriter(sock.getOutputStream()));
```

» 서버와 연결된 소켓에서 하이레벨 문자 입력/출력 스트림인 BufferedReader와 BufferedWriter를 얻는 경우이다. 먼저 소켓의 getInputStream() 메서드를 사용해 바이트 단위 입력 스트림 InputStream을 얻은 후, 프로그램 상에서는 유니코드 문자 단위(16비트)의 입출력이 편리한 경우가 많으므로 바이트 스트림을 문자 스트림으로 디코딩해 주는 Input

StreamReader 클래스와 OutputStreamWriter 클래스를 사용하였다. 다음 네트워크를 통한 데이터 전송에 효율적인 입출력 버퍼를 제공하는 클래스인 BufferedReader와 BufferedWriter를 사용하였다.

다음에 사용자가 입력한 메시지를 서버로 전송하고 다시 서버에서 보내온 메시지를 화면에 출력하는 간단한 TCP 클라이언트 프로그램 소스를 보였다.

```
import java.io.BufferedReader;
import java.io.BufferedWriter;
import java.io.IOException;
import java.io.InputStreamReader;
import java.io.OutputStreamWriter;
import java.net.InetAddress;
import java.net.Socket;

      public class Test_8 {
             public static void main(String[] args) {

             try {
                    InetAddress svr = InetAddress.getLocalHost();
                    int svr_port = 5000;

                    Socket sock = new Socket(svr, svr_port);

                    BufferedWriter buff_send = new BufferedWriter( new
                                               OutputStreamWriter(sock.getOutput-
                                               Stream()));
                    BufferedReader buff_recv = new BufferedReader( new
                                               InputStreamReader(sock.getInput-
                                               Stream()));

                    BufferedReader buff_msg = new BufferedReader(new
                                              InputStreamReader(System.in));

                    while (true) {
                       System.out.print("메시지 입력 : ");

                       String msg_send = buff_msg.readLine();
                       buff_send.write(msg_send, 0, msg_send.length());

                       buff_send.newLine();
```

```
                    buff_send.flush();

                    System.out.print("메시지 송신 완료...연결 TCP 서버 포트번호:" +
                                   svr_port);

                    String msg_recv = buff_recv.readLine();
                    System.out.println("\n서버 응답 메시지 : "+ msg_recv + "\n":);
                }
            } catch(IOException excp) {
                System.out.println(excp);
            }
    }
}
```

위 소스에서 InetAddress svr = InetAddress.getLocalHost(); 문은 하나의 호스트에서 클라이언트와 서버 프로그램을 모두 실행시키기 위해 서버 주소를 호스트 자신으로 하였다. 또는 InetAddress inetaddr = InetAddress.getByName("localhost");와 같이 해도 된다. 서버와 연결된 소켓에서 다음 문을 사용해 문자 버퍼 입력 스트림 BufferedReader와 버퍼 출력 스트림 BufferedWriter를 얻는다.

```
BufferedWriter buff_send = new BufferedWriter( new
                         OutputStreamWriter(sock.getOutputStream()));
BufferedReader buff_recv = new BufferedReader( new
                         InputStreamReader(sock.getInputStream()));
```

다음 문은 사용자 키보드 입력을 라인 단위로 받기 위해서 표준입력인 System.in을 하이레벨 문자 스트림인 BufferedReader에 연결하였다.

```
BufferedReader buff_msg = new BufferedReader(new
                        InputStreamReader(System.in));
```

다음 문에서 BufferedReader 스트림의 readLine() 메서드를 사용해 라인 단위로 사용자 메시지를 입력하고, 버퍼 출력 스트림 BufferedWriter의 write() 메서드를 사용해 서버로 전송한다.

```
msg_send = buff_msg.readLine();
msg_send.write(msg_send, 0, msg_send.length());
```

다음 buff_send.newLine(); 문에서 라인 분리자(줄바꿈 문자)를 전송하고 msg_send.flush(); 문에서 버퍼의 내용을 강제로 전송한다. 이는 TCP 연결에서 버퍼가 채워져야 전송되므로 작은 크기의 메시지의 경우 전송이 지연될 수 있기 때문이다. 다음 문에서는 버퍼 입력 스트림 BufferedReader의 readLine() 메서드를 사용해 라인 단위로 메시지를 수신한다.

```
msg_recv = buff_recv.readLine();
```

윈도우의 명령 프롬프트 창에서 위 프로그램의 실행 예를 다음 [그림 7-9]에 보였다. 사용자가 입력한 메시지가 서버로 전달되고 다시 서버에서 돌려보내 온 것을 볼 수 있다.

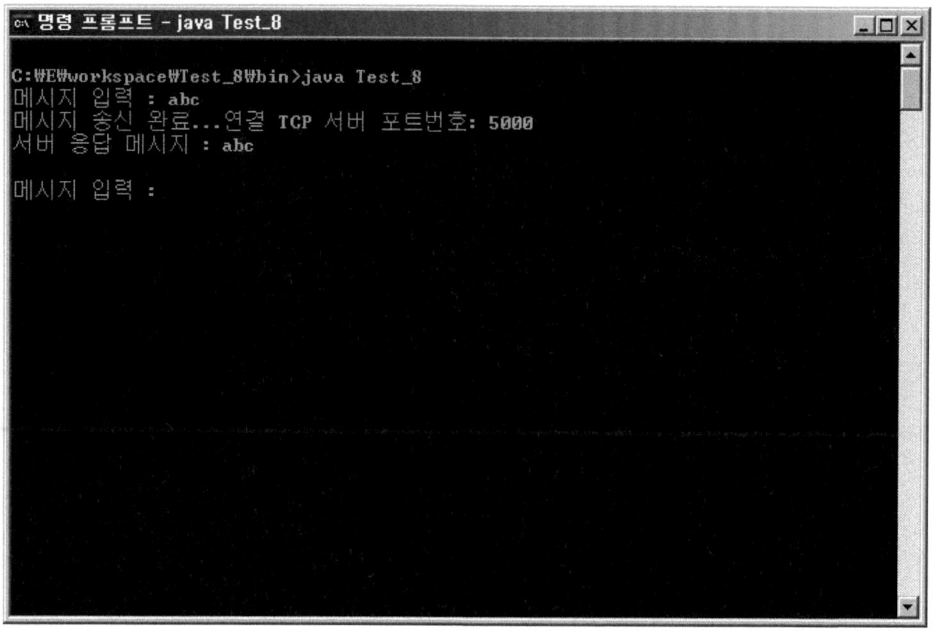

그림 7-9 TCP 클라이언트 프로그램 실행 예

7-6 자바 서버 소켓 클래스

앞 절에서 TCP 프로토콜을 사용하는 클라이언트는 소켓을 만들기 위해 자바 Server 클래스를 사용하였는데, TCP 서버는 이와는 달리 ServerSocket 클래스를 사용한다.

● ServerSocket 클래스

TCP 서버는 ServerSocket 객체를 생성하고 이어서 accept() 메서드를 호출하여 클라이언트로부터의 연결 요청을 기다린다. 5·3절에서 설명한 유닉스/리눅스의 C 소켓에서는 TCP 서버의 경우 socket() 함수로 소켓 디스크립터를 얻고 bind()와 listen() 함수를 차례로 부른 후, accept() 함수에서 클라이언트로부터의 연결을 기다렸으나, 자바의 경우 ServerSocket 객체를 생성하면서 내부적으로 bind()와 listen() 함수 기능이 수행된다.

ServerSocket 클래스의 생성자를 다음에 보였다.

- **ServerSocket(int port)**

  주어진 포트번호를 가진 ServerSocket 객체를 생성한다.

- **ServerSocket(int port, int backlog)**

  주어진 포트번호와 backlog를 가진 ServerSocket 객체를 생성한다(backlog는 클라이언트로부터의 연결 요청을 대기하는 개수이며 디폴트는 50이다).

- **ServerSocket(int port, int backlog, InetAddress bindAddr)**

  주어진 포트번호와 backlog를 가진 ServerSocket 객체를 생성한다. 멀티홈

(multihomed) 서버(복수의 IP 주소를 가진 서버)의 경우 이 생성자를 사용해 지정된 IP 주소 bindAddr로 들어오는 연결 요청만 받도록 할 수 있다(멀티홈 서버 경우는 기본값으로 서버의 모든 IP 주소로 오는 연결 요청을 받아들인다).

- **ServerSocket()**

  포트번호 없이 ServerSocket 객체를 생성한다.

[표 7-12]에 ServerSocket 클래스가 제공하는 주요 메서드를 보였다.

표 7-12 ServerSocket 클래스 주요 메서드

메서드	기능
Socket accept()	이 소켓으로 들어오는 상대방의 연결 요청을 받아들인다. 이 때 리턴되는 Socket 객체를 사용해 상대방과 데이터를 주고 받는다.
void bind(SocketAddress endpoint)	주어진 주소(endpoint)와 소켓을 바인드시킨다.
InetAddress getInetAddress()	서버 자신의 주소(InetAddress 타입)를 얻는다.
int getLocalPort()	소켓이 사용하는 포트번호를 얻는다.
int getReceiveBufferSize()	소켓이 사용하는 버퍼 크기를 얻는다.
void close()	서버 소켓을 닫는다.

다음에 ServerSocket 클래스의 사용 예를 보였다.

```
int svr_port = 5000;
Socket sock_client;
ServerSocket sock_svr = new ServerSocket(svr_port);
sock_client = sock_svr.accept();
InputStream strm_in = sock_client.getInputStream();
```

» 위에서 주어진 포트번호(5000)를 사용해 ServerSocket 객체가 생성되면 이 포트번호로 클라이언트로부터의 연결 요청을 기다린다. 클라이언트와

연결이 이루어지면 이 내용이 큐에 저장된다. sock_client = sock_svr.accept(); 문을 통하여 ServerSocket 객체의 accept() 메서드가 호출되면 큐에 있던 연결 정보를 Socket 타입 객체 sock_client로 리턴한다. 이 sock_client를 사용해 클라이언트와 데이터를 송수신한다. 여기서는 Socket 클래스의 getInputStream() 메서드를 사용해 InputStream을 얻고 있다.
위 예에서 클라이언트와의 연결 정보가 저장되는 큐의 크기를 backlog라 하고 디폴트로 50이다. 이 backlog 크기를 바꾸려면 앞에서 나온 ServerSocket 클래스의 생성자에서 backlog 파라미터를 명시하면 된다.

다음은 클라이언트가 보내온 메시지를 수신하고 그 내용을 다시 상대방에게 돌려보내는 TCP 서버 프로그램 소스를 보였다.

```
import java.io.IOException;
import java.io.InputStream;
import java.io.OutputStream;
import java.net.ServerSocket;
import java.net.Socket;

public class Test_9 {
      public static void main (String[] args) throws IOException{

            int svr_port = 5000;

            ServerSocket sock_svr = new ServerSocket(svr_port);
            System.out.println("서버 대기 중....");

            Socket sock_client = sock_svr.accept();

            InputStream strm_in = sock_client.getInputStream();
            OutputStream strm_out = sock_client.getOutputStream();

            while (true) {
                  int char_recv = strm_in.read();
                  System.out.println("수신 문자 ASCII 코드 : " +  char_recv);

                  strm_out.write(char_recv);
                  System.out.println("수신메시지 송신 완료\n");
```

```
            }
        }
}
```

위에서는 ServerSocket sock_svr = new ServerSocket(svr_port); 문에서 주어진 포트번호(5000)의 ServerSocket 객체를 생성하고 Socket sock_client = sock_svr.accept(); 문에서 연결된 클라이언트와 통신할 Socket 객체를 얻는다. 이 Socket 객체로부터 다음 문에서 InputStream 객체와 OutputStream 객체를 각각 얻는다.

```
InputStream strm_in = sock_client.getInputStream();
OutputStream strm_out = sock_client.getOutputStream();
```

다음 문에서는 InputStream 객체의 read() 메서드를 사용해 클라이언트로부터 1바이트를 수신하고 OutStream 객체의 write() 메서드를 사용해 이를 다시 상대방에게 송신한다.

```
int char_recv = strm_in.read();
strm_out.write(char_recv);
```

read() 메서드는 32비트 정수 값을 리턴하고 write() 메서드는 32비트 정수 값이 인자로 전달되는데 실제로는 이 중 가장 아래쪽 8비트만 사용한다. [그림 7-10]은 MS 윈도우의 명령 프롬프트 창에서 위 프로그램의 실행 예를 보였다. 여기서는 앞의 [그림 7-9](클래스 Test_8 실행 화면)에서 서버에게 문자열 “abc”를 보낸 경우의 화면 출력이다. 화면에 영문자 a, b, c 각각에 대한 ASCII 코드(10진수로 97, 98, 99)가 표시되고, 숫자 13과 10은 라인 분리자(16진수로 0x0D와 0x0A) 코드인데, 이것은 앞의 클래스 Test_8의 소스에서 사용자 입력을 받은 후 줄 단위 구분을 위해 newLine() 메서드를 사용해 추가로 전송한 것이다.

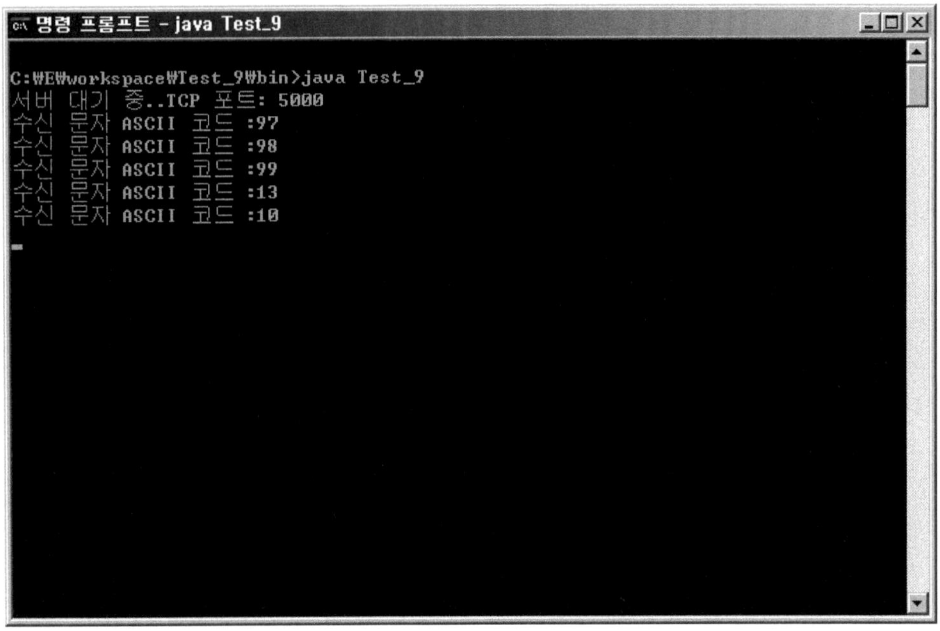

그림 7-10 TCP 서버 실행 화면

자바 네트워크 프로그래밍 응용

CHAPTER

[8]

8-1 자바 데이터그램 소켓 클래스

자바에서는 유닉스/리눅스 C 소켓과는 달리 UDP 소켓을 생성하기 위해 DatagramSocket 클래스를 사용하여야 한다. C 언어로 구현된 유닉스/리눅스 소켓에서는 서버와 클라이언트용 소켓의 구분이 없는 반면 자바에서는 이의 구분이 있고, 소켓 생성을 위하여 BSD 소켓의 경우 서버와 클라이언트 구분 없이 TCP인 경우 socket(AF_INET, SOCK_STREAM, 0) 함수를 사용하였고, UDP인 경우 socket(AF_INET, SOCK_DGRAM, 0) 함수를 사용하였다.

반면 자바에서는 소켓 생성을 위하여 TCP 클라이언트는 Socket 클래스, TCP 서버는 ServerSocket 클래스, UDP 클라이언트와 서버는 DatagramSocket 클래스를 각각 사용한다. 여기서는 DatagramSocket 클래스를 이용한 예를 설명한다.

● DatagramSocket 클래스

DatagramSocket 클래스로 생성된 UDP 소켓(데이터그램 소켓)을 통해 UDP 패킷을 송수신하기 위해서는 DatagramPacket 클래스를 사용한다. [표 8-1]에 DatagramSocket 클래스의 주요 생성자를 보였고, [표 8-2]에 DatagramSocket 클래스가 제공하는 주요 메서드를 보였다.

표 8-1 DatagramSocket 클래스 주요 생성자

생성자	설명
DatagramSocket()	소켓(데이터그램 소켓) 생성 시 임의의 포트번호를 사용한다.
DatagramSocket(int port)	주어진 포트번호를 사용해 소켓을 생성한다.

DatagramSocket (int port, InetAddress addr)	복수개 IP 주소를 가진 호스트에서 사용하며 소켓 생성 시 주어진 IP 주소와 바인드된다. 따라서 호스트의 모든 IP 주소로 오는 패킷을 수신하는 대신 주어진 IP 주소로 오는 패킷만을 수신한다.

표 8-2 DatagramSocket 클래스 주요 메서드

메서드	기능
void connect (InetAddress address, int port)	주어진 주소와 포트번호를 가진 호스트와 연결한다.
InetAddress getInetAddress()	연결된 호스트의 주소(InetAddress 타입)를 리턴한다.
void send(DatagramPacket p)	소켓에서 데이터그램 패킷을 송신한다.
void receive(DatagramPacket p)	소켓에서 데이터그램 패킷을 수신한다.
InetAddress getLocalAddress()	호스트의 로컬 주소를 리턴한다.
int getLocalPort()	소켓이 바인드된 호스트의 로컬 포트번호를 리턴한다.
void setBroadcast(boolean on)	브로드캐스트를 ON/OFF한다.
void close()	소켓을 닫는다.

DatagramSocket 클래스로 생성된 소켓을 통해 데이터그램 패킷을 송수신하기 위해서는 DatagramPacket 클래스를 사용한다. [표 8-3]에 DatagramPacket 클래스의 주요 생성자를 보였고, [표 8-4]에 DatagramPacket 클래스가 제공하는 주요 메서드를 보였다.

표 8-3 DatagramPacket 클래스 주요 생성자

생성자	설명
DatagramPacket(byte[] buf, int length)	수신용 데이터그램 패킷 생성자이다. 파라미터 buf는 수신 데이터가 들어갈 바이트 배열이고, length는 수신할 수 있는 최대 바이트 수이며, 보통 buf 길이와 동일하게 설정한다. 길이가 length보다 큰 데이터그램이 수신되면 길이 length 이후의 데이터는 손실된다.
DatagramPacket(byte[] buf, int length, InetAddress addr, int port)	송신용 데이터그램 패킷 생성자이다. 파라미터 addr은 상대방 주소(InetAddress 타입)이고, port는 상대방 포트번호이다. buf는 송신 데이터가 들어 있는 바이트 배열이고, length는 송신할 데이터의 바이트 수이다. 이때 length 길이는 buf 길이를 초과할 수 없다.

생성자	설명
DatagramPacket(byte[] buf, int offset, int length)	수신용 데이터그램 패킷 생성자이다. 파라미터 offset은 수신용 버퍼 buf에 대한 오프셋 값이다.
DatagramPacket(byte[] buf, int offset, int length, InetAddress address, int port)	송신용 데이터그램 패킷 생성자이다. 파라미터 offset은 송신용 버퍼 buf에 대한 오프셋 값이다.

표 8-4 DatagramPacket 클래스 주요 메서드

메서드	기능
InetAddress getAddress()	수신된 데이터그램 패킷을 보내온 상대방의 IP 주소를 얻거나, 송신 데이터그램 패킷의 목적지 주소를 얻는다.
byte[] getData()	수신 및 송신 데이터 버퍼 내용을 리턴한다.
void setData(byte[] buf)	데이터 버퍼 buf의 내용을 주어진 값으로 설정한다.
int getLength()	수신된 데이터 길이나 송신한 데이터 길이를 리턴한다.
int getPort()	수신된 데이터그램 패킷을 보내온 상대방의 포트번호를 얻거나, 송신 데이터그램 패킷의 목적지 포트번호를 얻는다.
void setPort(int port)	데이터그램 패킷이 보내어질 상대방의 포트번호를 설정한다.
SocketAddress getSocketAddress()	수신된 데이터그램 패킷을 보내온 상대방의 소켓주소(IP 주소 + 포트번호)를 얻거나, 송신 데이터그램 패킷의 소켓주소를 얻는다.

이상에서 설명한 DatagramSocket 클래스를 이용한 간단한 UDP 클라이언트/서버 프로그램 예를 다음에 보였다. UDP 클라이언트 프로그램에서는 사용자가 입력한 메시지를 서버로 전송하고 다시 서버에서 보내온 메시지를 화면에 출력하는 간단한 동작을 한다. UDP 서버 프로그램에서는 클라이언트가 보내온 메시지를 수신하고 그 내용을 다시 상대방에게 돌려 보내는 동작을 한다.

UDP 클라이언트 프로그램 소스는 다음과 같다.

```
import java.io.BufferedReader;
import java.io.IOException;
import java.io.InputStreamReader;
import java.net.DatagramPacket;
import java.net.DatagramSocket;
import java.net.InetAddress;

public class Test_10 {
      public static void main(String[] args) {
            byte tmp_buff[] = new byte[256];
            int svr_port = 5100;

            try {

                  InetAddress svr = InetAddress.getByName("localhost");
                  DatagramSocket sock = new DatagramSocket();

                  BufferedReader buff_msg = new BufferedReader(new
                                          InputStreamReader(System.in));

                     while (true) {
                           System.out.print("메시지 입력 : ");
                           String msg_send = buff_msg.readLine();
                           tmp_buff = msg_send.getBytes();

                           DatagramPacket dgram_tx = new DatagramPacket
                                                (tmp_buff, tmp_buff.
                                                length, svr, svr_port);
                           sock.send (dgram_tx);
                           System.out.print("메시지 송신 완료...UDP 서버 포트번호:"
                                       + svr_port);

                           DatagramPacket dgram_rx = new DatagramPacket
                                                (tmp_buff, tmp_buff.
                                                length);
                           sock.receive (dgram_rx);

                           String svr_msg = new String(tmp_buff);
                           System.out.println("\n서버 응답 메시지 : "+ svr_msg);
                     }
                  } catch (IOException excp) {
                     System.out.println(excp);
```

```
            }
        }
    }
```

위 소스에서 InetAddress svr = InetAddress.getByName("localhost"); 문은 하나의 호스트에서 클라이언트와 서버 프로그램을 모두 실행시키기 위해 서버 주소를 로컬 호스트 자신으로 한다. 다음 DatagramSocket sock = new DatagramSocket(); 문에서 데이터그램 소켓을 만든다. 다음 문에서 BufferedReader 스트림의 readLine() 메서드를 사용해 라인 단위로 사용자 메시지를 입력한다.

```
BufferedReader buff_msg = new BufferedReader(new
                        InputStreamReader(System.in));
String msg_send = buff_msg.readLine();
```

다음 tmp_buff = msg_send.getBytes(); 문에서 입력 받은 문자열을 바이트 배열로 변환한다. 다음 문에서 송신용 데이터그램 패킷 dgram_tx를 생성하고(이때 서버 주소와 서버 포트번호를 각각 지정한다), 소켓의 send() 메서드를 사용해 메시지를 전송한다.

```
DatagramPacket dgram_tx = new DatagramPacket (tmp_buff, tmp_buff.length, svr, svr_port);
sock.send (dgram_tx);
```

다음 문에서 수신용 데이터그램 패킷 dgram_rx를 생성하고 소켓의 receive() 메서드를 사용해 서버가 보내온 응답 메시지를 수신한다.

```
DatagramPacket dgram_rx = new DatagramPacket (tmp_buff, tmp_buff.length);
sock.receive (dgram_rx);
```

다음 문에서 수신된 응답 메시지를 문자열로 바꾸어 콘솔 화면에 출력한다.

```
String svr_msg = new String(tmp_buff);
System.out.println("\n서버 응답 메시지 : "+ svr_msg);
```

UDP 서버 프로그램 소스는 다음과 같다.

```
import java.net.*;
import java.io.*;
import java.io.IOException;

public class Test_11 {
      public static void main (String[] args) {

            int svr_port = 5100;
            byte tmp_buff[] = new byte[256];

            try {
                DatagramSocket sock = new DatagramSocket(svr_port);

                System.out.println("서버 대기 중 ... UDP 포트: " + svr_port);

                while (true) {
                   DatagramPacket dgram_rx = new DatagramPacket(tmp_buff,
                                                 tmp_buff.length);
                   sock.receive(dgram_rx);

                   System.out.println("\n 메시지 수신 완료");

                   DatagramPacket dgram_tx = new DatagramPacket(dgram_
                                                 rx.getData(), dgram_rx.getLength(),
                                                 dgram_rx.getAddress(), dgram_
                                                 rx.getPort());

                   sock.send(dgram_tx);
                   System.out.println("\n 메시지 송신 완료");
                   }
            } catch (IOException excp) {
                   System.out.println(excp);
```

```
            }
        }
    }
```

위 소스에서 new DatagramSocket(svr_port); 문에서 주어진 포트번호(5100)를 사용해 데이터그램 소켓을 만든다. 다음 문에서 수신용 데이터그램 패킷 dgram_rx을 생성하고 소켓의 receive() 메서드를 사용해 클라이언트가 보내온 메시지를 수신한다.

```
DatagramPacket dgram_rx = new DatagramPacket(tmp_buff, tmp_buff.length);
sock.receive(dgram_rx);
```

다음 문에서 송신용 데이터그램 패킷 dgram_tx를 생성하고(이때 수신용 데이터그램 패킷에 들어있는 수신 데이터, 상대방 주소와 포트번호를 사용한다), 소켓의 send() 메서드를 사용해 클라이언트에게 수신한 메시지를 다시 전송한다.

```
DatagramPacket dgram_tx = new DatagramPacket(dgram_rx.getData(), dgram_
                          rx.getLength(), dgram_rx.getAddress(), dgram_
                          rx.getPort());
sock.send(dgram_tx);
```

[그림 8-1]과 [그림 8-2]에 윈도우의 명령 프롬프트 창에서 위에서 설명한 UDP 서버와 클라이언트 프로그램의 실행 예를 보였다. 사용자가 입력한 메시지가 서버로 전달되고 다시 서버에서 돌려보내 온 것을 볼 수 있다.

그림 8-1 UDP 서버 프로그램 실행 화면

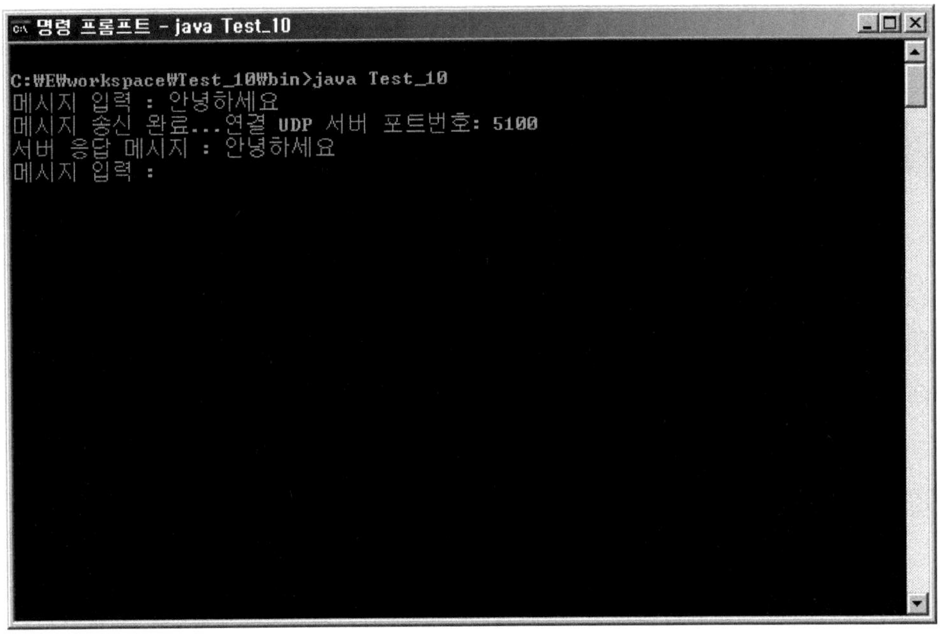

그림 8-2 UDP 클라이언트 프로그램 실행 화면

8-2 자바 멀티캐스트 소켓 클래스

자바 MulticastSocket 클래스는 멀티캐스트 그룹 가입 및 탈퇴 메서드 등 멀티캐스트 전송 관련 기능이 지원되며 8-1절의 DatagramSocket 클래스를 상속한 것이다(따라서 DatagramSocket 클래스가 제공하는 메서드는 모두 지원한다).

● MulticastSocket 클래스

[표 8-5]에 MulticastSocket 클래스의 주요 생성자를 보였고, [표 8-6]에는 DatagramSocket 클래스가 제공하는 메서드들은 제외하고 MulticastSocket 클래스에서 추가된 주요 메서드들만 보였다.

표 8-5 MulticastSocket 클래스 주요 생성자

생성자	설명
MulticastSocket()	멀티캐스트 소켓을 생성한다.
MulticastSocket(int port)	주어진 포트번호를 사용해 멀티캐스트 소켓을 생성한다.
MulticastSocket (SocketAddress bindaddr)	주어진 소켓주소를 사용해 멀티캐스트 소켓을 생성한다.

표 8-6 MulticastSocket 클래스에서 추가된 주요 메서드

메서드	기능
InetAddress getInterface()	멀티캐스트 패킷이 사용하는 인터페이스 주소를 리턴한다.
void joinGroup (InetAddress mcastaddr)	멀티캐스트 그룹에 가입한다.

void joinGroup (SocketAddress mcastaddr, NetworkInterface netIf)	주어진 인터페이스를 통해 멀티캐스트 그룹에 가입한다.
void leaveGroup (InetAddress mcastaddr)	멀티캐스트 그룹에서 탈퇴한다.
void leaveGroup (SocketAddress mcastaddr, NetworkInterface netIf)	주어진 인터페이스를 사용하는 멀티캐스트 그룹에서 탈퇴한다.
void setInterface (InetAddress inf)	주어진 인터페이스를 멀티캐스트 패킷이 사용하도록 한다.
void setTimeToLive(int ttl)	멀티캐스트 패킷의 기본 TTL 값을 주어진 값으로 설정한다.

멀티캐스트 패킷 수신을 위해서는 [표 8-6]의 joinGroup() 메서드를 사용해 멀티캐스트 그룹에 가입 후 DatagramSocket 경우와 동일하게 사용하면 된다. 즉 다음 예와 같이 DatagramPacket 객체를 만들고 MulticastSocket의 receive() 메서드를 사용한다.

```
MulticastSocket sock_multi = new MulticastSocket(port_number);
sock_multi.joinGroup(multi_group_addr);

DatagramPacket dgram_multi_rx = new DatagramPacket(buffer, buffer.length);
sock_multi.receive(dgram_multi_rx);
```

멀티캐스트 패킷의 송신은 8-1절에서 설명한 일반 UDP 패킷의 송신과 동일하게 DatagramSocket과 DatagramPacket을 사용하면 된다.

MulticastSocket 클래스를 이용한 간단한 멀티캐스트 채팅 프로그램의 예를 다음에 보였다. 여기서는 멀티캐스트 패킷을 수신하는 부분과 송신하는 부분을 각각 스레드(thread)로 구성하였다. 프로그램 실행은 윈도우 명령 프롬프트 창에서 'java 클래스명 참가자 명'과 같이 하면 된다.

```
import java.io.BufferedReader;
import java.io.IOException;
import java.io.InputStreamReader;
import java.net.DatagramPacket;
import java.net.DatagramSocket;
import java.net.InetAddress;
import java.net.MulticastSocket;
import java.net.UnknownHostException;

public class Test_12 {

      static String participant;
      static InetAddress multi_group;
      static int port_number = 5500;

      public static void main(String[] args) {
      String multi_group_addr = "231.3.3.3"; //멀티캐스트 그룹주소

              try {
              multi_group = InetAddress.getByName(multi_group_addr);
              } catch (UnknownHostException excp) { System.err.println(excp); }

              participant = "<<" + args[0] + ">>"; //참가자 이름

              Test_12 obj_tst = new Test_12();
              obj_tst.new Chatt_rx().start();
              obj_tst.new Chatt_tx().start();
      }


      public class Chatt_rx extends Thread  {

              public void run() {
                  byte[] buff = new byte[256];
                  try {
                     MulticastSocket sock_multi = new MulticastSocket(port_number);
                     sock_multi.joinGroup(multi_group);

                     while(true) {
                        DatagramPacket dgram_multi_rx = new DatagramPacket(buff,
                                                                     buff.length);

                        sock_multi.receive(dgram_multi_rx);
```

```
                    String msg = new String(dgram_multi_rx.getData(), 0,
                    dgram_multi_rx.getLength());
                    System.out.print("수신메시지 : ");
                    System.out.println(msg);

                }
                    } catch (IOException excp) {
                    System.err.println(excp);
            }
    }
}


public class Chatt_tx extends Thread {

    public void run() {
        byte[] buff = new byte[256];

        try {
          BufferedReader in_msg = new BufferedReader(new
                                  InputStreamReader(System.in));

          DatagramSocket sock_tx = new DatagramSocket();
          System.out.print("메시지입력가능(이후 별도 프롬프트없이 필요시 입력)");

          while (true) {
                  String tmp = participant + in_msg.readLine();

                  buff = tmp.getBytes();

                  DatagramPacket packet_tx = new DatagramPacket(buff,
                     buff.length, multi_group, port_number);

                          sock_tx.send(packet_tx);
                     }
                  } catch (IOException excp) { System.err.println(excp); }
            }
    }
}
```

위 소스에서 multi_group = InetAddress.getByName(multi_group_addr); 문에서 주어진 멀티캐스트 그룹 주소(231.3.3.3)를 InetAddress 타입으로 얻는다(멀티캐

스트 그룹 주소는 IP 클래스 D 범위 내에서 원하는 주소로 변경할 수 있다). 다음 문에서 멀티캐스트 패킷을 수신하는 스레드 Chatt_rx()와 송신하는 스레드 Chatt_tx()를 생성해 시작한다.

```
Test_12 obj_tst = new Test_12();
obj_tst.new Chatt_rx().start();
obj_tst.new Chatt_tx().start();
```

스레드 Chatt_rx()의 다음 문에서 멀티캐스트 패킷 수신을 위해서 Multicast Socket 클래스의 joinGroup() 메서드를 사용해 멀티캐스트 그룹에 가입한다.

```
MulticastSocket sock_multi = new MulticastSocket(port_number);
sock_multi.joinGroup(multi_group);
```

다음 문에서 MulticastSocket의 receive() 메서드의 인수로 DatagramPacket 객체(dgram_multi_rx)를 사용해 가입된 멀티캐스트 그룹 주소로 보내진 패킷을 수신한다.

```
sock_multi.receive(dgram_multi_rx);
```

스레드 Chatt_tx()에서는 BufferedReader in_msg = new BufferedReader(new InputStreamReader(System.in)); 문에서 키보드로부터의 메시지를 입력 받아 다음 문에서 참가자 이름과 합친 후 전송을 위해 바이트 열로 변환한다.

```
String tmp = participant + in_msg.readLine();
buff = tmp.getBytes();
```

다음 문에서 MulticastSocket의 send() 메서드의 인수로 DatagramPacket 객체(packet_tx)를 사용해 참가자 이름이 포함된 메시지를 멀티캐스트 그룹 주소로 송신한다.

```
DatagramPacket packet_tx = new DatagramPacket(buff,
                           buff.length, multi_group, port_number);
sock_tx.send(packet_tx);
```

[그림 8-3]에 윈도우의 명령 프롬프트 창에서 위에 설명한 멀티캐스트 프로그램의 실행 예를 보였다. 사용자가 입력한 메시지가 멀티캐스트 그룹 전체에 전달되므로 자신에게도 보내진 것을 볼 수 있다.

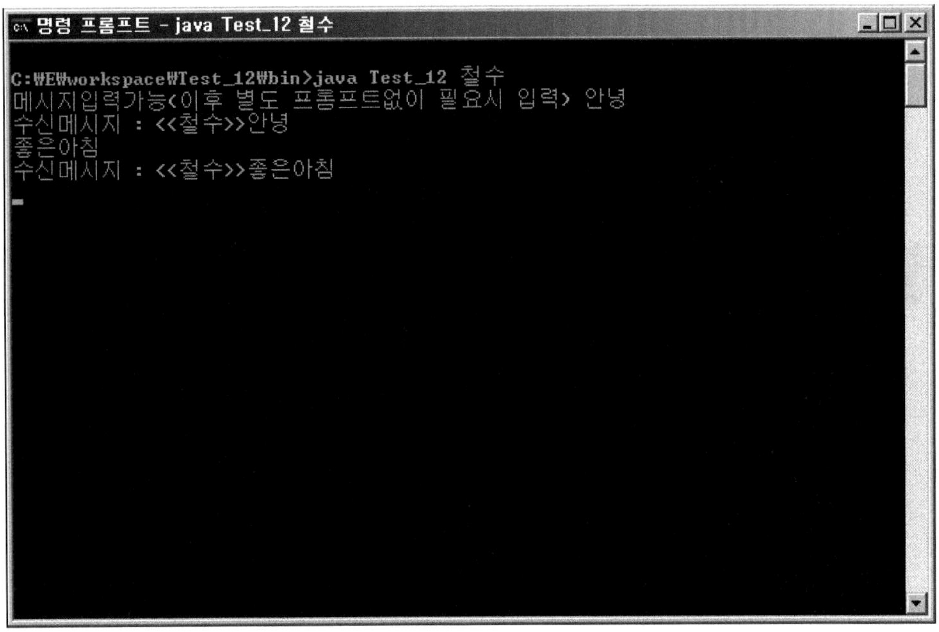

그림 8-3 멀티캐스트 프로그램의 실행 예

8-3 자바 응용 예제-채팅 서버

여기서는 자바로 작성된 TCP 채팅(chatting) 서버와 클라이언트 프로그램 예를 설명한다. 먼저 서버를 설명한다. TCP 서버로 동작하기 위해 ServerSocket 클래스를 사용하며 여러 클라이언트를 처리하기 위해 스레드(thread)를 사용한다. 또 벡터(vector)를 사용하여 접속자를 추가/삭제한다. 서버 전체 프로그램을 다음에 보였다.

```
import java.io.DataInputStream;
import java.io.DataOutputStream;
import java.io.IOException;
import java.net.ServerSocket;
import java.net.Socket;
import java.util.Vector;

public class Test_13 {
      ServerSocket  sock_svr = null;
      Socket  sock_cl = null;
      Vector vec = new Vector();

      public static void main(String[] args) {
            new  Test_13(args);
      }

      Test_13(String[] args) {

      int svr_port = 5200;
      try {
            sock_svr = new ServerSocket(svr_port);

            System.out.println("서버 동작 ...");

            while(true) {
```

```
                sock_cl = sock_svr.accept();

                Vec_cl  v_clt = new Vec_cl(sock_cl);
                vec.addElement(v_clt);

                System.out.println("현재 접속자 수 = "+ (vec.size()));

                v_clt.start();
            }
        } catch(IOException excp) {System.err.println(excp); }
}


class Vec_cl extends Thread {

        DataInputStream strm_in;
        DataOutputStream strm_out;
        Socket sock_cl;

        public Vec_cl(Socket sock_cl) {
                this.sock_cl = sock_cl;

                try {
                    strm_in = new DataInputStream(sock_cl.getInputStream());
                    strm_out = new DataOutputStream(sock_cl.getOutputStream());
                } catch(IOException excp) { System.err.println(excp); }

        }

public void run() {
        String recv;

        while(true) {
                try {
                    recv = strm_in.readUTF();
                } catch(IOException excp) {
                    System.err.println(excp);
                    quit(this);
                    return;
                }

                int tmp = recv.indexOf("QUIT");

                if(tmp >= 0) {
                    String nick = recv.substring(0, tmp);
```

```
                send_proc( nick + " QUIT !");
                quit(this);
                return;
            } else {
                send_proc(recv);
            }

            }
        }
    }

    public void send_proc(String recv) {
        int size = vec.size();

        for(int k = 0; k < size; k++) {

            try {
                Vec_cl v_clt = (Vec_cl) vec.elementAt(k);
                v_clt.strm_out.writeUTF(recv);
                v_clt.strm_out.flush();

            } catch(IOException excp) { System.err.println(excp); }
        }
    }

    public void quit(Vec_cl usr) {
        int tmp = vec.indexOf(usr);
        if (tmp >= 0) {
            vec.removeElementAt(tmp);

            try {
                usr.strm_in.close();
                usr.strm_out.close();
                usr.sock_cl.close();
            } catch(IOException excp) { System.err.println(excp);  }

            System.out.println("현재 접속자 수 = "+ (vec.size()));

            } else {
            System.out.println("quit() 처리 에러!!" );
            }
        }
    }
```

위의 소스에서 main() 메서드의 new Test_13(args); 문에서 Test_13 타입의 객체를 하나 만든다. 이 객체가 만들어질 때 실행되는 생성자의 다음 문에서 서버 소켓을 생성하고 클라이언트로부터의 연결을 대기한다. 변수 svr_port는 서버 포트번호이고 sock_cl은 클라이언트와 통신할 소켓이다.

```
sock_svr = new ServerSocket(svr_port);
sock_cl = sock_svr.accept();
```

생성자에서는 다음 문에서 클라이언트와의 통신을 담당할 스레드를 생성하고 벡터 클래스의 addElement() 메서드를 사용해 벡터에 추가한다.

```
Vec_cl  v_clt = new Vec_cl(sock_cl);
vec.addElement(v_clt)
```

각 클라이언트와의 통신을 담당할 스레드 v_clt의 생성자에서는 인수로 받은 소켓 sock_cl로부터 데이터 송수신에 사용할 DataInputStream 객체와 Data OutputStream 객체를 다음 문에서 만든다.

```
strm_in = new DataInputStream(sock_cl.getInputStream());
strm_out = new DataOutputStream(sock_cl.getOutputStream());
```

스레드의 run() 메서드에서는 다음 문에서 DataInputStream 객체로부터 클라이언트가 보내온 메시지를 읽는다.

```
recv = strm_in.readUTF();
```

다음 recv.indexOf("QUIT"); 문에서 수신된 메시지에 문자열 "QUIT"이 포함되어 있는지 조사하여, 포함되어 있으면 quit(this); 문을 사용하여 사용자 탈퇴 처리를 하고, 포함되어 있지 않으면 send_proc(recv); 문에서 모든 클라이언트들에게 수신된 메시지를 전송한다. send_proc() 메서드에서는 다음 문을 사용하여 벡터의 각 객체에 대해서 DataOutputStream을 사용하여 메시지를 전송한다.

```
Vec_cl v_clt = (Vec_cl) vec.elementAt(k);
v_clt.strm_out.writeUTF(recv);
v_clt.strm_out.flush();
```

사용자 탈퇴 처리를 하는 메서드 quit()에서는 다음 문을 사용하여 벡터에서 해당 객체를 삭제한다.

```
int tmp = vec.indexOf(usr);
vec.removeElementAt(tmp);
```

다음은 위에서 설명한 서버와 함께 동작하는 TCP 채팅 클라이언트 프로그램 소스이다. 자바 애플릿 형태로 작성되었다. 이클립스에서는 Run → Run 메뉴로 자바 애플릿을 바로 실행시킬 수 있다(또는 'Run → Run as Java Applet' 해도 된다). 서버 연결 시 사용할 포트번호는 위 서버와 맞추기 위해 5200번으로 하였다.

```
import java.applet.Applet;
import java.awt.BorderLayout;
import java.awt.Button;
import java.awt.Label;
import java.awt.Panel;
import java.awt.TextArea;
import java.awt.TextField;
import java.awt.event.ActionEvent;
import java.awt.event.ActionListener;
import java.io.BufferedInputStream;
```

```
import java.io.BufferedOutputStream;
import java.io.DataInputStream;
import java.io.DataOutputStream;
import java.io.IOException;
import java.net.Socket;

public class Test_14 extends Applet implements Runnable {

    DataInputStream strm_in;
    DataOutputStream strm_out;
    Socket sock_cl;

    TextField uid;
    TextField msg;
    Button btn_on, btn_off;
    TextArea msg_out;
    boolean on = false;

    final int PORT_NUM = 5200;

    Thread Thr_rd = null;


    public void init() {

        Panel panl = new Panel();

        Label name = new Label("사용자 이름:");
        uid = new TextField("      ");
        btn_on = new Button("시작");
        btn_off = new Button("종료");

        panl.add(name);
        panl.add(uid);
        panl.add(btn_on);
        panl.add(btn_off);

        btn_on.addActionListener(new OnListener());
        btn_off.addActionListener(new OffListener());

        msg_out = new TextArea();
        msg_out.setEditable(false);
        msg = new TextField();
        msg.addActionListener(new MsgListener());
```

```
        setLayout(new BorderLayout());
        add(panl, BorderLayout.NORTH);
        add(msg_out, BorderLayout.CENTER);
        add(msg, BorderLayout.SOUTH);
}


class OnListener implements ActionListener {
        public void actionPerformed(ActionEvent ae) {
                if(on == false) {
                    try {
                        sock_cl = new Socket("localhost", PORT_NUM);

                        strm_in = new DataInputStream(new
                                  BufferedInputStream(sock_
                                  cl.getInputStream()));
                        strm_out = new DataOutputStream(new
                                   BufferedOutputStream(sock_
                                   cl.getOutputStream()));

                        const_thread();
                        Thr_rd.start();

                        strm_out.writeUTF("<<" + uid.getText() + ">> 참가...");
                        strm_out.flush();
                        } catch(IOException excp) {
                        System.out.println(excp);
                        return;
                        }

                    on = true;
                    } else {
                    msg_out.append("이미 연결중....\n");
                    }
                }
        }


public void run() {
        String tmp = null;

                while(on) {
                    try {
                        tmp  = strm_in.readUTF() + '\n';
                    } catch(IOException excp) { System.out.println(excp); }
```

```
                        msg_out.append(tmp);
                }
        }

    void const_thread() {
        Thr_rd = new Thread(this);
    }

    class MsgListener implements ActionListener {
        public void actionPerformed(ActionEvent evt) {
                String tmp = null;

                tmp = "<<" + uid.getText() + ">>"+ msg.getText();

                try {
                    strm_out.writeUTF(tmp);
                    strm_out.flush();
                } catch(IOException excp) { System.out.println(excp);  }
        }
    }

    class OffListener implements ActionListener {
        public void actionPerformed(ActionEvent ae) {

                on = false;

                    try {
                        strm_out.writeUTF("<<" + uid.getText() + ">> 종료");
                        strm_out.flush();
                    } catch(IOException excp) {System.out.println(excp); }
                    try {
                        strm_out.close();
                        strm_in.close();
                        sock_cl.close();
                    } catch(IOException excp) { System.out.println(excp); }
        }
    }
}
```

위 소스에서 다음 문은 자바 애플릿 클래스를 상속받고 Runnable 인터페이스를 구현하고 있는데, 이는 스레드 생성을 위해서이다.

```
public class Test_14 extends Applet implements Runnable {
```

메서드 init()에서는 패널을 생성하고 여기에 텍스트필드와 두 개의 단추를 배치하였다. 텍스트필드는 사용자 이름 입력에 사용되고 단추는 연결 및 종료에 각각 사용된다. 다음 화면 출력을 위한 텍스트 영역과 메시지 입력에 사용되는 텍스트필드가 배치되었다. 다음은 이들을 배치하기 위한 문장이다. 패널이 위에, 화면 출력을 위한 텍스트 영역은 중간에, 메시지 입력에 사용되는 텍스트필드는 아래쪽에 각각 배치된다.

```
setLayout(new BorderLayout());
add(panl, BorderLayout.NORTH);
add(msg_out, BorderLayout.CENTER);
add(msg, BorderLayout.SOUTH);
```

다음 문에서는 각 단추를 누를 때 실행될 이벤트 처리 루틴을 등록한다.

```
btn_on.addActionListener(new OnListener());
btn_off.addActionListener(new OffListener());
```

다음 문에서는 메시지 입력을 처리하기 위한 이벤트 처리 루틴을 등록한다.

```
msg = new TextField();
msg.addActionListener(new MsgListener());
```

연결 단추를 눌렀을 때 실행되는 이벤트 처리 루틴 OnListener에서는 다음 문에서 주어진 포트번호(PORT_NUM)를 사용해 소켓을 생성하고, 이 소켓을 사용해 데이터 입력/출력 스트림을 각각 생성한다.

```
sock_cl = new Socket("localhost", PORT_NUM);
strm_in = new DataInputStream(new
          BufferedInputStream(sock_cl.getInputStream()));
strm_out = new DataOutputStream(new
           BufferedOutputStream(sock_cl.getOutputStream()));
```

다음 Thr_rd.start(); 문에서 스레드를 실행시킨다. 이 스레드에서는 다음 문에서 데이터 입력 스트림에서 데이터를 수신하여 텍스트 영역으로 출력한다.

```
tmp = strm_in.readUTF() + '\n';
msg_out.append(tmp);
```

사용자가 메시지를 입력하여 리턴키를 치면 이벤트 처리 루틴 MsgListener가 실행되는데, 여기서는 다음 문에서 사용자의 이름과 입력된 메시지를 가져와 데이터 출력 스트림의 writeUTF() 메서드를 사용해 서버로 전송한다.

```
tmp = "<<" + uid.getText() + ">>"+ msg.getText();
strm_out.writeUTF(tmp);
strm_out.flush();
```

종료 단추를 누르면 실행되는 이벤트 처리 루틴 OffListener에서는 다음 문에서 서버로 사용자 이름을 넣은 종료 메시지를 보낸 다음 close()를 사용해 데이터 스트림과 소켓을 닫는다.

```
strm_out.writeUTF("<<" + uid.getText() + ">> 종료");

strm_out.close();
strm_in.close();
sock_cl.close();
```

8-4 자바 응용 예제-URL 클래스

자바 URL 클래스를 이용해 네트워크 상에서 URL 주소를 가지는 리소스에 소켓을 사용하지 않고도 쉽게 액세스할 수 있다. [표 8-7]에 URL 클래스의 주요 생성자를, [표 8-8]에 URL 클래스의 주요 메서드를 각각 보였다.

표 8-7 URL 클래스의 주요 생성자

생성자	설명
URL(String spec)	스트링(문자열)으로 주어진 URL 객체를 생성한다.
URL(String protocol, String host, String file)	주어진 프로토콜, 호스트, 파일명을 사용해 URL 객체를 생성한다.
URL(String protocol, String host, int port, String file)	주어진 프로토콜, 호스트, 포트번호, 파일명을 사용해 URL 객체를 생성한다.

표 8-8 URL 클래스의 주요 메서드

메서드		기능
Object	getContent()	URL의 내용을 얻는다.
String	getFile()	URL의 파일 이름을 얻는다.
String	getHost()	URL의 호스트 이름을 얻는다.
String	getPath()	URL의 경로를 얻는다.
int	getPort()	URL의 포트번호를 얻는다.
String	getProtocol()	URL의 프로토콜을 얻는다.
String	getQuery()	URL의 질의 부분을 얻는다.

String getRef()	URL의 앵커(anchor) 부분을 얻는다.
URLConnection openConnection()	URL과 연결된 URLConnection 객체를 얻는다.
InputStream openStream()	URL에 대한 연결을 오픈하고 입력 스트림을 얻는다.

다음은 URL 클래스를 이용해 지정된 주소에 액세스하여 정보를 추출하는 프로그램 예이다.

```
import java.io.BufferedReader;
import java.io.IOException;
import java.io.InputStreamReader;
import java.net.URL;

class Test_15 {
      public static void main(String args[]) {

            String contents;
            String addr = "http://www.ietf.org/rfc.html";

            try {
                URL u_addr = new URL(addr);

                System.out.println("호스트 : " + u_addr.getHost());
                System.out.println("프로토콜 : " + u_addr.getProtocol());
                System.out.println("파일명 " + u_addr.getFile());

                BufferedReader recv_strm = new BufferedReader(new
                   InputStreamReader(u_addr.openStream()));

                while ((contents = recv_strm.readLine()) != null) {
                       System.out.println("내용 : " + contents);
                }
                recv_strm .close();

            } catch (IOException excp) { System.err.println(excp); }

      }
}
```

위 소스에서 new URL(addr); 문에서 주어진 문자열을 사용해 URL 객체를 생성한다(이때 예외 처리로 MalformedURLException을 사용할 수 있다). 다음 u_addr.getHost(), u_addr.getProtocol(), u_addr.getFile()에서 URL 클래스의 getHost() 메서드, getProtocol() 메서드, getFile() 메서드를 각각 사용해 이 URL의 호스트 이름, 프로토콜 이름, 파일 이름을 각각 얻는다.
다음 문에서 URL 클래스의 openStream() 메서드를 사용해 입력 스트림을 얻는다.

```
BufferedReader recv_strm = new BufferedReader(new
                        InputStreamReader(u_addr.openStream()));
```

다음 contents = recv_strm.readLine()에서 입력 스트림의 readLine() 메서드를 사용해 데이터를 한 줄씩 입력 받는다. [그림 8-4]는 URL http://www.ietf.org/rfc.html에 연결해 파일 rfc.html 내용을 받은 화면의 일부이다.

그림 8-4 URL 클래스를 사용해 원격 파일 내용을 받은 화면

8-5 자바 응용 예제-URLConnection 클래스

자바 URLConnection 클래스를 이용하면 URL 클래스에 비해 다양한 메서드를 사용해 응용 프로그램을 작성할 수 있다. 예를 들어 URL 클래스에서는 입력 스트림만 사용할 수 있는 반면 URLConnection 클래스에서는 출력 스트림도 사용할 수 있다. 단, 이 클래스는 추상 클래스이다. URLConnection 클래스의 생성자 포맷은 다음과 같다(또는 URL 클래스의 openConnection() 메서드를 사용해서 URLConnection 객체를 얻을 수도 있다).

```
protected URLConnection(URL url)
```

[표 8-9]에 URLConnection 클래스의 주요 메서드를 보였다.

표 8-9 URLConnection 클래스 주요 메서드

메서드	기능
URL getURL()	연결된 URL의 값을 리턴한다.
abstract void connect()	URL로 지정된 리소스와 연결한다.
Object getContent()	연결된 URL의 내용을 리턴한다.
InputStream getInputStream()	입력 스트림을 얻는다.
OutputStream getOutputStream()	출력 스트림을 얻는다.
String getHeaderField(int n)	n번째 헤더필드를 얻는다.

메서드		기능
String	getHeaderField(String name)	주어진 이름의 헤더필드를 얻는다.
int	getContentLength()	헤더필드 content-length의 값을 얻는다.
String	getContentType()	헤더필드 content-type의 값을 얻는다.
String	getContentEncoding()	헤더필드 content-encoding의 값을 얻는다.
long	getDate()	헤더필드 date의 값을 얻는다.
void	setDoOutput(boolean doOutput)	doOutput을 주어진 값으로 설정한다.

다음은 URLConnection 클래스를 이용한 프로그램 예이다.

```
import java.io.BufferedReader;
import java.io.IOException;
import java.io.InputStream;
import java.io.InputStreamReader;
import java.io.OutputStream;
import java.io.OutputStreamWriter;
import java.io.Reader;
import java.io.Writer;
import java.net.URL;
import java.net.URLConnection;

class Test_16 {
      public static void main(String args[]) {

            String  message, response;
            String addr = "http://localhost/cgi-bin/test.cgi";

            try {
                  URL u_addr = new URL(addr);

                  URLConnection u_conn =  u_addr.openConnection();
                  u_conn.setDoOutput(true);

                  OutputStream strm_out = u_conn.getOutputStream();
                  BufferedReader msg = new BufferedReader(new
                     InputStreamReader(System.in));

                  message = msg.readLine();
```

```
                Writer  wr = new OutputStreamWriter(strm_out);
                wr.write(message);
                wr.close();

                InputStream strm_in = u_conn.getInputStream();
                Reader rd = new InputStreamReader(strm_in);

                BufferedReader rd_buff = new BufferedReader(rd);

                while ((response = rd_buff.readLine()) != null) {
                   System.out.println(response);
                }
                rd_buff.close();

          } catch (IOException excp) { System.err.println(excp); }

    }
}
```

위에서는 서버(여기서는 로컬 호스트)의 cgi 프로그램을 가리키는 URL 객체를 생성하고 이어서 URL 클래스의 openConnection() 메서드를 사용해 이 URL 객체에 대한 연결을 나타내는 URLConnection 객체를 생성한다. u_conn.setDoOutput(true); 문에서는 setDoOutput() 메서드를 사용해 상대방에게 데이터 송신을 알린다.

다음 문은 URLConnection 클래스의 getOutputStream() 메서드를 사용해 웹 서버로 데이터를 보낼 수 있는 출력 스트림(OutputStream 타입)을 얻는다.

```
OutputStream strm_out = u_conn.getOutputStream();
```

다음 message = msg.readLine(); 문에서 사용자로부터 메시지를 입력 받아 wr.write(message); 문에서 Writer 클래스의 write() 메서드를 사용해 상대방(cgi 프로그램)으로 데이터를 전송한다. 다음 문은 URLConnection 클래스의

getInputStream() 메서드를 사용해 상대방으로부터 데이터를 받을 수 있는 입력 스트림(InputStream 타입)을 얻는다.

```
InputStream strm_in = u_conn.getInputStream();
```

상대방에게서 받은 데이터는 콘솔 화면에 출력한다.

8-6 자바 응용 예제-HTTP 관련 클래스

자바에서 제공하는 HTTP 관련 클래스는 대표적으로 HttpURLConnection 클래스가 있다. HttpURLConnection 클래스는 URLConnection을 상속받은 추상 하위 클래스이며 HTTP 프로토콜을 지원하는 기능이 추가되었다. 이 클래스의 생성자는 다음과 같이 연결하려는 URL 객체를 인자로 사용한다.

```
protected  HttpURLConnection(URL u)
```

[표 8-10]에 HttpURLConnection 클래스에서 새롭게 추가된 주요 메서드를 보였다.

표 8-10 HttpURLConnection 클래스에서 추가된 주요 메서드

메서드		기능
int	getResponseCode()	HTTP 응답 메시지에 들어 있는 세 자리 정수형 상태코드 값을 리턴한다.
String	getResponseMessage()	HTTP 응답 메시지에 들어 있는 Reason-Phrase(상태코드에 대한 간략한 설명)를 리턴한다.
String	getRequestMethod()	HTTP 요청 메서드(GET, POST, PUT, HEAD 등)를 얻는다.
void	setRequestMethod(String method)	HTTP 요청 메서드를 설정한다.
String	getHeaderField(int n)	n번째 HTTP 헤더 필드값을 얻는다.

HttpURLConnection 클래스는 HTTP 상태코드 등 HTTP 프로토콜 관련해 다양한 필드를 가지는데, [표 8-11]에 이 클래스의 주요 필드를 보였다(HTTP 상태코드에 대해서는 4-2절 참고).

표 8-11 HttpURLConnection 클래스의 주요 필드

필드	기능
protected String method	HTTP 요청 메서드(request method)를 나타낸다. 기본값은 GET이다.
protected int responseCode	HTTP 상태코드를 나타낸다.
protected String responseMessage	HTTP 응답 메시지에 들어 있는 Reason-Phrase(예: OK)를 나타낸다.
static int HTTP_OK	HTTP 상태코드 200을 나타낸다. 웹 서버에서 요청을 완전히 처리했다는 의미이다.
static int HTTP_ACCEPTED	HTTP 상태코드 202를 나타낸다. 웹 서버에서 요청은 받아들였으나 아직 완전히 처리된 것은 아니라는 의미이다.
static int HTTP_MOVED_PERM	HTTP 상태코드 301을 나타낸다. Request-URI의 위치가 완전히 다른 주소로 이동되었다는 의미이다.
static int HTTP_MOVED_TEMP	HTTP 상태코드 302를 나타낸다. Request-URI의 위치가 임시로 다른 주소로 변경되었다는 의미이다.
static int HTTP_NOT_MODIFIED	HTTP 상태코드 304를 나타낸다. 요청한 웹 문서 내용이 If-Modified-Since 헤더에서 지정된 시각 이후 변화한 게 없으므로 이전에 가져간 내용을 그대로 사용하라는 의미이다(이 경우는 로컬 캐시를 사용한다).
static int HTTP_BAD_REQUEST	HTTP 상태코드 400을 나타낸다. 보내온 HTTP 요청(request) 메시지를 서버가 이해할 수 없을 때 발생한다.
static int HTTP_FORBIDDEN	HTTP 상태코드 403을 나타낸다. 서버에서 클라이언트에게 금지된 영역을 접근하려 하는 경우 발생한다.
static int HTTP_NOT_FOUND	HTTP 상태코드 404를 나타낸다. 요청한 Request-URI에 해당하는 자원(웹 문서)이 서버에 없는 경우 발생한다
static int HTTP_UNAVAILABLE	HTTP 상태코드 503을 나타낸다. 서버에 일시적으로 과부하가 걸렸거나 서버를 정비 중이어서 클라이언트의 HTTP 요청(request)을 처리해 줄 수 없는 경우를 의미한다.

HttpURLConnection 클래스의 사용 예를 다음에 보였다.

```
String addr = "http://localhost/index.html";
int response;
      ..........
URL u_addr = new URL(addr);
URLConnection u_conn =  u_addr.openConnection();
HttpURLConnection http_conn = (HttpURLConnection)u_conn;
response = http_conn.getResponseCode();
if( response == HttpURLConnection.HTTP_OK) {
      InputStream in_strm = http_conn.getInputStream();
      .........
}
```

위에서는 new URL(addr); 문에서 주어진 웹 주소(여기서는 로컬 호스트)에 대한 URL 객체를 생성하고, u_addr.openConnection(); 문에서 URLConnection 객체를 생성한다. 다음 문에서는 URLConnection 타입을 HttpURLConnection 타입으로 형 변환한다.

```
HttpURLConnection http_conn = (HttpURLConnection)u_conn;
```

다음 문에서는 HttpURLConnection 클래스의 getResponseCode() 메서드를 사용해 웹 서버로부터의 세 자리 정수형의 HTTP 응답 코드를 얻는다.

```
response = http_conn.getResponseCode();
```

다음 문에서는 HTTP 응답 코드가 200번, 즉 HTTP 요청 성공인 경우 getInputStream() 메서드를 사용해 서버와 입력 스트림을 연결해 서버로부터의 데이터를 받아들이기 시작한다.

```
if( response == HttpURLConnection.HTTP_OK) {
InputStream in_strm = http_conn.getInputStream();
```

8-7 자바 응용 예제- 데이터베이스 응용(1)

자바에서는 JDBC(java database connectivity)를 사용하여 네트워크 상에서 SQL(structured query language)문을 쉽게 실행할 수 있다. 따라서 이 기능을 이용하면 네트워크 데이터베이스 응용 프로그램을 쉽게 구현할 수 있다.

자바에서 데이터베이스 관련 클래스들은 java.sql 패키지에 들어있으며, 대표적으로 DriverManager 클래스가 있다. 이 클래스가 제공하는 getConnection() 메서드는 주어진 데이터베이스 URL에 연결을 설정한다. 이때 데이터베이스 URL과 함께 사용자 이름과 비밀번호를 사용하는 경우가 일반적이다. getConnection() 메서드의 대표적인 포맷을 다음에 보였다.

```
static Connection  getConnection(String url, String user, String password)
```

위에서 파라미터 url은 데이터베이스 URL을 가리키며 다음 형식을 가진다. 여기서 subprotocol은 JDBC 드라이버 이름이고 subname은 데이터베이스 이름이다.

```
jdbc:subprotocol:subname
```

MySQL을 나타내는 데이터베이스 URL의 예는 다음과 같다. 여기서는 MySQL

이 로컬 호스트에 설치된 경우이고 MySQL 데이터베이스 이름은 Test_DB이다.

```
jdbc:mysql://localhost:3306/Test_DB
```

JDBC를 이용하려면 클라이언트에 JDBC 드라이버가 설치되어 있어야 하고, DBMS가 있는 서버에는 JDBC 리스너가 설치되어 있어야 한다. 클라이언트에 JDBC 드라이버 설치를 위해서는 Class 클래스가 제공하는 forName() 메서드를 사용한다. 다음은 MySQL의 경우에 대한 예를 보였다.

```
Class.forName("org.gjt.mm.mysql.Driver");
```

클라이언트에서는 데이터베이스 드라이버를 설치한 후에 DriverManager 클래스가 제공하는 getConnection() 메서드를 사용해 데이터베이스와의 연결 상태를 나타내는 인터페이스인 Connection 타입 객체를 얻는다. 다음은 이의 사용 예이다.

```
String url = "jdbc:mysql://localhost:3306/Test_DB";
String user = "gildong", password = "test";
Connection conn_db;

Class.forName("org.gjt.mm.mysql.Driver");

conn_db = DriverManager.getConnection(url, "user", "password");
```

위에서는 Class.forName("org.gjt.mm.mysql.Driver"); 문에서 MySQL 드라이버를 설치하고 DriverManager.getConnection(url, "user", "password"); 문에서 주어진 데이터베이스 URL에 사용자 이름과 비밀번호를 사용해 연결한다. 이때 연결이 성공하려면 서버에는 MySQL과 JDBC 리스너가 설치되어 있어야 한다.

java.sql 패키지에 속한 인터페이스 Connection은 데이터베이스와의 연결(세션)을 나타내며 이를 통해 SQL 문을 실행시켜 결과를 얻을 수 있다. Connection 인터페이스의 주요 메서드는 [표 8-12]와 같다.

표 8-12 Connection 인터페이스 주요 메서드

메서드	기능
Statement createStatement()	SQL 문을 데이터베이스에 보내기 위한 Statement 객체를 얻는다.
void setReadOnly (boolean readOnly)	데이터베이스와의 연결을 읽기 전용(readOnly) 모드로 설정한다.
void setAutoCommit (boolean autoCommit)	현 연결을 자동 커밋(autoCommit) 모드로 설정한다.
void commit()	현 데이터베이스 트렌젝션(transaction)에서의 모든 변경사항을 확정시키고 해당 데이터베이스에 대한 잠금(lock)을 푼다.
void rollback()	현 데이터베이스 트렌젝션(transaction)에서의 모든 변경사항을 취소한다.
void close()	Connection 객체의 사용을 종료한다.

Connection 인터페이스의 createStatement() 메서드로 얻은 Statement 객체를 사용하면 연결된 데이터베이스에 대해 SQL 문을 실행시킬 수 있다. 이때 Statement 인터페이스의 executeQuery() 메서드를 사용하며 Statement 인터페이스도 java.sql 패키지에 속한다. Statement 인터페이스의 주요 메서드는 [표 8-13]과 같다.

표 8-13 Statement 인터페이스 주요 메서드

메서드	기능
ResultSet executeQuery (String sql)	인자로 주어진 SQL 문을 실행하고 결과로 ResultSet 객체를 리턴한다(이 ResultSet 객체를 사용해 SQL 문 실행 결과를 얻는다).
int executeUpdate (String sql)	인자로 주어진 SQL 문을 실행한다. 이때 SQL 문은 INSERT, UPDATE, DELETE 등 ResultSet 객체를 리턴할 필요가 없는 경우이다.
boolean execute (String sql)	인자로 주어진 SQL 문을 실행한다. 다수의 결과를 리턴한다.

메서드		기능
ResultSet	getResultSet()	현 ResultSet 객체에서 결과를 추출한다.
int	getUpdateCount()	현 업데이트 카운트 값을 얻는다. 결과가 ResultSet 객체이거나 없는 경우 -1을 리턴한다.
void	close()	Statement 객체의 사용을 종료한다.

executeQuery() 메서드로 얻은 ResultSet 객체는 SQL 문을 실행한 결과를 담고 있다. ResultSet 인터페이스도 java.sql 패키지에 속하며 주요 메서드는 [표 8-14]와 같다.

표 8-14 ResultSet 인터페이스 주요 메서드

메서드		기능
boolean	absolute (int row)	현 ResultSet 객체에서 커서를 주어진 행(row) 번호로 이동한다.
boolean	next()	커서를 다음 행으로 이동한다.
boolean	previous()	커서를 이전 행으로 이동한다.
int	getRow()	현재 행의 번호를 리턴한다.
RowId	getRowId (int columnIndex)	현재 행에서 주어진 열 번호(columnIndex)에 해당하는 값을 리턴한다.
String	getString (String columnLabel)	현재 행에서 스트링(문자열)으로 주어진 열(columnLabel)에 해당하는 값을 스트링 타입으로 리턴한다.
String	getString (int columnIndex)	현재 행에서 주어진 열 번호(columnIndex)에 해당하는 값을 스트링 타입으로 리턴한다.
byte[]	getBytes (String columnLabel)	현재 행에서 스트링으로 주어진 열(columnLabel)에 해당하는 값을 바이트 배열 타입으로 리턴한다.
int	getInt (String columnLabel)	현재 행에서 스트링으로 주어진 열(columnLabel)에 해당하는 값을 정수형 타입으로 리턴한다.
double	getDouble (String columnLabel)	현재 행에서 스트링으로 주어진 열(columnLabel)에 해당하는 값을 64비트 실수형 타입으로 리턴한다.
void	deleteRow()	현재 행을 현 ResultSet 객체와 현 데이터베이스에서 삭제한다.
void	updateRow()	현 ResultSet 객체와 현 데이터베이스에 대해 현재 행의 내용으로 업데이트한다.
void	close()	Statement 객체의 사용을 종료한다.

다음은 자바에서의 네트워크 데이터베이스 응용 예이다. 여기서는 사용자 ID를 입력 받아 데이터베이스 서버의 테이블을 검색해 해당 사용자 ID에 대한 전화번호를 화면에 출력하는 예이다.

```
class Test_17 {
      public static void main(String args[]) {

            String url = "jdbc:mysql://localhost:3306/Test_DB";
            String user = "gildong", password = "test";

            Connection conn_db;
            Statement stmt_db;
            String user_id="";

            try {

                BufferedReader in = new BufferedReader(new
                                  InputStreamReader(System.in));
                user_id = in.readLine();

            } catch (IOException excp) {
              System.err.println(excp);
            }

            String query="select uid, uphone from table_user where uid='"+user_id+"'";

            boolean match;
            String res_id="";
            String res_phone="";

            try {
                Class.forName("org.gjt.mm.mysql.Driver");

            } catch(java.lang.ClassNotFoundException excp) {
                System.err.println(excp.getMessage());
            }

            try {


                    conn_db = DriverManager.getConnection(url, "user", "password");
                    stmt_db = conn_db.createStatement();
```

```
                ResultSet res_set = stmt_db.executeQuery(query);
                match = false;

                while (res_set.next()) {
                    res_id = res_set.getString("uid");
                    res_phone = res_set.getString("uphone");

                    if (user_id.equals(res_id)) {
                    System.out.println(user_id+"의 전화번호는"+res_phone+"입니다.");
                    match = true;
                    }
                }

                if (match == false) {
                    System.out.println(user_id+"는 등록된 ID가 아닙니다.");
                }
                stmt_db.close();
                conn_db.close();
            } catch(SQLException ex) {
                System.err.println(ex.getMessage());
            }
        }
}
```

위에서 다음 문은 데이터베이스 서버의 사용자 테이블(table_user)에서 사용자 ID가 들어 있는 uid 필드와 입력 받은 사용자 ID 값(user_id)과 일치하면 해당 uid 필드와 uphone 필드를 추출하기 위한 SQL 문이다.

```
String query="select uid, uphone from table_user where uid='"+user_id+"'";
```

다음 문에서는 클라이언트에 JDBC MySQL 드라이버를 설치한다.

```
Class.forName("org.gjt.mm.mysql.Driver");
```

다음 문에서는 getConnection() 메서드를 사용해 주어진 데이터베이스 URL에 대한 Connection 객체를 얻고 이어서 createStatement() 메서드를 사용해 Statement 객체를 얻는다.

```
conn_db = DriverManager.getConnection(url, "user", "password");
stmt_db = conn_db.createStatement();
```

다음 문에서는 Statement 인터페이스의 executeQuery() 메서드를 사용해 연결된 데이터베이스에 대해 SQL 문을 실행한다.

```
ResultSet res_set = stmt_db.executeQuery(query);
```

다음 문에서는 ResultSet 인터페이스의 next() 메서드를 사용해 커서를 차례로 이동시키고, getString() 메서드를 사용해 현재 행(row)에서 테이블 필드 uid와 uphone에 해당하는 값을 추출한다. 테이블 필드 uphone에는 사용자 전화번호가 들어 있다.

```
while (res_set.next()) {
      res_id = res_set.getString("uid");
      res_phone = res_set.getString("uphone");
```

다음 문에서 입력된 사용자 ID에 해당하는 전화번호를 화면에 출력한다.

```
if (user_id.equals(res_id)) {
         System.out.println(user_id+"의 전화번호는"+res_phone+"입니다.");
```

8-8 자바 응용 예제-데이터베이스 응용(2)

다음은 네트워크 데이터베이스 응용 예로서 사용자 ID와 전화번호를 입력 받아 데이터베이스 테이블에 저장하는 메서드 예이다.

```
protected  String Table_Register(String id, String phone)  {

      String url = "jdbc:mysql://localhost:3306/Test_DB";
      String user = "gildong", password = "test";

      Connection conn_db;
      Statement stmt_db;

      String user_id = id;
      String user_phone = phone;

      java.util.Date tmp = new java.util.Date();
      long current = tmp.getTime();
      current= current / 1000;

      String query_del="delete from table_user where uid='" + user_id +"'";

      String query_insert="insert into table_user "
                  + "values('" +user_id +"','" + user_phone+ "','"
                  + current + "')";

          try {
              Class.forName("org.gjt.mm.mysql.Driver");

          } catch(java.lang.ClassNotFoundException excp) {
```

```
            System.err.println(excp);
        }

        try {

            conn_db = DriverManager.getConnection(url, "user", "password");
            stmt_db = conn_db.createStatement();

            stmt_db.executeUpdate(query_del);

            stmt_db.executeUpdate(query_insert);

            stmt_db.close();
            conn_db.close();
        } catch(SQLException excp) {
            System.err.println(excp);
        }
        return(user_phone);
}
```

위에서 다음 문은 데이터베이스 서버의 사용자 테이블(table_user)에서 사용자 ID가 들어 있는 uid 필드와 전달받은 사용자 ID 값(user_id)과 일치하면 해당 행(row)을 삭제하기 위한 SQL 문이다.

```
String query_del="delete from table_user where uid='" + user_id +"'";
```

다음 문은 전달받은 사용자 ID와 전화번호를 사용자 테이블(table_user)에 저장하기위한 SQL 문이다. 저장할 때 현재 시각(current)도 함께 저장한다.

```
String query_insert="insert into table_user "
                  + "values('" +user_id +"','" + user_phone+ "','"
                  + current + "')";
```

다음 문에서는 Statement 인터페이스의 executeUpdate() 메서드를 사용해 연결된 데이터베이스에 대해 SQL 문을 각각 실행한다. 하나는 테이블 행을 삭제하는 명령이고 다른 하나는 테이블 행을 삽입하는 명령이다.

```
stmt_db.executeUpdate(query_del);
stmt_db.executeUpdate(query_insert);
```

8-9 자바 응용 예제-오디오/비디오 캡처

다음은 PC에 부착된 카메라(예: USB 웹캠)를 통한 비디오 캡처기능을 제공하는 자바 클래스의 예를 보였다. 여기서는 JMF(java media framework)에서 제공하는 일부 클래스들을 사용하므로 이를 추가로 설치해야 한다.

JMF는 기존의 자바 프로그래밍에 멀티미디어 제어 관련 API 및 SDK를 보강하여 비디오/오디오 캡처, 저장, 전송 등에 이용되는 기술이다. 등장한지 비교적 오래되어 현재 널리 사용되지는 않으나 비디오/오디오 장치에서 캡처한 실시간 데이터를 RTP 방식으로 전송하는 데 이용할 수 있다. 안드로이드 폰의 미디어 처리에도 일부 사용되고 있다.

JMF는 MPEG, AVI, MOV 등의 비디오 압축관련 기술과 현재 많이 쓰이는 각종 코덱(codec), 즉 영상회의 코덱 표준인 H.261, H.263 및 G.721, G.723 등의 오디오 코덱도 제공하고 있다. 또한 RTP와 RTCP를 지원하여 실시간으로 동영상과 음성을 전송할 수 있다. 따라서 화상회의, 영상과 음성을 실시간으로 전송하는 인터넷 메신저, 인터넷 전화, 원격 감시 등에도 이용된다.

JMF 설치 후에는 이클립스의 'Project → Properties' 메뉴를 실행해 'Java Build Path → Libraries'를 선택 후, 여기서 'Add External JARs..' 버튼을 사용해 'JMF 설치폴더\lib'에서 jmf.jar를 선택해 준다. 아래 import 문에서 "javax.media.*" 패키지가 여기에 해당한다.

```
import java.io.*;
import java.util.*;
import javax.media.*;
import javax.media.control.*;
import javax.media.protocol.*;
import javax.media.format.*;

public class Test_18 {

      DataSource data_src, data_src_2, data_src_3;

      Format dev_frmt[], frmt;
      FormatControl frmt_ctrl[];
      private Vector dev_vec = null;

      Player media_pl = null;
      CaptureDeviceInfo information;

      public Test_18() {

             if (media_pl == null) {

                    Vector devs = CaptureDeviceManager.getDeviceList (null);

                    if((devs == null) || (devs.size() ==0)) {
                       System.out.println("디바이스 없음!\n");
                       return;
                    }

                    Format dev_form[];
                    String dev_list[] = new String[devs.size()];
                    dev_vec = new Vector();

                    for(int k=0 ; k < devs.size(); k++) {
                       information = (CaptureDeviceInfo)devs.elementAt(k);
                       dev_form = information.getFormats();

                       for( int i =0 ; i < dev_form.length; i++ ) {

                              if (dev_form[i] instanceof VideoFormat ) {
                                     dev_vec.addElement(information);
                                     break;
                              }
                       }
```

```
            }

            information = (CaptureDeviceInfo)dev_vec.elementAt(0);
            dev_frmt = information.getFormats();

            if(data_src != null) {
                data_src.disconnect();
            }

            try {
                data_src = Manager.createDataSource(information.getLocator());
                frmt_ctrl = ((CaptureDevice)data_src).getFormatControls();

                frmt = dev_frmt[0];
                if(frmt == null) { return; }

                form_set(frmt);

            } catch(IOException excp) {
                System.out.println(excp);
            } catch(NoDataSourceException dsexcp) {
                System.out.println(dsexcp);
            }
        } else {
            System.out.println("Player 이미 존재함!");
        }

        data_src_2 = Manager.createCloneableDataSource(data_src);
        data_src_3 = ((SourceCloneable)data_src_2).createClone();

        if (data_src_2 == null) {
            System.out.println("클론 생성 실패!\n");
            System.exit(0);
        }
        if (data_src_3 == null){
            System.out.println("클론 생성 실패!\n");
            System.exit(0);
        }

        try {
            media_pl = Manager.createPlayer(data_src_2);
        } catch(Exception excp){ System.out.println(excp); }

}
```

```
public Player export_pl() {
      return media_pl;
}

public DataSource export_ds() {
      return data_src_3;
}

public void form_set( Format curr )
{

      for ( int i = 0; i < frmt_ctrl.length; i++ ) {
            if ( frmt_ctrl[ i ].isEnabled() ) {
                  frmt_ctrl[ i ].setFormat( curr );
                  System.out.println ("현재 설정된 포맷 : "+ frmt_ctrl[ i ].getFormat());
                  }
            }
      }
}
```

위 소스에서 import javax.media.*; 문은 JMF 관련 클래스들을 위해 사용되었다. 생성자인 Test_18()에서 이미 실행 중인 Player 객체가 있는지 조사하여 있으면 null로 하고, 다음 문에서 시스템에 부착된 오디오나 비디오 캡처 장치를 검색하여 목록을 벡터에 저장한다.

```
Vector devs = CaptureDeviceManager.getDeviceList (null);
```

다음 문은 위에서 얻은 디바이스 목록이 저장된 벡터에서 각 원소를 한 개씩 캡처 장치의 스펙 정보 형태로 바꾸어 CaptureDeviceInfo 타입의 변수 information에 저장한다.

```
information = (CaptureDeviceInfo)devs.elementAt(k);
```

다음 문은 각 캡처 장치가 가진 모든 포맷을 Foramt 객체 배열 dev_form에 저장한다.

```
dev_form = information.getFormats();
```

다음 문에서는 배열 dev_form에 들어 있는 각 포맷들에 대해 각 포맷이 비디오 형태의 포맷인지를 조사하고, 비디오 포맷이면 벡터 dev_vec에 이 디바이스에 대한 정보를 저장하고 for() 문을 빠져나온다.

```
for( int i =0 ; i < dev_form.length; i++ ) {
      if (dev_form[i] instanceof VideoFormat ) {
            dev_vec.addElement(information);
            break;
      }
}
```

다음 문은 위에서 얻은 벡터 dev_vec의 첫 번째 원소(비디오 포맷을 가진 장치)를 CaptureDeviceInfo 타입의 변수 information에 저장하고, 이어서 Capture DeviceInfo 클래스의 getFormats() 메서드를 사용해 해당 디바이스의 포맷 정보를 모두 얻어 Format 타입 배열 dev_frmt에 넣는다.

```
information = (CaptureDeviceInfo)dev_vec.elementAt(0);
dev_frmt = information.getFormats();
```

다음 문은 사용하려는 데이터 소스가 null 상태인지 조사하고 null 상태가 아닌 경우는 이전의 캡처 장치가 아직 연결되어 있는 경우에 해당하므로 DataSource 클래스의 disconnect() 메서드로 연결을 끊어준다.

```
if(data_src != null) {
      data_src.disconnect();
}
```

다음 문은 앞에서 찾은 비디오 포맷을 가진 장치(캡처를 위해 선택된 장치)로부터 데이터 소스를 생성한다.

```
data_src = Manager.createDataSource(information.getLocator());
```

이때 NoDataSourceException 예외 처리를 해주어야 하므로 다음 문이 사용되었다.

```
catch(NoDataSourceException dsexcp) {
      System.out.println(dsexcp);
}
```

다음 문은 캡처를 위해 선택된 장치의 포맷 컨트롤을 얻는다.

```
frmt_ctrl = ((CaptureDevice)data_src).getFormatControls();
```

다음 문은 이 캡처 장치의 포맷들이 저장된 배열 dev_frmt의 첫 번째 원소를 선택한다(장치에 따라서 다른 값을 사용해도 된다).

```
frmt = dev_frmt[0];
```

다음은 내부에서 정의한 form_set() 메서드를 사용해 선택된 장치의 포맷을 포맷 컨트롤에 적용시킨다.

```
form_set(frmt);
```

form_set() 메서드 내부에서는 다음 문에서와 같이 FormatControl 클래스의 setFor mat() 메서드를 사용한다. 여기서 메서드의 인자 curr는 현재 선택된 장치의 포맷이다.

```
frmt_ctrl[ i ].setFormat(curr);
```

다음 문은 캡처한 화면을 자신에게도 보여주고 동시에 네트워크를 통해 전송하기 위해 클론 데이터 소스를 생성하는 부분이다.

```
data_src_2 = Manager.createCloneableDataSource(data_src);
data_src_3 = ((SourceCloneable)Bds).createClone();
```

다음 문은 생성된 클론 데이터 소스를 사용해 캡처한 화면을 표시할 플레이어를 생성하는 부분이다.

```
media_pl = Manager.createPlayer(data_src_2);
```

메서드 export_pl()과 export_ds()는 다른 클래스에서 이 메서드를 호출해 이 클래스에서 생성된 플레이어와 클론 데이터 소스를 얻어 실제 캡처한 영상을 화면에 표시하면서 네트워크를 통해 전송하는 응용을 위한 것이다.

8-10 자바 응용 예제-RTP 송신

오디오/비디오 장치에서 캡처한 데이터를 실시간 전송 프로토콜 RTP를 사용해 송신하기 위해서 먼저 이 미디어 데이터는 데이터 소스(data source)로 보내지고, 포맷 프로세싱을 위해서 프로세서(processor)로 들어간다. 프로세서의 출력은 다시 데이터 소스를 거쳐 세션 매니저(session manager)를 통해 네트워크로 전송된다. 다음 [그림 8-5]에 이를 보였다.

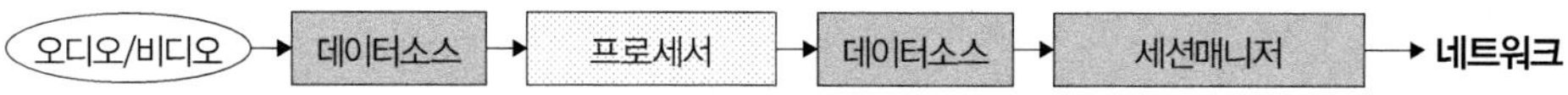

그림 8-5 RTP 송신

위의 그림에서 프로세서는 플레이어의 일종이며 프로그램 가능하고(programmable), 데이터 소스를 통해 전달된 멀티미디어 데이터를 원하는 포맷으로 변경하는 데 주로 사용된다. RTP 전송을 위해서는 캡처한 데이터를 RTP 전송이 가능한 형태의 데이터 포맷(예: G.723, H.263 등)으로 변경해야 하므로 위에서 프로세서가 사용된 것이다.

세션 매니저는 RTP 세션 간의 제어 역할을 하고, 세션에 참가한 참가자들에 대한 추적과 관리, 전송되는 스트림에 대한 관리기능을 수행한다. 또한 세션의 상태정보를 관리하고, RTCP 컨트롤 채널을 취급하며, 송신자와 수신자를 위한 RTCP를 지원한다.

또 이 세션 매니저는 애플리케이션 프로그램을 초기화하고, 세션 참여를 시작하고, 애플리케이션에 의해서 생성된 각각의 스트림을 제거하거나, 전체 세션을 닫는 기능도 수행한다. RTP 스트림 데이타의 전송을 위해서는 프로세서와 세션 매니저를 이용한다.

오디오/비디오 장치로부터 캡처된 데이터를 받아 RTP 송신할 스트림을 생성하는 과정은 다음과 같다.

1. 오디오/비디오 장치로부터 캡처된 데이터의 데이터 소스를 얻는다.
2. 이 데이터 소스를 사용해 프로세서를 생성한다.
3. 프로세서의 출력을 RTP 포맷으로 변경한다.
4. 세션 매니저는 프로세서가 만든 출력 데이터 소스를 사용해 송신 스트림 (SendStream)을 생성한다.
5. SendStream의 start() 메서드를 사용해 전송을 시작한다.

다음은 비디오 장치에서 영상을 캡처하여 RTP 프로토콜을 사용하여 실시간으로 영상을 전송하는 자바 클래스의 예를 보였다. 오디오 경우도 데이터 포맷 외에는 같다.

```
import javax.media.*;
import javax.media.rtp.*;
import javax.media.rtp.rtcp.*;
import javax.media.format.*;
import javax.media.control.TrackControl;
import javax.media.control.QualityControl;
import javax.media.protocol.*;
import javax.media.protocol.DataSource;
import java.io.*;
import java.awt.*;
import java.net.InetAddress;

public class Test_19 {

    private String addr, ssrc, stop_str = "Session Ended";
    private DataSource data_src, out_data_src = null;
    private Processor pr = null;
    private RTPManager arr_manager[];
```

```
    private int port_num;

    private Integer lock = new Integer(0);
    private boolean flg = false;

    public Test_19(DataSource data_src, String addr, int port_num) {
        this.data_src = data_src;
        this.addr = addr;
        this.port_num = port_num;
    }

    public synchronized String start() {
        String tmp;

        tmp = proc_make();     //RTP 데이터 포맷 변환
        if (tmp != null) return tmp;

        tmp = tx_session_make();  //RTP 세션 생성

        if (tmp != null) {
            pr.close();
            pr = null;
            return tmp;
        }
        pr.start(); //데이터 송신 시작
        return null;
}

public void stop() {
    synchronized (this) {
        if (pr != null) {
            pr.stop(); //전송 중지
            pr.close();
            pr = null;
            for (int i = 0; i < arr_manager.length; i++) {
               arr_manager[i].removeTargets(stop_str);
               arr_manager[i].dispose();
            }
        }
    }
}

private String proc_make() {
    if (data_src == null)
        return "데이터소스 없음...";
```

```
try {
        pr = javax.media.Manager.createProcessor(data_src);
} catch (IOException excp)  {
        return "IO 예외!..."; }
  catch (NoProcessorException excp) {
        return "프로세서 예외!.."; }

        boolean tmp_bool = wait_state(pr, Processor.Configured);

        if (tmp_bool == false)  return "프로세서구성 에러 !...";

        TrackControl [] arr_tr_con = pr.getTrackControls();

        if (arr_tr_con == null || arr_tr_con.length < 1) return "트랙 에러 !...";

        ContentDescriptor content = new ContentDescriptor(
                                ContentDescriptor.RAW_RTP);
        pr.setContentDescriptor(content);

        tmp_bool = false;
        Format arr_frm_ok[], frm_sel;

        for (int i = 0; i < arr_tr_con.length; i++) {
                Format format = arr_tr_con[i].getFormat();
                if (arr_tr_con[i].isEnabled()) {
                    arr_frm_ok = arr_tr_con[i].getSupportedFormats();

                    if (arr_frm_ok.length > 0) {
                            if (arr_frm_ok[0] instanceof VideoFormat) {

                            frm_sel = chk_jpeg_format(arr_tr_con[i].
                                    getFormat(), arr_frm_ok[0]);
                            } else {
                            frm_sel = arr_frm_ok[0];
                            }
                            arr_tr_con[i].setFormat(frm_sel);
                            tmp_bool = true;
                    } else { arr_tr_con[i].setEnabled(false); }
                } else { arr_tr_con[i].setEnabled(false); }
        }

        if (!tmp_bool)  return "유효 RTP 포맷 설정 실패!...";

        tmp_bool = wait_state(pr, Controller.Realized);
        if (tmp_bool == false)  return "프로세서처리 에러!...";
```

```
            out_data_src = pr.getDataOutput();
            return null;
    }

private String tx_session_make() {
    long rtp_ssrc_id;

    PushBufferDataSource buff_data_src = (PushBufferDataSource)out_data_src;
    PushBufferStream buff_stream[] = buff_data_src.getStreams();

    SendStream strm_snd;
    int rtp_port;

    arr_manager = new RTPManager[buff_stream.length];

    for (int i = 0; i < buff_stream.length; i++) {
            try {
                arr_manager[i] = RTPManager.newInstance();
                rtp_port = port_num + 2 * i;

                arr_manager[i].initialize(new Dgram_Socket(InetAddress.
                                        getByName(addr), rtp_port));

                strm_snd = arr_manager[i].createSendStream(out_data_src, i);
                strm_snd.start();        //송신스트림 시작

                rtp_ssrc_id = strm_snd.getSSRC();

                if(rtp_ssrc_id < 0) {
                   rtp_ssrc_id = rtp_ssrc_id * (-1);
                }
                ssrc = "" + rtp_ssrc_id;
                } catch (Exception excp)  {
                  return excp.getMessage(); }
            }
                return null;
    }

    Integer getlock() {
            return lock;
    }

private synchronized boolean wait_state(Processor proc, int state) {

    proc.addControllerListener(new stListener());
```

```
        flg = false;

        if (state == Processor.Configured) {
                proc.configure();
        } else if (state == Processor.Realized) {
                proc.realize();
        }

        while (proc.getState() < state && !flg) {
                synchronized (getlock()) {
                        try {
                            getlock().wait();
                        } catch (InterruptedException excp) { return false; }
                        }
                }

                if (flg)  { return false; }
                else { return true; }
        }

Format chk_jpeg_format(Format org, Format arr_frm_ok) {
        int width, height;

        Dimension size = ((VideoFormat)org).getSize();
        Format jpeg = new Format(VideoFormat.JPEG_RTP);

        if (arr_frm_ok.matches(jpeg)) {
            width = (size.width % 8 == 0 ? size.width : (int)(size.width / 8) * 8);
            height = (size.height % 8 == 0 ? size.height : (int)(size.height / 8) * 8);

        } else  return arr_frm_ok;

        return (new VideoFormat(null,  new Dimension(width, height),
                Format.NOT_SPECIFIED, null,
                Format.NOT_SPECIFIED)).intersects(arr_frm_ok);
}


void setflg() {
        flg = true;
}

//내부 클래스 - 리스너
        class stListener implements ControllerListener {
                public void controllerUpdate(ControllerEvent evt) {
```

```
                if (evt instanceof ControllerClosedEvent)
                    setflg();

                if (evt instanceof ControllerEvent) {
                    synchronized (getlock()) {
                    getlock().notifyAll();
                    }
                }
            }
        }
}
```

위 소스에서 생성자 Test_19(DataSource data_src, String addr, int port_num)는 인수로 데이터 소스, IP 주소, 포트번호를 갖는다. 데이터 소스는 오디오/비디오 장치로부터 캡처하는 데이터 스트림이다. 생성자 다음에 오는 start() 메서드가 실제 송신 기능을 처리하는 부분이다. 이 부분은 크게 RTP 데이터 포맷에 맞추기 위해 입력된 데이터 소스를 변환시키는 proc_make()와 이 데이터를 받아 RTP 세션을 생성하기 위한 tx_session_make(), 실제 캡처한 데이터의 송신이 시작되는 pr.start()의 세 부분으로 나눌 수 있다.

메서드 proc_make()에서는 다음 문에서 프로세서를 생성한다.

```
pr = javax.media.Manager.createProcessor(data_src);
```

여기서 createProcessor() 메서드의 인자 data_src는 비디오 장치로부터의 캡처 데이터 소스로서 앞의 8-9절 응용 예에서 설명한 비디오 캡처 클래스가 제공하는 메서드 export_ds()를 사용하면 된다. 다음 문은 프로세서가 'Configured' 상태에 있을 때에만 출력 포맷과 트랙 컨트롤(TrackControl) 옵션 지정 등 데이터 포맷 처리를 해 줄 수 있으므로 그때까지 대기한다.

```
boolean tmp_bool = wait_state(pr, Processor.Configured);
```

다음 문에서는 입력된 데이터(캡처 데이터)의 포맷을 RTP 전송을 위한 포맷으로 변경하기 위하여 우선 각각의 트랙에 대하여 트랙 컨트롤을 얻는다.

```
TrackControl [] arr_tr_con = pr.getTrackControls();
```

다음 문에서는 setContentDescriptor() 메서드를 사용해 프로세서의 출력 컨텐츠 디스크립터를 RAW_RTP로 지정한다.

```
ContentDescriptor content = new ContentDescriptor(
                            ContentDescriptor.RAW_RTP);
pr.setContentDescriptor(content);
```

다음 문에서는 트랙 컨트롤 각각에 대해 트랙이 사용 가능한(enabled) 상태이면 getSupportedFormats() 메서드를 사용하여 트랙에 들어 있는 RTP 가능한 포맷들을 모두 얻는다.

```
for (int i = 0; i < arr_tr_con.length; i++) {
      Format format = arr_tr_con[i].getFormat();
      if (arr_tr_con[i].isEnabled()) {
            arr_frm_ok = arr_tr_con[i].getSupportedFormats();
```

이와 같이 얻은 RTP 가능한 포맷들 중 첫 번째 포맷(arr_frm_ok[0])이 비디오 포맷인 경우, 다음 문에서 chk_jpeg_format()을 호출해 이 포맷이 RTP 사용 가능한 JPEG 비디오 크기인지를 조사해 조절한다.

```
if (arr_frm_ok.length > 0) {
    if (arr_frm_ok[0] instanceof VideoFormat) {
        frm_sel = chk_jpeg_format(arr_tr_con[i].getFormat(), arr_frm_ok[0]);
```

RTP 사용 가능한 비디오 포맷 중 JPEG는 비디오의 폭 및 높이의 픽셀 크기가 8의 배수이어야 하므로 chk_jpeg_format() 메서드는 트랙에서 추출한 포맷이 이 조건을 만족하는지 조사해 여기에 맞추어 폭 및 높이를 조절한다.

다음 문에서는 선택된 포맷으로 트랙의 포맷을 설정한다.

```
arr_tr_con[i].setFormat(frm_sel);
```

다음 문에서는 프로세서가 'Realized' 상태가 될 때까지 대기한다.

```
tmp_bool = waitForState(pr, Controller.Realized);
```

프로세서가 'Realized' 상태가 된 후 RTP 가능한 포맷을 가지는 프로세서 출력 데이터 소스가 생성되므로 다음 문에서 프로세서 출력 데이터 소스를 가져온다.

```
out_data_src = pr.getDataOutput();
```

세션 매니저는 이 데이터 소스를 사용해 RTP 전송을 할 수 있게 된다.

메서드 tx_session_make()에서는 RTPManage를 사용해 프로세서의 출력 데이터 소스로부터 RTP 전송을 위한 세션을 생성하는 기능을 한다. 이 출력 데이터 소스는 앞에서 설명한 proc_make() 메서드 동작에서 RTP 전송 가능한 포맷을 가지고 있다.

다음 문에서 프로세서의 출력 데이터 소스 out_data_src를 PushBufferData Source로 하여 여기서 getStreams() 메서드를 사용해 프로세서의 각 트랙으로부터 PushBufferStream 형태의 미디어스트림들을 모두 얻는다.

```
PushBufferDataSource buff_data_src = (PushBufferDataSource)out_data_src;
PushBufferStream buff_stream[] = buff_data_src.getStreams();
```

다음 문에서 미디어스트림 개수 만큼 RTPManager의 객체를 생성한다.

```
arr_manager = new RTPManager[buff_stream.length];
```

다음 이 개수만큼 반복되는 아래의 for() 문에서 세션 연결에 사용할 포트번호는 port_num 값(최초 생성자에서 준 포트번호)에 대해 2씩 증가하고(이유는 RTP와 RTCP 각각에 대해 포트번호가 한 개씩 필요하기 때문이다), 이 포트번호와 IP 주소를 인자로 준 Dgram_Socket 클래스의 생성자를 사용해 RTPManager를 초기화시킨다.

```
for (int i = 0; i < buff_stream.length; i++) {
      try {
           arr_manager[i] = RTPManager.newInstance();
           rtp_port = port_num + 2 * i;
           arr_manager[i].initialize(new Dgram_Socket
                                 (InetAddress.getByName(addr), rtp_port));
```

Dgram_Socket 클래스에서는 전달받은 두 개의 인자(포트번호와 IP 주소)를 사용해 다음 문에서 DatagramSocket 클래스를 사용해 RTP 데이터그램 전송에 사용할 두 개의 소켓을 생성한다. 하나는 RTP 데이터용(sock_dgam_1)이고 다른 하나는 RTCP 콘트롤용(sock_dgam_2)이다. 여기서는 전달받은 IP 주소가 멀티캐스트 주소

(클래스 D)타입이 아니면 자신의 로컬 호스트 주소를 그대로 사용한다(Dgram_Socket 클래스는 별도의 파일로 되어 있다. 여기서는 Dgram_Socket 클래스의 주요 소스 부분만 설명한다).

```
sock_dgam_1 = new DatagramSocket(rtp_port, InetAddress.getLocalHost());
sock_dgam_2 = new DatagramSocket(rtp_port + 1, InetAddress.getLocalHost());
```

만일 IP 주소가 멀티캐스트 타입이면 다음 문에서 MulticastSocket 클래스를 사용해 멀티캐스트 소켓을 생성하고 MulticastSocket 클래스의 joinGroup() 메서드를 사용해 전달받은 멀티캐스트 그룹 주소에 가입한다. setTimeToLive() 메서드는 IP 헤더의 TTL(time-to-live) 값을 설정한다.

```
sock_dgam_1 = new MulticastSocket(rtp_port);
sock_dgam_2 = new MulticastSocket(rtp_port + 1);
((MulticastSocket)sock_dgam_1).joinGroup(addr);
((MulticastSocket)sock_dgam_1).setTimeToLive(ttl);
((MulticastSocket)sock_dgam_2).joinGroup(addr);
((MulticastSocket)sock_dgam_2).setTimeToLive(ttl);
```

다음 문에서 RTPManager 클래스의 createSendStream() 메서드를 사용하여 프로세서 출력 데이터 소스에 포함된 각 미디어 트랙에 대한 전송스트림(sendStream 타입)을 얻고 이를 시작한다.

```
strm_snd = arr_manager[i].createSendStream(out_data_src, i);
strm_snd.start();
```

다음 문은 sendStream 클래스의 getSSRC() 메서드를 사용해 전송스트림의 SSRC 값을 얻는 부분이다(SSRC 값은 소스 구분을 위해 사용하는 RTP 동기 소스 ID이며 5장의 RTP 헤더 부분에 상세히 설명되어 있다).

```
rtp_ssrc_id = strm_snd.getSSRC();
```

다음 pr.start(); 문에서 실제 캡처된 데이터의 RTP 전송이 시작된다. 이상에서 설명한 RTP 송신 클래스와 앞 절 응용 예에서 다룬 비디오 캡처 클래스를 함께 이용하면 비디오 장치에서 영상을 캡처하여 이를 네트워크를 통해 실시간으로 RTP를 사용해 전송할 수 있다. 예를 들어 main() 메서드에서 다음 식으로 사용할 수 있다.

```
DataSource data_src;

Test_18  video_cap = new Test_18();
data_src = video_cap.export_ds();
Test_19  rtp_tx = new Test_19(data_src, "202.31.128.99", 9000);
rtp_tx.start();
```

위에서 Test_18은 앞 절에서 설명한 비디오 캡처 클래스이고 Test_19는 RTP 송신 클래스이다. export_ds() 메서드는 Test_18 클래스에서 비디오 장치로부터의 데이터 소스를 리턴하고, 이 데이터 소스는 Test_19 클래스의 생성자의 인수로 사용한다.

8-11 자바 응용 예제-RTP 수신

RTP를 사용한 오디오/비디오 데이터 수신을 위해서는 RTP와 관련된 이벤트가 사용되며 이는 javax.media.rtp.event 패키지에 정의되어 있다. RTP 관련 이벤트 처리를 위한 리스너(listener)에는 SessionListener, SendStreamListener, ReceiveStreamListener, RemoteListener 등이 있다.

SessionListener는 세션의 상태 변화를 감지한다. 이때 발생하는 이벤트에는 세션에 새로운 참가자가 참여하는 것을 알려주는 NewParticipantEvent와 참가자의 SSRC가 이미 사용 중임을 알려주는 LocalCollisionEvent 등이 있다.

SendStreamListener는 송신할 RTP 스트림의 상태변화를 감지하며 로컬 참가자에 의해 새로운 송신 스트림이 생성될 때, 송신 스트림의 생성에 이용된 데이터 소스의 전송이 시작/중지되었을 때, 송신 스트림의 포맷과 부하(payload)가 변화되었을 때 각각 이벤트를 발생시킨다. 이 이벤트에는 NewSendStreamEvent, ActiveSendStreamEvent, InactiveSendStreamEvent, LocalPayloadChangeEvent, StreamClosedEvent 등이 있다.

ReceiveStreamListener는 수신될 RTP 스트림의 상태변화를 감지하며 새로운 수신 스트림이 생성되었을 때, 데이터 전송의 시작/중단 시, 데이터 전송이 타임아웃되는 경우, 이전에 제대로 처리되지 못한 수신 스트림이 세션 참가자와 연결되었을 때, RTCP APP 패킷이 수신되었을 때, 수신 스트림의 포맷이나 부하 변경 시 이벤트를 발생시킨다.

이들 이벤트에는 NewReceiveStreamEvent, ActiveReceiveStreamEvent, InactiveReceiveStreamEvent, TimeoutEvent, RemotePayloadChangeEvent,

StreamMappedEvent, ApplicationEvent 등이 있다. 여기서 가장 중요한 이벤트는 새로운 수신 스트림을 알려주는 NewReceiveStreamEvent이다.

RemoteListener는 원격 참가자로부터 수신된 이벤트 혹은 RTP 제어 메시지에 대한 감지를 하며 이벤트에는 ReceiverReportEvent, SenderReportEvent, RemoteCollisionEvent가 있다.

리스너 사용 예로 클래스에서 ReceiveStreamListener와 SessionListener 사용을 위해서는 다음과 같은 방식으로 구현(상속)한다.

```
public class Test_20 implements ReceiveStreamListener, SessionListener {
```

네트워크를 통해 수신된 RTP 데이터는 일단 세션 매니저에 의해 세션 별로 분리되어서 각각 별도의 데이터 소스들로 분리된다. 수신된 데이터를 그대로 재생하고자 하는 경우에는 세션 매니저에서 나오는 데이터 소스를 플레이어(Player)에게 넘겨주면 된다. 다음 [그림 8-6]에 이 과정을 보였다.

그림 8-6 RTP 데이터 수신

RTP 방식으로 전송된 데이터를 수신하는 자바 클래스의 예를 보였다. 여기서는 자바 이벤트 처리를 위해 리스너인 SessionListener와 ReceiveStreamListener를 구현(상속)하고 있다.

```
import javax.media.*;
import javax.media.rtp.*;
import javax.media.rtp.event.*;
import javax.media.rtp.rtcp.*;
import javax.media.protocol.*;
import javax.media.protocol.DataSource;
```

```
import javax.media.format.AudioFormat;
import javax.media.format.VideoFormat;
import javax.media.Format;
import javax.media.format.FormatChangeEvent;
import javax.media.control.BufferControl;
import java.awt.*;
import java.awt.event.*;
import java.io.*;
import java.net.*;


public class Test_20  implements SessionListener, ReceiveStreamListener {

      RTPManager arr_manager[] = null;
      String rtp_ssn[] = null;

      String name ;
      Player play;

      int port_num;
      ReceiveStream strm_recv;
      Object obj_sync = new Object();
      boolean flag_received = false;


public Test_20(String rtp_ssn[]) {
      this.rtp_ssn = rtp_ssn;
}

protected boolean initialize() {
      try {
          arr_manager = new RTPManager[rtp_ssn.length];

          Info_Session label_ssn;

          for (int i = 0; i < rtp_ssn.length; i++) {
          try {
                   label_ssn = new Info_Session(rtp_ssn[i]);
                   } catch (IllegalArgumentException excp) {
                   System.out.println(excp);
                   return false;
                   }

                arr_manager[i] = (RTPManager) RTPManager.newInstance();
                arr_manager[i].addSessionListener(this);
```

```
            arr_manager[i].addReceiveStreamListener(this);

            // RTPManager 초기화
            arr_manager[i].initialize(new Dgram_Socket(InetAddress.getByName
                                    (label_ssn.str_addr), label_ssn.port_num));

            BufferControl buff_con = (BufferControl)arr_manager[i].getControl
                                    ("javax.media.control.BufferControl");

            if (buff_con  != null)
                buff_con.setBufferLength(100);
            }

        } catch (Exception excp){
            System.out.println(excp);
            return false;
        }

        long curr_time = System.currentTimeMillis();

        try{
            synchronized (obj_sync) {
               while (!flag_received && System.currentTimeMillis() -
                     curr_time < 50000 ) {
        if (!flag_received)
        obj_sync.wait(1000);
        }
     }
  } catch (Exception excp) { System.out.println(excp);
  }

        if (!flag_received) {
           System.out.println("수신된 RTP 데이터 없음!");
           close();
           return false;
        }
  return true;
}

  // RTP 세션 종료
  protected void close() {

        String tmp = "Session Close";
        play.close();
```

```
            for (int i = 0; i < arr_manager.length; i++) {
            if (arr_manager[i] != null) {
                arr_manager[i].removeTargets(tmp);
                arr_manager[i].dispose();
                arr_manager[i] = null;
            }
        }
}


    //리스너(SessionListener)
    public synchronized void update(SessionEvent e_ssn) {
            if (e_ssn instanceof NewParticipantEvent) {
                Participant user = ((NewParticipantEvent)e_ssn).getParticipant();
                name = user.getCNAME();
                System.out.println(" 새로운 참가자 : " + name);
            }
    }


    //리스너(ReceiveStreamListener)
    public synchronized void update(ReceiveStreamEvent e_recv) {

            RTPManager rtp_man = (RTPManager)e_recv.getSource();
            Participant user = e_recv.getParticipant();
            ReceiveStream strm = e_recv.getReceiveStream();

            if (e_recv instanceof NewReceiveStreamEvent) {
                    try {
                        strm=((NewReceiveStreamEvent)e_recv).getReceiveStream();
                        DataSource data_src = strm.getDataSource();

                        if(data_src == null) Thread.sleep(1000);

                        RTPControl rtcp_c = (RTPControl)data_src.getControl
                                        ("javax.media.rtp.RTPControl");

                        if (rtcp_c != null)
                           System.out.println("새로운 RTP 스트림 수신");

                        if (user == null) {
                           System.out.println("송신자 불명...");
                        } else {
                           System.out.println("송신자 : " + user.getCNAME());
                        }
```

```
                Player pl = javax.media.Manager.createPlayer(data_src);
                if (pl == null)
                    return;

                play = pl;

                strm_recv = strm;

                //리스너 등록, 플레이어 시작, 패널 추가
                TestFrame frame = new TestFrame(play);
                TestPanel.panel.add(frame);

                pl.realize();

                synchronized (obj_sync) {
                    flag_received = true;
                    obj_sync.notifyAll();
                }

                } catch (Exception excp) {
                    System.out.println(excp);
                    return;
                }

            } else if (e_recv instanceof ByeEvent) {
                System.out.println("다음 참가자 종료: " + user.getCNAME());
            } else {
                System.out.println("기타 Event 발생");
                System.exit(0);
        }
    }


//세션 정보 처리
class Info_Session {

    public String str_addr = null;
    public int port_num;
    public int ttl = 1;

    Info_Session(String info_ssn) throws IllegalArgumentException {
        int tmp;
        String str_port = null, str_ttl = null;

        if (info_ssn != null && info_ssn.length() > 0) {
```

```
        while (info_ssn.length() > 1 && info_ssn.charAt(0) == '/')
                info_ssn = info_ssn.substring(1);

        tmp = info_ssn.indexOf('/');
        if (tmp == -1) {
                if (!info_ssn.equals(""))
                        str_addr = info_ssn;
        } else {
                str_addr = info_ssn.substring(0, tmp);
                info_ssn = info_ssn.substring(tmp + 1);

                tmp = info_ssn.indexOf('/');
                if (tmp == -1) {
                        if (!info_ssn.equals(""))
                           str_port = info_ssn;
                } else {
                        str_port = info_ssn.substring(0, tmp);
                        info_ssn = info_ssn.substring(tmp + 1);

                        tmp = info_ssn.indexOf('/');
                        if (tmp == -1) {
                                if (!info_ssn.equals(""))
                                        str_ttl = info_ssn;
                        } else {
                                str_ttl = info_ssn.substring(0, tmp);
                        }
                }
        }
    }

    if (str_addr == null)
        throw new IllegalArgumentException();

    if (str_port != null) {
        try {
            Integer tmp2 = Integer.valueOf(str_port);
            if (tmp2 != null)
                port_num = tmp2.intValue();
        } catch (Throwable t) {
            throw new IllegalArgumentException();
        }
    } else
        throw new IllegalArgumentException();

    if (str_ttl != null) {
```

```
                    try {
                        Integer tmp3 = Integer.valueOf(str_ttl);
                        if (tmp3 != null)
                            ttl = tmp3.intValue();
                    } catch (Throwable t) {
                        throw new IllegalArgumentException();
                    }
                }
            }
        }
}
```

위에서 다음 문은 이벤트 처리를 위해 리스너인 SessionListener와 ReceiveStreamListener를 구현(상속)하고 있다.

```
public class Test_20 implements SessionListener, ReceiveStreamListener {
```

다음 생성자 부분은 인수로 문자열 배열 형태의 'IP 주소/포트번호'를 받아 세션을 이 값으로 설정한다.

```
public Test_20(String rtp_ssn[]) {
     this.rtp_ssn = rtp_ssn;
}
```

이 클래스의 사용은 다른 클래스(main() 메서드가 포함된 클래스)에서 이 클래스를 부르는 다음 형태로 하면 된다. 문자열 배열 info_ssn이(보통 원소는 1개) "202.31.128.99/9000" 과 같이 "IP 주소/포트번호"를 담고 있다.

```
String info_ssn[];
info_ssn = new String[1];
info_ssn[0] =  "202.31.128.99/9000"
```

```
Test_20 rtp_rx = new Test_20(info_ssn);
rtp_rx.initialize();
```

소스에서 initialize() 메서드가 실제 수신 기능을 처리하는 부분이다. 다음 문은 RTPManager 객체를 생성하는 부분이다. 생성자 인수로 넘어온 문자열 배열 rtp_ssn의 원소 개수만큼 생성한다(원소 개수는 보통 1개이다).

```
arr_manager = new RTPManager[rtp_ssn.length];
```

다음 문은 문자열 배열 rtp_ssn의 IP 주소와 포트번호를 분리하기 위한 내부 클래스 Info_Session의 객체를 생성하는 부분이다.

```
Info_Session info_ssn;
info_ssn = new Info_Session(rtp_ssn[i]);
```

클래스 Info_Session에서는 생성자에서 세션 정보에 대한 문자열 처리를 하는데, 생성자 내부에서 다음 문에서 문자열 info_ssn에 포함된 IP 주소 부분을 분리하여 변수 str_addr에 저장한다.

```
tmp = info_ssn.indexOf('/');
if (tmp == -1) {
      if (!info_ssn.equals(""))
            str_addr = info_ssn;
      } else {
            str_addr = info_ssn.substring(0, tmp);
            info_ssn = info_ssn.substring(tmp + 1);
```

다음 문에서는 문자열 info_ssn에 포함된 포트번호 부분을 분리하여 변수 str_port에 저장한다(이 클래스에서는 TTL 부분도 분리되나 이 예에서는 TTL은 사용하지 않는다. 이때 초기값인 TTL 값은 1로 된다).

```
tmp = info_ssn.indexOf('/');
if (tmp == -1) {
      if (!info_ssn.equals(""))
            str_port = info_ssn;
      } else {
            str_port = info_ssn.substring(0, tmp);
            info_ssn = info_ssn.substring(tmp + 1);
```

위에서 분리된 값은 RTPManager 초기화 시에 사용된다. 다음 문에서는 RTP Manager 객체에 이벤트 처리를 위한 리스너인 SessionListener와 Receive StreamListener를 각각 등록한다.

```
arr_manager[i] = (RTPManager) RTPManager.newInstance();
arr_manager[i].addSessionListener(this);
arr_manager[i].addReceiveStreamListener(this);
```

다음 문에서는 Dgram_Socket 클래스의 생성자를 사용해 RTPManager를 초기화시킨다. 이때 클래스 Info_Session에서 얻은 IP 주소와 포트번호가 사용된다 (Dgram_Socket 클래스는 별도의 파일로 되어 있다).

```
arr_manager[i].initialize(new Dgram_Socket(InetAddress.getByName
                    (label_ssn.str_addr), label_ssn.port_num);
```

Dgram_Socket 클래스에서는 전달받은 두 개의 인자(IP 주소와 포트번호)를 사용해 다음 문에서 DatagramSocket 클래스를 사용해 RTP 데이터그램 수신에 사용할 두 개의 소켓을 생성한다. 하나는 RTP 데이터용(sock_dgam_1)이고 다른 하나는 RTCP 콘트롤용(sock_dgam_2)이다.

```
sock_dgam_1 = new DatagramSocket(rtp_port, InetAddress.getLocalHost());
sock_dgam_2 = new DatagramSocket(rtp_port + 1, InetAddress.getLocalHost());
```

다음 문은 수신 시 원활한 동작을 위한 적당한 버퍼 크기를 선택하는 부분이다.

```
BufferControl buff_con = (BufferControl)arr_manager[i].getControl
                        ("javax.media.control.BufferControl");
if (buff_con  != null)
    buff_con.setBufferLength(100);
}
```

다음 문에서 부울 변수 flag_received는 초기값이 false이고 ReceiveStream Listener인 update()에서 데이터 수신 시 true로 된다. while() 루프에서 flag_received 값이 true로 될 때까지 기다리며 이 동작은 주어진 값만큼 계속된다. 그때까지도 flag_received가 false이면 화면에 "수신된 RTP 데이터 없음!" 메시지를 출력하고 리턴된다.

```
synchronized (obj_sync) {
      while (!flag_received && System.currentTimeMillis() - curr_time < 50000 ) {
            obj_sync.wait(1000);
      }

      if (!flag_received) {
            System.out.println("수신된 RTP 데이터 없음!");
            close();
            return false;
      }
```

close() 메서드는 플레이어와 세션 매니저를 닫기 위한 메서드이다. close() 메서드에서는 play.close(); 문에서 플레이어를 닫는다. 또 close() 메서드에서는 다음 for() 문에서 세션 매니저를 닫는다.

```
for (int i = 0; i < arr_manager.length; i++) {
      if (arr_manager[i] != null) {
          arr_manager[i].removeTargets(tmp);
          arr_manager[i].dispose();
          arr_manager[i] = null;
      }
}
```

세션 리스너(SessionListener)는 다음 문으로 시작한다.

```
public synchronized void update(SessionEvent e_ssn) {
```

다음 문은 여기서 발생한 이벤트가 세션에 새로운 참가자가 참여하는 것을 알려주는 NewParticipantEvent이면 getParticipant() 메서드로 참가자 정보(Participant 클래스 타입)를 가져오고, Participant 클래스의 getCNAME() 메서드로 이 참가자의 CNAME(canonical name)을 얻는다(CNAME은 RTCP 패킷 형태 중 하나인 소스에 대한 사용자 정보 등을 담고 있는 SDES(source description)패킷에 들어 있으며 참가자를 서로 구분할 수 있는 이름을 나타낸다. 앞의 5-6절 RTCP 부분에 설명되어 있다).

```
if (e_ssn instanceof NewParticipantEvent) {
      Participant user = ((NewParticipantEvent)e_ssn).getParticipant();
      name = user.getCNAME();
      System.out.println(" 새로운 참가자 : " + name);
}
```

수신 스트림 리스너(ReceiveStreamListener)는 다음 문으로 시작한다.

```
public synchronized void update(ReceiveStreamEvent e_recv) {
```

여기서는 다음 문에서 RTP 이벤트가 NewReceiveStreamEvent이면 getReceiveStream() 메서드로 수신 스트림(ReceiveStream 타입)을 얻고 여기서 ReceiveStream 클래스의 getDataSource() 메서드를 사용해 데이터 소스를 얻는다.

```
if (e_recv instanceof NewReceiveStreamEvent) {
      try {
          strm = ((NewReceiveStreamEvent)e_recv).getReceiveStream();
          DataSource data_src = strm.getDataSource();
```

다음 문은 위에서 얻은 데이터 소스에서 getControl() 메서드를 사용해 RTPControl 객체를 얻는다.

```
RTPControl rtcp_c = (RTPControl)data_src.getControl
                    ("javax.media.rtp.RTPControl");
```

다음 문에서는 createPlayer()를 사용해 데이터 소스(data_src)에서 플레이어를 생성한다. 여기서 play는 Player 클래스의 객체이다.

```
Player pl = javax.media.Manager.createPlayer(data_src);
play = pl;
```

다음 문에서는 play를 인자로 사용해 클래스 TestFrame의 생성자를 실행시킨다(클래스 TestFrame은 별도의 파일로 되어 있으며 아래에서는 주요 부분만 설명한다).

```
TestFrame frame = new TestFrame(play);
```

클래스 TestFrame의 생성자에서는 플레이어에 이벤트 리스너를 등록하고 플레이어를 'realize' 상태로 만든다. 클래스 TestFrame의 생성자를 다음에 보였다(클래스 TestFrame은 클래스 JPanel을 상속하고 ControllerListener를 구현한다).

```
public TestFrame(Player pl) {
      setBorder(BorderFactory.createEmptyBorder());
      setBounds(0,0,160,120);
      setVisible(true);

      player = pl;
      player.addControllerListener((ControllerListener) this);
      player.realize();
}
```

클래스 TestFrame의 이벤트 리스너에서는 주어진 이벤트 발생 시 start() 메서드를 사용해 플레이어를 시작시킨다. 다음에 리스너에서 이 부분을 보였다.

```
public void controllerUpdate(ControllerEvent evt) {

      if (evt instanceof RealizeCompleteEvent) {
          mplayer.prefetch();
      } else if (evt instanceof PrefetchCompleteEvent) {
      ....................
      player.start();
}
```

다음 문에서 클래스 TestFrame의 객체를 클래스 TestPanel이 생성한 패널에 추가한다. 여기서 panel은 RTP 수신한 비디오 화면을 재생할 패널이다(클래스 TestPanel은 별도의 파일로 되어 있다).

```
TestPanel.panel.add(frame);
```

다음 문에서는 부울 변수인 flag_received 값을 true로 하여 앞에서 설명한 initialize() 메서드에 RTP 데이터의 수신을 알려준다.

```
synchronized (obj_sync) {
      flag_received = true;
      obj_sync.notifyAll();
}
```

다음 문은 수신 RTP 이벤트가 ByeEvent이면 해당 참가자가 종료되었다는 메시지를 출력한다.

```
else if (e_recv instanceof ByeEvent) {
      System.out.println("참가자 종료: " + user.getCNAME());
```

C# 네트워크 프로그래밍 기초

CHAPTER

[9]

9-1 C# 기초

C#은 다양하고 강력한 클래스와 비주얼 베이직(Visual Basic)의 개발 편의성을 모두 갖춘 객체지향 프로그래밍 언어이며 ANSI C++를 기반으로 하지만 자바와의 유사성도 많다. 닷넷 프레임워크(.NET framework)에 최적화되었으며 네트워크 응용 프로그램 개발에도 효과적이다. 비주얼 스튜디오(Visual Studio)에 포함되어 있으며 비주얼 스튜디오 전체가 아니라 비주얼 C# 만을 따로 설치할 수도 있다. 다음 사이트에서 비주얼 스튜디오 무료 평가판을 다운 받을 수도 있다.

http://www.microsoft.com/visualstudio/eng/downloads

C++ 언어와 구분되는 C#의 몇 가지 특징을 정리하였다.

- 네임스페이스(name space)를 사용해 연관된 클래스를 계층적으로 표현한다(소스 첫부분에 키워드 using 뒤에 네임스페이스 이름이 온다).
- 전역 함수가 없으므로 Main() 메서드가 사용자 정의 클래스의 메서드로 선언된다.
- C/C++와 달리 헤더파일이 없다.
- C++와 달리 클래스를 사용 전에 미리 정의/선언할 필요가 없다(정의 순서가 중요하지 않다).
- C++와 달리 다중 상속을 지원하지 않는다. 대신 자바처럼 인터페이스(interface)를 제공한다.
- C++와 달리 클래스 상속 시 항상 퍼블릭(public)으로 상속받는다(C++는 public, private, protected 등이 가능하다).

- C/C++와 달리 조건식은 부울형이어야 한다.
- C/C++와 달리 switch() 문에 정수값이 아닌 문자열 변수도 사용 가능하다.
- 숫자 타입에서 unsigned, signed 키워드가 없고 대신 unsigned 정수의 경우 16비트인 ushort, 32비트인 uint, 64비트인 ulong 타입이 제공된다. char 타입은 16비트 유니코드 형태이다.
- 메서드 인자 전달 시 데이터 타입이 밸류형(value type: 숫자, 부울값, 열거형 등)이면 call-by-value로 전달되고, 데이터 타입이 레퍼런스형(reference type: 문자열, 클래스, 배열 등)이면 call-by-reference로 전달된다.
- 밸류형 데이터를 메서드 인자로 하면서 레퍼런스형으로 전달하려면 인자 앞에 ref나 out 키워드를 붙인다.
- 메서드를 안전하게 캡슐화하기 위해 대리자(delegator)가 제공된다. 메서드를 데이터로 사용하려면 delegate 키워드로 대리자(delegator)를 선언하고 대리자 객체 생성 시 메서드 이름을 준다.

9-2 C# 스트림 클래스

스트림은 바이트 단위로 데이터를 읽고 쓰는 시리얼 장치(serial device), 즉 파일, 네트워크 소켓, 프린터 등을 추상화한 것이다. 이와 같이 하면 파일, 네트워크 소켓, 프린터 등과 데이터를 교환할 때 서로 간에 유사한 코드를 사용할 수 있다는 장점이 있다. C#은 모든 스트림 클래스의 기본 클래스인 Stream 클래스를 제공하며 Stream 클래스의 파생 클래스로 FileStream, BufferedStream, NetworkStream 클래스 등이 있다. 닷넷 버전 4의 모든 클래스들은 현재로는 다음 링크(.NET Framework 4 Class Library)에서 찾아볼 수 있다.

http://msdn.microsoft.com/en-us/library/gg145045(v=vs.100).aspx

(위 링크는 추후 변경될 수도 있다. 현재는 .NET Framework 4.5까지 나와 있으며 4.5의 링크는 다음과 같다. http://msdn.microsoft.com/en-us/library/w0x726c2.aspx)

Stream 클래스는 닷넷(.NET)에서 System.IO 네임스페이스에 속해 있으며 Stream 클래스를 통해 바이트 단위로 입출력할 수 있다. Stream 클래스가 제공하는 읽기/쓰기 메서드에는 동기(synchronous) 방식과 비동기(asynchronous) 방식의 두 가지 종류가 있다. 보통은 하나의 읽기/쓰기 동작이 끝나야 다음 동작이 시작되는 동기(synchronous) 방식을 사용하지만 큰 용량의 파일이나 네트워크 송수신의 경우 동작이 끝날 때까지 시간이 오래 걸릴 수 있으므로, 이런 경우 비동기(asynchronous) 방식을 사용하면 읽기/쓰기 요청 후 해당 동작이 끝나기 전에 다른 작업을 수행할 수 있다. 대신 다른 작업 수행 중에 이전에 시작한 읽기/쓰기 요청이 동작 완료 시 이를 통보해 주는 기능이 필요하다.

[표 9-1]에 Stream 클래스의 주요 동기 메서드를 보였고 [표 9-2]에 Stream 클래스의 주요 비동기 메서드를 보였다.

표 9-1 Stream 클래스의 주요 동기 메서드

메서드	기능
ReadByte()	스트림에서 1바이트를 읽는다. 현재 위치는 +1 증가한다. 스트림 끝에서 −1을 리턴한다.
Read()	스트림에서 n 바이트를 읽는다. 파라미터는 버퍼를 나타내는 buffer, 시작위치를 표시하는 offset, 읽는 최대 바이트 수를 나타내는 count가 있다. 읽기 동작 후 현재위치는 +n 증가한다. 스트림 끝에서 0을 리턴한다.
WriteByte()	스트림에 1바이트 쓴다. 현재위치는 +1 증가한다.
Write()	스트림에 n 바이트를 쓴다. 파라미터는 buffer, offset, count이고 count는 쓸 바이트 수이다. 쓰기 동작 후 현재 위치는 +n 증가한다.

표 9-2 Stream 클래스의 주요 비동기 메서드

메서드	기능
BeginRead()	비동기 읽기 동작을 시작한다. 파라미터로는 버퍼를 나타내는 buffer, 읽기 시작위치를 표시하는 offset, 읽어들일 최대 바이트 크기인 count, 읽기 동작 완료 시 호출되는 AsyncCall-back 대리자(delegator) 등이 있다.
BeginWrite()	비동기 쓰기 동작을 시작한다. 파라미터로는 버퍼를 나타내는 buffer, 쓰기 시작위치를 표시하는 offset, 쓰기할 최대 바이트 크기인 count, 쓰기 동작 완료 시 호출되는 AsyncCallback 대리자 등이 있다.
EndRead()	비동기 읽기 동작을 종료한다.
EndWrite()	비동기 쓰기 동작을 종료한다.

이외에도 Stream 클래스에는 스트림 종료 시 사용하는 Close() 메서드와 스트림에서 포인터 위치를 설정하기 위한 Seek() 메서드가 있다. Close() 메서드는 NetworkStream에서는 소켓을 종료하고 FileStream에서는 파일 리소스를 해제하는 기능을 한다.

Stream 클래스의 속성(properties)에는 스트림이 읽기/쓰기 가능한지를 체크하는 CanRead, CanWite가 있고(가능하면 True, 아니면 False 값을 갖는다), 스트림이 검색 가능한지를 체크하는 CanSeek가 있다(가능하면 True, 아니면 False 값을 갖는다). 디스크나 메모리를 사용하는 FileStream이나 MemoryStream의 경우는 CanSeek 값이 True이지만 NetworkStream의 CanSeek 값은 항상 False이다. 또 Position 속성은 스트림의 현재 위치를 알려주거나 설정하는 데 사용할 수 있다.

● FileStream 클래스

FileStream 클래스는 Stream의 파생 클래스 중 가장 자주 사용되며 파일 입력/출력에 사용된다. 파일을 네트워크로 전송할 때도 사용할 수 있다. FileStream 클래스의 인스턴스(instance) 생성을 위한 다양한 생성자(constructor)가 제공되며 생성자의 대표적인 포맷은 아래와 같다.

```
FileStream(String, FileMode, FileAccess, FileShare, Int32, Boolean)
```

FileStream 인스턴스 생성 시 위의 6개 파라미터 중 앞의 두 개만 사용해도 된다. 첫 번째 파라미터인 String은 파일 경로(예: C:\Test\sample.txt)이다. 두 번째 파라미터인 FileMode는 파일의 오픈 방식을 지정하며 값으로 Create, CreateNew, Append, Open 등이 올 수 있다.

FileMode 값 중 Create는 새로운 파일을 생성하며 기존파일이 있으면 덮어 쓴다. CreateNew는 새로운 파일을 생성하며 기존파일이 있으면 예외(exception)가 발생한다. Append는 파일에 데이터를 추가하며 파일이 없으면 새로 생성한다. Open은 파일을 오픈하며 해당 파일이 없으면 예외가 발생한다.

FileStream 생성자의 세 번째 파라미터인 FileAccess는 파일 액세스 모드를 지정하며 Read, Write, ReadWrite가 값으로 올 수 있다. Read는 읽기 허용, Write는 쓰기 허용, ReadWrite는 읽기/쓰기 허용이다. 네 번째 파라미터인 FileShare는 복수 개의 프로세서가 하나의 파일을 공유하는 권한을 설정한다. 값으로 None, Read, Write, ReadWrite 등이 올 수 있다. None은 공유 금지, Read는 다른 프로세스에게 읽기 허용, Write는 다른 프로세스에게 쓰기 허용, ReadWrite는 다른 프로세스에게 읽기/쓰기 허용이다.

FileStream 생성자의 다섯 번째 파라미터인 Int32는 버퍼크기를 설정한다. 생략 시 디폴트 크기는 8192바이트이다. 여섯 번째 파라미터인 Boolean은 스트림에 대한 동기/비동기 동작을 설정한다. True이면 비동기 동작이다(Boolean 파라미터가 생략되면 동기 동작이다). 생성자 사용 예를 다음에 보였다.

```
FileStream  testFile = new  FileStream("C:\Test\sample.txt",  FileMode.Create)

FileStream  testFile = new  FileStream("C:\Test\sample.txt",  FileMode.Create,
                    FileAccess.Write)

FileStream  testFile = new  FileStream("C:\Test\sample.txt",  FileMode.Create,
                    FileAccess.Write, FileShare.Read)

FileStream  testFile = new  FileStream("C:\Test\sample.txt",  FileMode.Create,
                    FileAccess.Write, FileShare.Read, 2000)

FileStream  testFile = new  FileStream("C:\Test\sample.txt",  FileMode.Create,
                    FileAccess.Write, FileShare.Read, 2000, true)
```

다음은 파일스트림을 사용한 간단한 C# 프로그램 예이다.

```
using System;
using System.Text ;
using System.IO;

namespace Test1
{
      class Program
      {
```

```
            static void Main(string[] args)
            {
                FileStream tstFs = new FileStream("test1.txt", FileMode.Create);

                byte[] buff = Encoding.ASCII.GetBytes("Kumoh Inst of Tech");

                tstFs.Write(buff, 0, buff.Length);
                Console.WriteLine("FileStream 쓰기 완료.");

                tstFs.Seek(0, SeekOrigin.Begin);

                buff = new byte[tstFs.Length];

                tstFs.Read(buff, 0, (Convert.ToInt32(tstFs.Length)));
                Console.WriteLine(" FileStream 읽기 : " + Encoding.ASCII.
                                    GetString(buff));

            }
        }
}
```

위 소스에서 Stream 클래스는 System.IO 네임스페이스에 속해 있으므로 프로그램 시작부에 먼저 이를 명시해 주었다. 다음 문에서 파일(test1.txt)을 생성하고 파일 스트림 인스턴스(tstFs)를 얻는다.

```
FileStream tstFs = new FileStream("test1.txt", FileMode.Create);
```

다음 문은 Encoding 클래스를 사용해 주어진 문자열을 바이트 열로 변환한다(Encoding 클래스는 System.Text 네임스페이스에 속한다).

```
byte[] buff = Encoding.ASCII.GetBytes("Kumoh Inst of Tech");
```

다음 문은 이 바이트 열을 Stream 클래스의 Write() 메서드를 사용해 파일에 쓴다.

```
tstFs.Write(buff, 0, buff.Length);
```

다음 문에서는 Stream 클래스의 Seek() 메서드를 사용해 스트림의 포인터 위치를 0으로 설정한다.

```
tstFs.Seek(0, SeekOrigin.Begin);
```

다음 문에서는 Stream 클래스의 Read() 메서드를 사용해 파일 크기만큼 데이터를 읽어낸다.

```
tstFs.Read(buff, 0, (Convert.ToInt32(tstFs.Length)));
```

다음 문에서는 바이트 열을 문자열로 변환 후 표준 입출력 처리를 하는 System.Console 클래스의 WriteLine()을 사용해 화면에 출력된다(소스 첫줄에서 System 네임스페이스를 선언했으므로 Console.WriteLine()과 같이 사용하면 된다).

```
Console.WriteLine(" FileStream 읽기 : " + Encoding.ASCII.GetString(buff));
```

[그림 9-1]은 위 소스를 비주얼 스튜디오에서 실행하기 위해 비주얼 스튜디오 첫 화면에서 '파일 → 새로만들기 → 프로젝트' 메뉴를 선택한 화면이다. 프로젝트 타입은 보통 윈도우 응용 프로그램인 경우 'Windows Forms 응용 프로그램'을 선택하지만 이 경우는 '콘솔 응용 프로그램'을 선택한다.

[그림 9-2]는 소스를 입력하고 빌드 메뉴로 컴파일시킨 화면이다. 빌드 후에는 '디버그 → 디버깅하지 않고 시작' 메뉴로 실행시킨다(영문판의 경우 'Debug → Start Without Debugging' 메뉴이다. 빌드를 생략하고 이 메뉴를 실행하면 자동으로 컴파일 후 실행한다). 빌드 후에는 프로젝트 이름의 폴더에 .cs 소스 파일이 생기고 하위 폴더 'bin\Debug'에 컴파일된 실행 파일이 생긴다. 실행 시 콘솔 화면에 위 소스의 메시지들이 표시되고 실행 파일이 위치한 폴더(bin\Debug)에 텍스트파일 test1.txt가 생긴다.

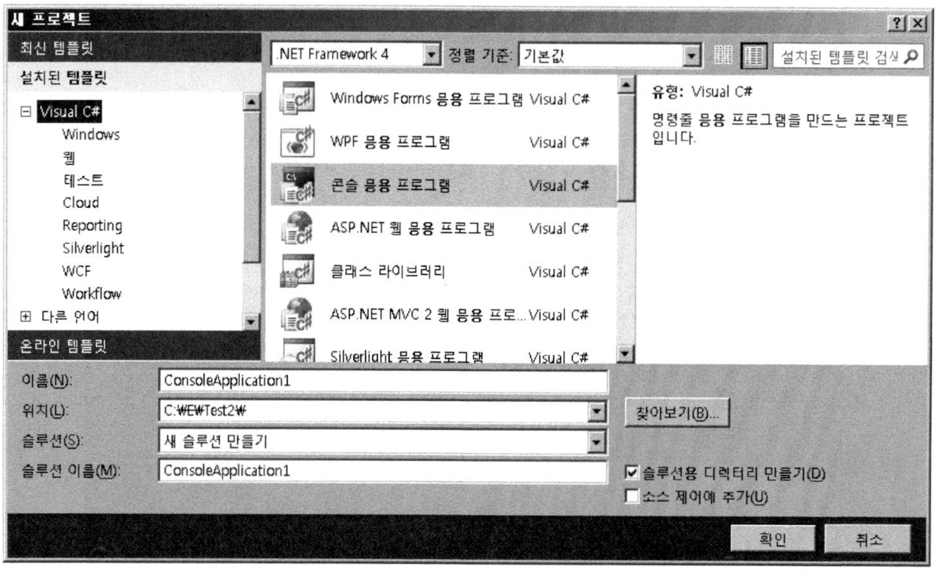

그림 9-1 새 프로젝트 메뉴 화면

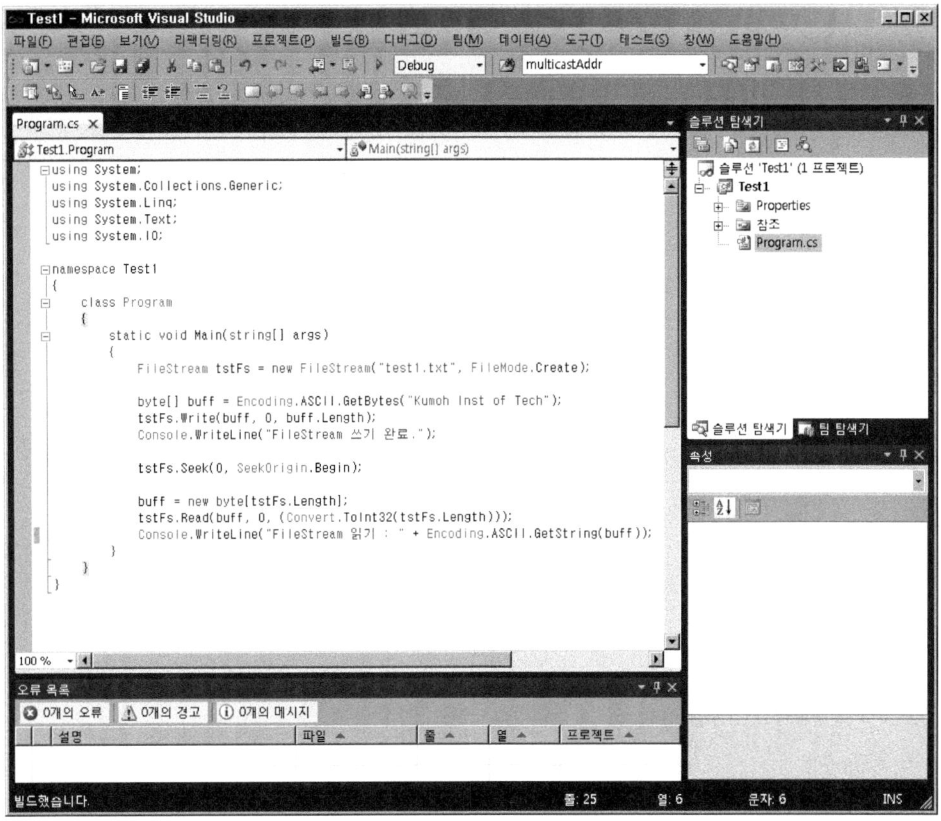

그림 9-2 소스 입력 후 빌드시킨 화면

● StreamReader 클래스와 StreamWriter 클래스

StreamReader 클래스와 StreamWriter 클래스는 바이트 스트림에서 문자열을 읽어오거나 쓸 때 사용하면 편리하다. 이들 클래스는 System.IO 네임스페이스에 속해 있다. 앞에 나온 Stream 클래스, FileStream 클래스와 다음에 나오는 BinaryReader 클래스와 BinaryWriter 클래스도 모두 여기에 속한다.

[표 9-3]에 StreamReader 클래스의 주요 메서드를 보였고 [표 9-4]에 Stream Writer 클래스의 주요 메서드를 보였다.

표 9-3 StreamReader 클래스의 주요 메서드

메서드	기능
Read()	입력 스트림에서 1바이트를 읽는다.
ReadLine()	현 스트림에서 문자열 1라인을 읽는다.
ReadToEnd()	현 위치에서 스트림 끝까지 읽는다.
Close()	StreamReader 객체를 닫는다.

표 9-4 StreamWriter 클래스의 주요 메서드

메서드	기능
WriteLine(Char[])	문자열을 쓰고 이어서 줄마침 제어문자도 쓴다.
WriteLine(Int32)	32비트 정수형 값을 텍스트 형태로 쓰고 이어서 줄마침 제어문자도 쓴다.
WriteLine(String)	스트링을 쓰고 이어서 줄마침 제어문자도 쓴다.
Write(Char[])	문자열을 쓴다.
Write(Decimal)	10진수를 텍스트 형태로 쓴다.
Write(Double)	64비트 실수형 값을 텍스트 형태로 쓴다.
Write(Int64)	64비트 정수형 값을 텍스트 형태로 쓴다.
Write(UInt32)	부호없는 32비트 정수형 값을 텍스트 형태로 쓴다.
Close()	StreamWriter 객체를 닫는다.

다음은 파일에서 문자열을 읽어 화면에 출력하는 간단한 예이다. 여기서는 읽을 때 StreamReader 클래스의 ReadLine() 메서드를 사용하였다.

```
using System;
using System.Text;
using System.IO;

namespace Test2
{
    class Program
    {
```

```
            static void Main(string[] args)
            {
                   FileStream tstFs = new FileStream("test2.txt", FileMode.
                                Open, FileAccess.Read);

                   StreamReader  tstRdr = new StreamReader(tstFs);

                   string  tmpstring;

                   while ((tmpstring = tstRdr.ReadLine()) != null)  {
                      Console.WriteLine("한 라인 내용:" + tmpstring);
                   }

                   tstRdr.Close();
                   tstFs.Close();
            }
      }
}
```

위 소스에서는 다음 문에서 읽기 모드로 파일을 오픈해 파일스트림을 얻는다.

```
FileStream tstFs = new FileStream("test2.txt", FileMode.Open, FileAccess.Read);
```

다음 문에서는 FileStream 인스턴스(tstFs)로부터 StreamReader 클래스의 인스턴스(tstRdr)를 얻는다.

```
StreamReader tstRdr = new StreamReader(tstFs);
```

다음 문에서는 StreamReader 클래스의 ReadLine() 메서드를 사용하여 라인 끝까지 문자열을 읽는다. 이 과정을 모든 라인에 대해 계속하여 화면에 출력한다.

```
while ((tmpstring = tstRdr.ReadLine()) != null)  {
        Console.WriteLine("한 라인 내용:" + tmpstring);
}
```

● BinaryReader 클래스와 BinaryWriter 클래스

BinaryReader 클래스와 BinaryWriter 클래스는 스트림에서 문자열, 바이트, 실수형, 정수형 등의 기본 데이터 형식(primitive data type)으로 데이터를 읽거나 쓸 때 사용한다. 바이너리 파일을 다룰 때 사용하면 편리하다. 이들 클래스는 System.IO 네임스페이스에 속해 있다. 앞의 FileStream 클래스의 경우 Read(), Write() 메서드는 바이트 타입만 가능하므로 문자열 읽기/쓰기 시 바이트와 문자열의 변환을 위해 Encoding.ASCII.GetBytes(), Encoding.ASCII.GetString() 등을 사용하였는데, 이들 클래스를 사용하면 변환과정이 필요 없다. [표 9-5]에 BinaryReader 클래스의 주요 메서드를 보였고 [표 9-6]에 BinaryWriter 클래스의 주요 메서드를 보였다.

표 9-5 BinaryReader 클래스의 주요 메서드

메서드	기능
ReadByte()	현 스트림에서 1바이트를 읽는다.
ReadBytes()	현 스트림에서 주어진 바이트 수만큼 읽는다.
ReadString()	현 스트림에서 스트링을 읽는다.
ReadChars()	현 스트림에서 주어진 문자 수만큼 읽는다.
ReadDouble()	현 스트림에서 64비트 실수값을 읽는다.
ReadInt32()	현 스트림에서 32비트 정수값을 읽는다.
PeekChar()	현 스트림에서 다음 문자를 리턴하되 다른 메서드들과 달리 스트림 상에서 포인터 위치의 이동은 없다.

표 9-6 BinaryWriter 클래스의 주요 메서드

메서드	기능
Write(Byte[])	바이트 열을 현 스트림에 쓴다.
Write(Int32)	32비트 정수를 현 스트림에 쓴다.
Write(Double)	64비트 실수를 현 스트림에 쓴다.
Write(String)	스트링을 현 스트림에 쓴다.
Write(UInt32)	부호없는 32비트 정수를 현 스트림에 쓴다.
Write(Char[])	문자 열을 현 스트림에 쓴다.
Write(Decimal)	10진수를 현 스트림에 쓴다(이 경우 포인터 위치는 16바이트 이동한다).
Write(Single)	32비트 실수값을 현 스트림에 쓴다.

BinaryWriter 클래스에서는 Write() 메서드를 사용하여 바이트, 바이트 열, 스트링, 실수형, 정수형 등 다양한 데이터 형식으로 스트림에 쓸 수 있다. 다음은 BinaryReader와 BinaryWriter 클래스의 사용 예이다.

```
using System;
using System.Text;
using System.IO;

namespace Test3
{
      class Program
      {
            static void Main(string[] args)
            {
                  double a, b;
                  int eof;

                  FileStream tstwFs  = new FileStream("test3.bin", FileMode.Create,
                                       FileAccess.Write);

                  BinaryWriter tstBiw = new BinaryWriter(tstwFs);

                  for (int i = 0; i<=45; i+=3) {
```

```
                a = Math.PI * i/180;
                b = Math.Tan(a);

                tstBiw.Write((Int16)i);
                tstBiw.Write(b);
            }

            tstBiw.Close();
            tstwFs.Close();

            FileStream tstrFs  = new FileStream("test3.bin", FileMode.Open,
                                 FileAccess.Read);

            BinaryReader tstBir = new BinaryReader(tstrFs);

            do {
                eof = tstBir.PeekChar();

                if(eof != -1) {
                         a = tstBir.ReadInt16(); b = tstBir.ReadDouble();
                         Console.WriteLine("각도 :" + a + "   값 :" + b);
                }
            } while(eof != -1);

            tstBir.Close();
            tstrFs.Close();
        }
    }
}
```

위 소스에서 다음 문에서 파일(test3.bin)에 대한 파일스트림 인스턴스(tstwFs)와 BinaryWriter 인스턴스(tstBiw)를 얻는다.

```
FileStream tstwFs  = new FileStream("test3.bin", FileMode.Create, FileAccess.Write);
BinaryWriter tstBiw = new BinaryWriter(tstwFs);
```

다음 문에서 각도를 16비트 정수형으로, 계산된 삼각함수 값을 64비트 실수형으로 각각 바이너리 파일(test3.bin)에 쓴다.

```
tstBiw.Write((Int16)i);
tstBiw.Write(b);
```

다음 문에서 바이너리 파일(test3.bin)을 읽기 모드로 오픈하고 BinaryReader 인스턴스(tstrFs)를 얻는다.

```
FileStream tstrFs  = new FileStream("test3.bin",  FileMode.Open, FileAccess.Read);
BinaryReader tstBir = new BinaryReader(tstrFs);
```

다음 문에서 BinaryReader 클래스의 PeekChar() 메서드를 사용해 스트림의 현 위치가 파일의 끝인지 조사한다.

```
eof = tstBir.PeekChar();
```

파일의 끝이 아니면 다음 문을 사용해 16비트 정수형 각도 값과 64비트 실수형 삼각함수 값을 바이너리 파일에서 읽어 화면에 출력한다.

```
a = tstBir.ReadInt16(); b = tstBir.ReadDouble();
Console.WriteLine("각도 :" + a + " 값 :" + b);
```

9-3 C# IP 주소 관련 클래스

● Dns 클래스

Dns 클래스는 인터넷 도메인 이름에 대응하는 IP 주소를 얻는 데 사용하며 정적(static) 클래스이다. System.Net 네임스페이스에 속해 있다. Dns 클래스의 주요 메서드를 [표 9-7]에 보였다(이들은 모두 정적 메서드이다).

표 9-7 Dns 클래스의 주요 메서드

메서드	기능
GetHostName()	로컬 컴퓨터의 호스트 이름을 리턴한다.
GetHostAddresses()	호스트에 대한 IP 주소를 리턴한다.
GetHostEntry(IPAddress)	주어진 IP 주소(IPAddress 타입)에 대한 IPHostEntry 객체를 리턴한다.
GetHostEntry(String)	스트링 타입으로 주어진 호스트 이름이나 IP 주소에 대한 IPHostEntry 객체를 리턴한다.
BeginGetHostAddresses()	GetHostAddresses()의 비동기 메서드(시작)
EndGetHostAddresses()	GetHostAddresses()의 비동기 메서드(종료)

사용 예를 다음에 보였다.

```
string host_name = "www.kumoh.ac.kr";
IPHostEntry ip_result = Dns.GetHostEntry(host_name);
```

여기서는 GetHostEntry() 메서드를 사용하여 주어진 도메인 이름에 대한 IP 주소를 IPHostEntry 타입으로 얻고 있다. 정적(static) 메서드이므로 객체 생성 없이 바로 사용한다. 다음은 도메인 이름에 해당하는 IP 주소를 화면에 출력하는 간단한 프로그램 예이다. 소스는 아래와 같다.

```
using System;
using System.Net;

namespace Test_dns
{
      class Program
      {

             static void Main(string[] args)
             {
                    string host_name = "www.kumoh.ac.kr";

                    IPHostEntry ip_result = Dns.GetHostEntry(host_name);

                    Console.WriteLine(host_name + "에대한 IP 주소 :");

                    foreach (IPAddress ip_addr in ip_result.AddressList)
                       Console.WriteLine(ip_addr.ToString());

             }
      }
}
```

위 소스에서는 다음 문에서 GetHostEntry() 메서드를 사용하여 주어진 도메인 이름에 대한 IP 주소를 IPHostEntry 타입으로 얻는다.

```
IPHostEntry ip_result = Dns.GetHostEntry(host_name);
```

다음 문에서는 IPHostEntry 클래스의 AddressList 속성을 사용해 주어진 도메인 이름에 대한 모든 IP 주소를 화면에 출력한다.

```
foreach (IPAddress ip_addr in ip_result.AddressList)
Console.WriteLine(ip_addr.ToString());
```

● IPHostEntry 클래스

IPHostEntry 클래스는 인터넷 주소에 관한 정보를 제공한다. System.Net 네임스페이스에 속해 있다. IPHostEntry 클래스의 속성을 [표 9-8]에 보였다.

표 9-8 IPHostEntry 클래스의 속성

속성	기능
AddressList	호스트에 대한 IP 주소 목록을 얻거나 설정한다.
Aliases	호스트에 대한 가명(alias) 목록을 얻거나 설정한다.
HostName	호스트에 대한 DNS 이름을 얻거나 설정한다.

● IPAddress 클래스

IPAddress 클래스는 IP 주소를 나타낸다. System.Net 네임스페이스에 속해 있다. IPAddress 클래스의 주요 메서드를 [표 9-9]에 보였다.

표 9-9 IPAddress 클래스의 주요 메서드

속성	기능
Parse()	문자열 형태의 IP 주소를 IPAddress 인스턴스로 변환한다. 정적 메서드이다.
HostToNetworkOrder(Int16)	16비트 정수값을 호스트 바이트 순서에서 네트워크 바이트 순서로 변환한다. 정적 메서드이다.
HostToNetworkOrder(Int32)	32비트 정수값을 호스트 바이트 순서에서 네트워크 바이트 순서로 변환한다. 정적 메서드이다.
NetworkToHostOrder(Int16)	16비트 정수값을 네트워크 바이트 순서에서 호스트 바이트 순서로 변환한다. 정적 메서드이다.
NetworkToHostOrder(Int32)	32비트 정수값을 네트워크 바이트 순서에서 호스트 바이트 순서로 변환한다. 정적 메서드이다.

● IPEndPoint 클래스

IPEndPoint 클래스는 IP 주소와 포트번호로 상대방(네트워크 엔드포인트)을 나타낸다. System.Net 네임스페이스에 속해 있다. EndPoint 클래스의 생성자 포맷은 다음과 같다.

```
IPEndPoint(IPAddress, Int32)
```

주어진 IP 주소와 포트번호를 사용해 네트워크 엔드포인트를 생성한다.

IPEndPoint 클래스의 속성을 [표 9-10]에 보였다.

표 9-10 IPEndPoint 클래스의 속성

속성	기능
Address	IP 주소 목록을 설정하거나 얻는다.
AddressFamily	주소 패밀리를 설정하거나 얻는다.
Port	포트번호를 설정하거나 얻는다.

9-4 C# 소켓 클래스

닷넷(.NET)의 System.Net.Sockets 네임스페이스의 C# 클래스들은 소켓관련 각종 기능을 제공하는데, 주요 클래스는 Socket, TcpListener, TcpClient, UdpClient, NetworkStream, MulticastOption 등이 있다. 현재로는 다음 링크에서 System.Net.Sockets 네임스페이스에 속해 있는 모든 클래스들을 확인해 볼 수 있다.

```
http://msdn.microsoft.com/en-us/library/System.Net.Sockets(v=vs.100).aspx
```

여기서는 이들 중 가장 기본인 Socket 클래스에 대해 설명한다.

● Socket 클래스

Socket 클래스는 앞의 6장에서 다룬 유닉스/리눅스 소켓(버클리 소켓)을 구현하고 있고 네트워크 프로그램의 가장 기초가 된다. Socket 클래스의 생성자 포맷은 다음과 같다.

```
Socket(AddressFamily, SocketType, ProtocolType)
```

생성자의 첫 번째 파라미터 AddressFamily는 소켓의 주소 패밀리를 나타낸다. 6장에서 설명한 유닉스/리눅스가 제공하는 C언어 socket() 함수에서의 파라미터 family에 해당한다. 32비트 IP 주소를 사용하는 IPv4의 경우 AddressFamily.

InterNetwork을 값으로 사용한다(6장의 C언어 socket() 함수에서는 AF_INET을 사용하였다). 128비트 IP 주소를 사용하는 IPv6의 경우는 AddressFamily.InterNetworkV6을 값으로 사용한다.

두 번째 파라미터 SocketType은 소켓의 타입(Stream, Datagram 등)을 나타낸다. TCP 소켓의 경우 SocketType.Stream을 값으로 사용하고, UDP 소켓의 경우 SocketType.Datagram을 값으로 사용한다(6장의 C언어 socket() 함수에서는 TCP 소켓의 경우 SOCK_STREAM, UDP 소켓의 경우 SOCK_DGRAM이었다). Raw 모드 소켓의 경우 SocketType.Raw을 값으로 사용한다.

세 번째 파라미터 ProtocolType은 트랜스미션 층의 프로토콜 타입(TCP, UDP 등)을 나타낸다. 트랜스미션 프로토콜이 TCP이면 ProtocolType.Tcp, UDP이면 ProtocolType.Udp를 각각 값으로 사용한다. 트랜스미션 층을 사용하지 않는 경우 ProtocolType.Raw를 값으로 사용한다.

Socket 클래스의 주요 속성(properties)을 [표 9-11]에, 주요 메서드를 [표 9-12]에 각각 보였다.

표 9-11 Socket 클래스의 주요 속성

속성	기능
AddressFamily	소켓의 주소 패밀리를 나타낸다. 인터넷 주소의 경우 Address-Family.InterNetwork을 사용한다.
SocketType	소켓의 타입(Stream, Datagram 등)을 나타낸다. TCP 소켓의 경우 SocketType.Stream, UDP 소켓의 경우 SocketType.Datagram이다.
ProtocolType	트랜스미션 층의 프로토콜 타입(TCP, UDP 등)을 나타낸다. 트랜스미션 프로토콜이 TCP이면 ProtocolType.Tcp, UDP이면 ProtocolType.Udp를 사용한다.
LocalEndPoint	로컬 종점(endpoint)을 나타낸다.
RemoteEndPoint	원격 종점(endpoint)을 나타낸다.
Blocking	소켓이 블록킹 모드인지를 나타내는 값을 가져오거나 설정한다.
Ttl	IP 헤더의 TTL값을 가져오거나 설정한다.

표 9-12 Socket 클래스의 주요 메서드

메서드	기능
Bind()	소켓을 로컬 종점과 연결한다.
Listen()	네트워크 서버에서 사용되며 클라이언트로부터의 소켓 연결 요청이 있는지 체크한다.
Accept()	클라이언트로부터의 소켓 연결 요청이 있으면 이를 처리하기위한 새 소켓을 생성한다.
Connect()	원격 호스트와 연결을 맺는다.
Receive()	연결된 소켓에서 데이터를 수신한다.
Send()	연결된 소켓으로 데이터를 송신한다.
BeginAccept(AsyncCallback, Object)	Accept()의 비동기 동작을 시작한다.
EndAccept(IAsyncResult)	Accept()의 비동기 동작을 종료한다. 이때 상대방과 통신할 새로운 소켓이 생성된다.
BeginConnect(EndPoint, AsyncCallback, Object)	Connect()의 비동기 동작을 시작한다.
EndConnect()	Connect()의 비동기 동작을 종료한다.
BeginReceive(Byte[], Int32, Int32, SocketFlags, AsyncCallback, Object)	Receive()의 비동기 동작을 시작한다.
EndReceive(IAsyncResult)	Receive()의 비동기 동작을 종료한다.
BeginSend(Byte[], Int32, Int32, SocketFlags, AsyncCallback, Object)	Send()의 비동기 동작을 시작한다.
EndSend(IAsyncResult)	Send()의 비동기 동작을 종료한다.
Close()	소켓을 종료한다.

다음에 Socket 클래스를 사용한 TCP 서버 프로그램의 예를 보였다. 서버는 클라이언트로부터 메시지를 수신하고 간단한 메시지를 보내주는 기능을 한다. 소스는 다음과 같다.

```
using System;
using System.Text;
using System.Net;
using System.Net.Sockets;
```

```
namespace  Test_tcpSvr
{
      class Program
      {
             static void Main(string [] args)
             {

             string hostName = "localhost";
             int portNumber = 3000;

             IPHostEntry  local = Dns.GetHostEntry(hostName);
             IPAddress  locIp = local.AddressList[0];
             IPEndPoint  locEnd = new IPEndPoint(locIp, portNumber);

             Socket svrSock = new Socket(AddressFamily.InterNetwork, SocketType.
                             Stream, ProtocolType.Tcp);

             try {
                 svrSock.Bind(locEnd);
                 svrSock.Listen(5);

                 while (true) {
                    Console.WriteLine("서버 대기...포트번호 : " + portNumber);
                    Socket sock2nd = svrSock.Accept();

                    string rcvMsg = null;
                    byte[] buff = new byte[512];

                    while(true) {

                        int  rcvNum = sock2nd.Receive(buff);

                        rcvMsg += Encoding.ASCII.GetString(buff, 0, rcvNum);

                        if(rcvMsg.IndexOf("QUIT") > -1)  {
                           break;
                        }
                    }

                    Console.WriteLine("수신 메시지 : " + rcvMsg);

                    byte[] sndMsg = Encoding.ASCII.GetBytes("From Server : Your
                                   message successfully Received !!");

                    sock2nd.Send(sndMsg);
```

```
                    sock2nd.Close();
                }
            }
            catch(Exception excp) {
                Console.WriteLine(excp.ToString());
            }
        }
    }
}
```

위 소스에서 다음 문에서 Dns 클래스의 GetHostEntry() 메서드를 사용해 호스트 IP 주소를 얻고, 주어진 포트번호(3000)를 사용해 로컬호스트의 IP 엔드포인트 객체를 생성한다.

```
IPHostEntry  local = Dns.GetHostEntry(hostName);
IPAddress  locIp = local.AddressList[0];
IPEndPoint  locEnd = new IPEndPoint(locIp, portNumber);
```

다음 문에서 TCP 타입 소켓을 생성한다.

```
Socket svrSock = new Socket(AddressFamily.InterNetwork, SocketType.Stream,
                ProtocolType.Tcp);
```

다음 문에서 소켓과 로컬호스트의 IP 엔드포인트를 이어주는 바인드를 하고 소켓 리슨 상태로 들어간다. 이때 Listen() 메서드의 BackLog 파라미터로 5를 주어 큐에 대기 중인 연결의 최대 개수를 5로 한다(이 값은 크게 할 수 있다).

```
svrSock.Bind(locEnd);
svrSock.Listen(5);
```

다음 문에서 클라이언트와 연결이 되면 Accept() 메서드가 리턴되고, 이때 연결된 클라이어트와 사용할 새로운 소켓(sock2nd)을 생성한다.

```
Socket sock2nd = svrSock.Accept();
```

Accept() 메서드가 리턴한 소켓의 Receive() 메서드를 사용하여 다음 문에서 클라이언트로부터 메시지를 수신한다.

```
int rcvNum = sock2nd.Receive(buff);
```

다음 문은 수신된 바이트열을 문자열(string)로 변환하고 문자열 중에 'QUIT'이 있으면 while() 루프를 빠져나온다.

```
rcvMsg += Encoding.ASCII.GetString(buff, 0, rcvNum);
if(rcvMsg.IndexOf("QUIT") > -1) {
      break;
}
```

다음 Console.WriteLine()에서 수신된 문자열을 콘솔 화면에 출력한다. 다음 sock2nd.Send(sndMsg); 문을 사용해 간단한 메시지를 다시 클라이언트에게 보낸다.

다음은 위 TCP 서버와 통신할 클라이언트 프로그램의 예이다. 서버와 마찬가지로 TCP 소켓을 사용한다. 소스를 다음에 보였다.

```
using System;
using System.Text;
using System.Net;
using System.Net.Sockets;
namespace  Test_tcpClient
```

```
{
    class Program
    {
        static void Main(string [] args)
        {
            string hostName = "localhost";
            int portNumber = 3000;


            try {
                IPHostEntry  remote = Dns.GetHostEntry(hostName);
                IPAddress   remoteIp = remote.AddressList[0];
                IPEndPoint  remoteEnd = new IPEndPoint(remoteIp, portNumber);

                Socket ctSock = new Socket(AddressFamily.InterNetwork,
                            SocketType.Stream, ProtocolType.Tcp);

                ctSock.Connect(remoteEnd);

                Console.WriteLine("서버와 연결됨...");

                string sndMsg;

                sndMsg = "Tcp sending message test....QUIT";

                byte[] buff = new byte[512];
                string rcvMsg = null;

                byte[] sndBytes = Encoding.ASCII.GetBytes(sndMsg);

                int  sndNum = ctSock.Send(sndBytes);
                Console.WriteLine("메시지 송신 완료...");

                int  rcvNum = ctSock.Receive(buff);

                rcvMsg = Encoding.ASCII.GetString(buff, 0, rcvNum);
                Console.WriteLine("수신 메시지 : " + rcvMsg);
                ctSock.Close();
            }
            catch(Exception excp) {
                Console.WriteLine(excp.ToString());
            }
        }
    }
}
```

위 소스에서 Dns.GetHostEntry(hostName); 문에서 서버의 IP 주소를 얻는다. 여기서는 로컬 호스트 자신을 서버로 대신하므로 "localhost"가 사용되었다. 다음 문에서는 서버의 IP 주소와 포트번호(3000)를 사용해 서버의 IP 엔드포인트 객체를 생성한다.

```
IPEndPoint remoteEnd = new IPEndPoint(remoteIp, portNumber);
```

다음 문에서 TCP 타입 소켓을 생성하고 Connect() 메서드를 사용해 서버와 연결을 맺는다.

```
Socket ctSock = new Socket(AddressFamily.InterNetwork, SocketType.Stream,
                          ProtocolType.Tcp);
ctSock.Connect(remoteEnd);
```

다음 문에서 전송할 메시지 문자열을 바이트 열로 바꾸고 Send() 메서드를 사용해 바이트 열을 서버로 송신한다.

```
byte[] sndBytes = Encoding.ASCII.GetBytes(sndMsg);
int  sndNum = ctSock.Send(sndBytes);
```

다음 문에서 Receive() 메서드를 사용하여 서버로부터 데이터를 수신하고 이를 Encoding 클래스를 사용해 문자열로 바꾸어 콘솔 화면에 출력한다.

```
int rcvNum = ctSock.Receive(buff);
rcvMsg = Encoding.ASCII.GetString(buff, 0, rcvNum);
Console.WriteLine("수신 메시지 : " + rcvMsg);
```

● **비동기 소켓 프로그래밍**

앞에서 설명한 Socket 서버/클라이언트 예제와 같이 소켓 응용 프로그램에서 단일 스레드(thread)를 사용하면 Send(), Receive() 메소드 등과 같이 실행 완료에 시간이 걸리는 함수가 호출되는 경우 결과가 리턴될 때까지 전체 응용 프로그램이 대기상태에 있게 된다. 반면 비동기(asynchronous) 소켓 프로그래밍에서는 이와 같이 실행 완료에 시간이 걸리는 함수는 별도의 스레드(thread)에서 처리하므로 호출한 프로그램이 대기 상태로 기다리는 일은 생기지 않는다.

비동기 소켓 프로그래밍에서 사용하는 주요 비동기 소켓 메소드를 아래에 보였다.

```
BeginAccept(), EndAccept() : Accept() 메소드에 대응하는 비동기 메소드
BeginConnect(), EndConnect() : Connect() 메소드에 대응하는 비동기 메소드
BeginReceive(), EndReceive() : Receive() 메소드에 대응하는 비동기 메소드
BeginSend(), EndSend() : Send() 메소드에 대응하는 비동기 메소드
```

비동기 소켓 프로그래밍에서는 콜백 메서드(callback method)를 사용하여 실행 결과를 리턴한다. 다음에 비동기 소켓 클라이언트 프로그램의 예를 보였다. 여기서는 서버에게 간단한 메시지를 전송하고 서버로부터의 응답 메시지를 수신하여 콘솔 화면에 출력한다. 이때 서버와의 연결, 송신, 수신 과정이 모두 비동기 방식으로 처리된다.

```
using System;
using System.Text;
using System.Net;
using System.Net.Sockets;
using System.Threading;

namespace Test_asyncSockClt
{
      class Program
      {
            public static ManualResetEvent Connect_Evnt = new
```

```
                                                    ManualResetEvent(false);
    public static ManualResetEvent Send_Evnt = new ManualResetEvent(false);
    public static ManualResetEvent Receive_Evnt = new
                                                    ManualResetEvent(false);

    public static String recvMsg = String.Empty;
    public static byte[] recvBuff = new byte[512];

    public static void Tx_Cbk(IAsyncResult  async_res) {

            Socket ctSock  = (Socket)async_res.AsyncState;
            int sendNum = ctSock.EndSend(async_res);
            Send_Evnt.Set();
    }

    public static void Rx_Cbk(IAsyncResult  async_res) {

            Socket ctSock  = (Socket)async_res.AsyncState;
            int recvNum = ctSock.EndReceive(async_res);

            if (recvNum > 0) {
                recvMsg += Encoding.ASCII.GetString(recvBuff, 0 , recvNum);
                ctSock.BeginReceive(recvBuff, 0 , recvBuff.Length ,0 , new
                                    AsyncCallback(Rx_Cbk), ctSock);  }
            else {
                Receive_Evnt.Set(); }
    }

    public static void Connect_Cbk(IAsyncResult  async_res) {
            Thread thr = Thread.CurrentThread;
            Console.WriteLine("Connect 스레드 상태 : " + thr.ThreadState);

            Socket ctSock  = (Socket)async_res.AsyncState;
            ctSock.EndConnect(async_res);
            Connect_Evnt.Set();
    }

    static void Main(string []  arg)
    {
            string hostName = "localhost";
            int portNum = 4000;

            try {
                Thread thr = Thread.CurrentThread;
                Console.WriteLine("주 스레드 상태 : " + thr.ThreadState);
```

```
                IPHostEntry  remote = Dns.GetHostEntry(hostName);
                IPAddress   remoteIp = remote.AddressList[0];
                IPEndPoint  remoteEnd = new IPEndPoint(remoteIp, portNum);

                Socket ctSock  = new Socket(AddressFamily.InterNetwork,
                                SocketType.Stream, ProtocolType.Tcp);

                ctSock.BeginConnect(remoteEnd, new AsyncCallback
                                  (Connect_Cbk), ctSock);
                Connect_Evnt.WaitOne();

                string tmp = "From Client : hello this is a test message.";
                byte[] buff = Encoding.ASCII.GetBytes(tmp);

                ctSock.BeginSend(buff, 0 , buff.Length, 0 ,  new
                                AsyncCallback(Tx_Cbk), ctSock);
                Send_Evnt.WaitOne();

                ctSock.BeginReceive(recvBuff, 0  , recvBuff.Length, 0,  new
                                  AsyncCallback(Rx_Cbk), ctSock);
                Receive_Evnt.WaitOne();

                Console.WriteLine("서버 응답 : " + recvMsg);
                ctSock.Close();
            }
            catch(Exception excp){
                Console.WriteLine(excp.ToString());
            }
        }
    }
}
```

위 소스는 세 개의 비동기 소켓 동작(Connect(), Send(), Receive())을 위해 멀티스레드를 사용한다. 이를 위해 System.Threading 네임스페이스가 사용되었다. 먼저 Main() 메소드의 다음 문에서 연결할 서버의 IP 주소(remoteIp)와 포트번호(portNum)를 사용해 원격 엔드포인트 주소(IPEndPoint 타입)를 생성한다.

```
IPHostEntry  remote = Dns.GetHostEntry(hostName);
IPAddress    remoteIp = remote.AddressList[0];
IPEndPoint   remoteEnd = new IPEndPoint(remoteIp, portNum);
```

다음 문에서 TCP 타입 소켓을 생성한다.

```
Socket ctSock = new Socket(AddressFamily.InterNetwork, SocketType.Stream,
                ProtocolType.Tcp);
```

다음 문에서 Socket 클래스의 비동기 메소드 BeginConnect()를 사용하여 새로운 스레드에서 서버와 연결을 시작한다. 이때 BeginConnect()의 인수 new AsyncCallback(Connect_Cbk)는 AsyncCallback 클래스를 사용하여 비동기 동작이 완료되었을 때 실행할 콜백 메소드(Connect_Cbk)를 지시한다.

```
ctSock.BeginConnect(remoteEnd, new AsyncCallback(Connect_Cbk), ctSock);
```

다음 문은 ManualResetEvent 클래스의 인스턴스(Connect_Evnt)를 사용해 서버와의 연결이 완료될 때까지 메인 스레드를 일시 정지 상태에 있게 한다.

```
Connect_Evnt.WaitOne();
```

여기서 ManualResetEvent 클래스는 코드 동기를 위해 사용한다. 이는 비동기 소켓 동작(Connect(), Send(), Receive())은 각각의 스레드로 실행되어 동작 완료 시각을 알 수 없는데, 코드 전체로는 Connect()가 완료된 후 Send()나 Receive()가 실행되어야 하기 때문이다(또 수신 전에 메시지 송신을 먼저 해야 하므로 Send()가 완료된 후 Receive()가 실행된다).

System.Threading 네임스페이스에 속해 있는 ManualResetEvent 클래스의 WaitOne() 메소드는 현 스레드를 일시 정지시키고, Set() 메소드는 정지 상태의 스레드를 다시 진행시킨다. 다음 문에서 Socket 클래스의 비동기 메소드 BeginSend()를 사용하여 새로운 스레드에서 메시지(buff) 송신을 시작한다. 이때 파라미터 new AsyncCallback(Tx_Cbk)는 비동기 동작이 완료되었을 때 실행할 콜백 메소드(Tx_Cbk)를 지시한다.

```
ctSock.BeginSend(buff, 0, buff.Length, 0, new AsyncCallback(Tx_Cbk), ctSock);
```

다음 문은 메시지 송신이 완료될 때까지 메인 스레드를 일시 정지 상태에 있게 한다.

```
Send_Evnt.WaitOne();
```

다음 문에서 Socket 클래스의 비동기 메소드 BeginReceive()를 사용하여 새로운 스레드에서 메시지 수신을 시작한다. 이때 파라미터 new AsyncCallback(Rx_Cbk)는 비동기 동작이 완료되었을 때 실행할 콜백 메소드(Rx_Cbk)를 지시한다.

```
ctSock.BeginReceive(recvBuff, 0, recvBuff.Length, 0, new AsyncCallback(Rx_Cbk), ctSock);
```

다음 문은 메시지 수신이 완료될 때까지 메인 스레드를 일시 정지 상태에 있게 한다.

```
Receive_Evnt.WaitOne();
```

이 소스에는 이와 같이 세 개의 콜백 메소드 Connect_Cbk(), Tx_Cbk(), Rx_Cbk()가 사용되었다. 콜백 메소드 Connect_Cbk()의 인수 IAsyncResult는 비동기 동작의 상태에 대한 정보가 들어 있다. IAsyncResult의 AsyncState 속성을 사용해 다음 문에서 BeginConnect()에서 넘겨준 소켓을 가져온다.

```
Socket ctSock  = (Socket) async_res.AsyncState;
```

다음 문에서 BeginConnect()에 대한 비동기 요청이 완료된다.

```
ctSock.EndConnect(aync_res);
```

다음 문에서 ManualResetEvent 클래스의 Set() 메소드를 호출하여 메인 스레드에게 연결 동작의 완료를 알려준다(이때 정지 상태의 메인 스레드는 동작을 다시 시작한다).

```
Connect_Evnt.Set();
```

다음 문은 현 스레드의 상태를 화면에 출력한다.

```
Thread thr = Thread.CurrentThread;
Console.WriteLine("Connect 스레드 상태 : " + thr.ThreadState);
```

Tx_Cbk()에서는 다음 문에서 메인 스레드에게 송신 동작의 완료를 알려준다.

```
int sendNum = ctSock.EndSend(async_res);
Send_Evnt.Set();
```

Recieve_Cbk()에서는 수신된 데이터가 있을 때까지(즉, recvNum 〉 0일 때까지) BeginReceive()를 반복해 호출하고 데이터가 전부 수신되면(즉, recvNum = 0이면), Receive_Evn.Set(); 문에서 메인 스레드에게 수신 동작의 완료를 알려준다. 여기서는 클라이언트 경우를 예로 들었으나 서버의 경우도 이와 같이 비동기 소켓 방식으로 작성할 수 있다.

9-5 C# TCP 관련 클래스

여기서는 C# System.Net.Sockets 네임스페이스의 클래스들 중 Socket 클래스보다 하이레벨 클래스인 TcpListener, TcpClient에 대해 설명한다. 이들을 사용하면 Socket 클래스보다 더 간단하게 TCP 네트워크 응용 프로그램을 작성할 수 있다. 먼저 이들 클래스가 네트워크 스트림을 다루기 위해 사용하는 NetworkStream 클래스부터 설명한다.

● NetworkStream 클래스

네트워크를 통해 데이터를 전송하는 것도 스트림의 한 형태이며 이와 같은 네트워크 스트림을 다루기 위해 NetworkStream 클래스가 제공된다. 앞에서 다룬 Stream 클래스의 파생 클래스이므로 네트워크 데이터 송수신을 위해 Stream 클래스의 메서드인 Read(), Write(), BeginRead(), BeginWrite() 등을 그대로 사용할 수 있다. NetworkStream 클래스는 버퍼 기능이 없다. 네임스페이스는 Stream 클래스가 속해 있는 Stream.IO가 아닌 System.Net.Sockets이다. NetworkStream 클래스의 생성자를 [표 9-13]에, 주요 속성(properties)을 [표 9-14]에, 주요 메서드를 [표 9-15]에 각각 보였다.

표 9-13 NetworkStream 클래스의 주요 생성자

속성	기능
NetworkStream(Socket)	지정된 소켓에 대한 NetworkStream 객체를 생성한다.
NetworkStream(Socket, FileAccess)	지정된 소켓에 대한 NetworkStream 객체를 생성하며 이때 지정된 액세스 권한도 가진다.

표 9-14 NetworkStream 클래스의 주요 속성

속성	기능
CanRead	NetworkStream이 읽기를 지원하는지 여부를 나타내는 값을 얻는다.
CanWrite	NetworkStream이 쓰기를 지원하는지 여부를 나타내는 값을 얻는다.
Socket	하위의 소켓을 리턴한다.

표 9-15 NetworkStream 클래스의 주요 메서드

메서드	기능
Read()	NetworkStream에서 데이터를 읽는다.
ReadByte()	NetworkStream에서 1바이트를 읽는다(스트림 끝에서는 -1을 리턴한다).
Write()	NetworkStream에 데이터를 쓴다.
WriteByte()	NetworkStream에 1바이트를 쓴다.
GetType()	현 인스턴스의 타입을 얻는다.
BeginRead()	비동기 읽기 동작을 시작한다.
EndRead()	비동기 읽기 동작을 종료한다.
BeginWrite()	비동기 쓰기 동작을 시작한다.
EndWrite()	비동기 쓰기 동작을 종료한다.
ToString()	현 객체를 나타내는 스트링을 리턴한다.

● TcpClient 클래스

TcpClient 클래스는 로우레벨 Socket 클래스를 기반으로 작성되어 TCP 클라이언트 기능을 편리하게 제공한다. System.Net.Sockets 네임스페이스에 속해 있으며 [표 9-16]에 생성자를 보였다.

표 9-16 TcpClient 클래스의 생성자

생성자	기능
TcpClient()	기본 생성자이며 TcpClient 인스턴스를 시작한다.
TcpClient(IPEndPoint)	TcpClient 인스턴스를 시작하면서 주어진 로컬 엔드포인트 주소와 바인드한다.
TcpClient(String, Int32)	TcpClient 인스턴스를 시작하면서 주어진 리모트 호스트 이름과 포트번호를 사용해 연결한다.

위 표와 같이 TcpClient 클래스 생성자는 파라미터가 없이 시작하는 TcpClient()와 로컬 엔드포인트 주소를 명시하는 TcpClient(IPEndPoint) 및 리모트 호스트를 명시하는 TcpClient(String, Int32) 형태가 있다.

다음은 TcpClient(String, Int32) 형태의 생성자를 사용한 예이다.

```
TcpClient()  tcpClt = new  TcpClient("www.kumoh.ac.kr", 80);
```

이 경우는 TcpClient()의 인스턴스를 생성하면서 파라미터로 준 호스트 이름과 포트번호를 사용해 연결까지 맺는다. 따라서 인스턴스 생성 후 Connect() 메소드는 불필요하다. 사용상 가장 편리하지만 로컬 호스트(자신)의 포트번호를 지정할 수는 없다.

다음은 TcpClient(IPEndPoint) 형태의 생성자를 사용한 예이다.

```
IPAddress locIp =  IPAddress.Parse("202.31.128.99"); //자신의 IP주소
IPEndPoint locEnd = new  IPEndPoint(locIp, 8800); //자신의 포트번호
TcpClient() tcpClt = new TcpClient(locEnd);
tcpCl.Connect("www.kumoh.ac.kr", 3000);
```

이 경우는 IPAddress 클래스의 정적 메서드 Parse()를 사용해 문자열 형태의 자신의 IP 주소를 IPAddress 인스턴스로 변환하여, 이 주소와 포트번호를 사용해 자

신의 엔드포인트 주소(IPEndPoint 타입)를 만든다. 이 주소를 사용해 TcpClient 클래스의 인스턴스를 생성하고 TcpClient 클래스의 Connect() 메서드를 사용해 상대방(리모트 호스트)과 연결을 맺는다(상대방 포트번호 = 3000). 이 경우는 자신의 포트번호(8800)를 지정할 수 있다.

다음은 TcpClient() 형태의 생성자를 사용한 예이다.

```
TcpClient() tcpClt = new TcpClient();
IPAddress remoteIp = IPAddress.Parse("202.31.128.15"); //상대방 IP주소
IPEndPoint remoteEnd = new  IPEndPoint(remoteIp, 4000);
tcpClt.Connect(remoteEnd);
```

이 경우는 IPAddress 클래스의 Parse() 메서드를 사용해 상대방 IP 주소(IPAddress 타입)를 얻고 이 IP 주소와 상대방 포트번호(4000)를 사용해 상대방 엔드포인트 주소(IPEndPoint 타입)를 만든다. 다음 Connect() 메서드를 사용해 상대방(리모트 호스트)과 연결을 맺는다.

TcpClient 클래스의 주요 속성을 [표 9-17]에, 주요 메서드를 [표 9-18]에 각각 보였다.

표 9-17 TcpClient 클래스의 주요 속성

속성	기능
Active	연결되었는지 여부를 표시하는 값을 얻거나 설정한다.
Client	하위 소켓을 얻거나 설정한다.
NoDelay	송신/수신 버퍼가 차지 않았어도 지연이 없도록 하거나 설정한다. 값이 False이면 송신 시 송신 버퍼가 찰 때까지 송신을 대기한다.
ReceiveBufferSize	수신 버퍼의 크기를 설정한다.
ReceiveTimeout	읽기동작 시작 후 데이터 수신 시까지 대기하는 시간을 얻거나 설정한다. 이 시간 내에 데이터가 수신되지 않으면 SocketException이 발생한다.
SendBufferSize	송신 버퍼의 크기를 설정한다.

SendTimeout	데이터 송신이 완료될 때까지 대기하는 시간을 얻거나 설정한다. 이 시간 내에 데이터가 송신이 완료되지 않으면 SocketException이 발생한다.

표 9-18 TcpClient 클래스의 주요 메서드

메서드	기능
Connect(IPEndPoint)	주어진 엔드포인트 주소(IPEndPoint)를 사용해 원격 TCP 호스트와 연결한다.
Connect(IPAddress, Int32)	주어진 IP 주소(IPAddress)와 포트번호(Int32)를 사용해 원격 TCP 호스트와 연결한다.
Connect(String, Int32)	주어진 호스트 이름(String)과 포트번호(Int32)를 사용해 원격 TCP 호스트와 연결한다.
GetStream()	송신과 수신에 사용할 NetworkStream을 리턴한다.
BeginConnect(IPAddress, Int32, AsyncCallback, Object)	IP 주소(IPAddress)와 포트번호(Int32)로 주어진 원격 TCP 호스트와 비동기 연결을 시작한다.
BeginConnect(String, Int32, AsyncCallback, Object)	호스트 이름(String)과 포트번호(Int32)로 주어진 원격 TCP 호스트와 비동기 연결을 시작한다.
EndConnect()	비동기 연결을 종료한다.
Close()	TCP 연결을 종료한다.

Connect() 메서드는 위 표에서 세 개의 형식이 있는데, Connect(IPEndPoint) 형식과 Connect(String, Int32) 형식은 위의 생성자 예에서 보였다. Connect(IPAddress, Int32) 형식의 예는 다음과 같다.

```
TcpClient() tcpClt = new TcpClient();
IPAddress webSvr = IPAddress.Parse("202.31.128.2"); //상대방 IP주소
tcpClt.Connect(webSvr, 80);
```

여기서는 Connect() 메서드의 파라미터로 원격 TCP 호스트의 IP 주소(IPAddress 타입)와 포트번호(80)를 사용한다.

GetStream() 메서드는 양단 간의 데이터 전송에 사용할 NetworkStream 인스턴스를 리턴하며 실제 데이터 송수신은 NetworkStream 클래스의 Read(), Write() 메소드를 사용하면 된다(비동기 방식이면 BeginRead(), BeginWrite()를 사용한다). 다음은 간단한 사용 예이다.

```
TcpClient()  tcpClt = new  TcpClient("test1.kumoh.ac.kr", 3000);
NetworkStream sendStrm = tcpClt.GetStream();
string sendMsg = "hello this is test message";
byte[] sendBytes = Encoding.ASCII.GetBytes(sendMsg);
int sendNum = sendStrm.Write(sendBytes, 0, sendBytes.Length);
```

위에서는 리모트 호스트와 연결하는 TcpClient() 인스턴스를 생성하고 GetStream() 메서드를 사용해 NetworkStream 인스턴스를 얻는다. 다음 NetworkStream 클래스의 Write() 메소드를 사용해 메시지를 리모트 호스트 전송한다.

다음은 TcpClient 클래스를 사용한 간단한 채팅프로그램 예이다.

```
using System;
using System.Text;
using System.IO;
using System.Net;
using System.Net.Sockets;


namespace Test_tcpChatClient
{
      class Program
      {
             static void Main(string [] arg)
             {
                    string hostName = "localhost";
                    int portNum = 3000;

                    try {
                       TcpClient  tcpClt = new TcpClient(hostName, portNum);
                       NetworkStream sendStrm = tcpClt.GetStream();
```

```
                StreamReader recvStrm = new StreamReader(tcpClt.GetStream());

                string  sendMsg, recvMsg;

                while(true) {
                      Console.Write("메시지 입력 : ");
                      sendMsg = Console.ReadLine();
                      sendMsg += "\r\n";

                      byte [] buff = Encoding.ASCII.GetBytes(sendMsg);
                      sendStrm.Write(buff, 0, buff.Length);

                      recvMsg = recvStrm.ReadLine();
                      Console.WriteLine("수신 메시지 : " + recvMsg);

                      if (sendMsg.IndexOf("QUIT") > -1)
                          break;
                      }
                          tcpClt.Close();
                }
                catch(Exception excp) {
                      Console.WriteLine(excp.ToString());
            }
        }
    }
}
```

위 소스에서 다음 문은 서버(여기서는 로컬 호스트)와 포트번호(portNum)로 TcpClient() 인스턴스를 생성하고, 여기서 GetStream() 메서드를 사용해 송신을 위한 NetworkStream 인스턴스(sendStrm)를 얻는다.

```
TcpClient  tcpClt = new TcpClient(hostName, portNum);
NetworkStream sendStrm = tcpClt.GetStream();
```

다음 문에서는 NetworkStream으로부터 수신을 위한 StreamReader 클래스의 인스턴스(recvStrm)를 얻는다.

```
StreamReader recvStrm = new StreamReader(tcpClt.GetStream());
```

다음 문에서 입력받은 문자열을 바이트 열로 변환하고 NetworkStream의 Write() 메서드를 사용하여 이 바이트 열을 서버에게 송신한다(입력에 "QUIT" 문자열이 포함되면 종료한다).

```
buff = Encoding.ASCII.GetBytes(sendMsg);
sendStrm.Write(buff, 0, buff.Length);
```

다음 문에서 StreamReader 클래스의 ReadLine() 메서드를 사용하여 수신한 문자열을 화면에 출력한다.

```
recvMsg = recvStrm.ReadLine();
Console.WriteLine("수신 메시지 : " + recvMsg);
```

● TcpListener 클래스

TcpListener 클래스는 TCP 클라이언트로부터의 연결을 기다리는(listen) 서버 서비스 기능을 제공한다. System.Net.Sockets 네임스페이스에 속해 있으며 [표 9-18]에 TcpListener 클래스 생성자를, [표 9-19]에 TcpListener 클래스 주요 메서드를 각각 보였다.

표 9-18 TcpListener 클래스의 생성자

생성자	기능
TcpListener(Int32)	사용 폐기
TcpListener(IPEndPoint)	주어진 로컬 엔드포인트(IPEndPoint)를 사용해 TcpListener 인스턴스를 생성한다.

TcpListener(IPAddress, Int32)	주어진 IP 주소(IPAddress)와 포트번호(Int32)를 사용해 TcpListener 인스턴스를 생성한다.

표 9-19 TcpListener 클래스의 주요 메서드

메서드	기능
AcceptTcpClient()	원격 TCP 호스트의 연결 요청을 받아들인다. 이때 원격 호스트와 통신할 새로운 TcpClient 객체를 생성한다.
BeginAcceptTcpClient()	원격 TCP 호스트의 연결 요청을 받아들이기 위한 비동기 연결을 시작한다.
EndAcceptTcpClient()	원격 TCP 호스트의 연결 요청을 받아들이기 위한 비동기 연결을 종료한다. 이때 원격 호스트와 통신할 새로운 TcpClient 객체를 생성한다.
AcceptSocket()	원격 TCP 호스트의 연결 요청을 받아들인다. 이때 원격 호스트와 통신할 새로운 Socket 객체를 생성한다.
BeginAcceptSocket()	원격 TCP 호스트의 연결 요청을 받아들이기 위한 비동기 연결을 시작한다.
EndAcceptSocket()	원격 TCP 호스트의 연결 요청을 받아들이기 위한 비동기 연결을 종료한다. 이때 원격 호스트와 통신할 새로운 Socket 객체를 생성한다.
Start()	연결 요청이 있는가 체크하는 리스너 동작을 시작한다.
Stop()	리스너 동작을 종료한다.

다음은 TcpListener 클래스를 사용하여 앞에서 설명한 TcpClient 클래스를 사용한 채팅 클라이언트 프로그램에서 메시지를 받아 이를 다시 돌려주는 서버 프로그램이다. 여기서는 복수 개의 클라이언트 요청을 동시에 처리하기 위해 멀티 스레드를 사용한다.

```
using System;
using System.Text;
using System.IO;
using System.Net;
```

```
using System.Net.Sockets;
using System.Threading;

namespace Test_tcpChatServer
{
	class CtProc
	{
		public TcpClient tcpClt;

		public void ct_proc()
		{
			NetworkStream sendStrm = tcpClt.GetStream();
			StreamReader recvStrm = new StreamReader(tcpClt.GetStream());

			while(true) {
				string tmpStr = recvStrm.ReadLine();

				if (tmpStr.IndexOf("QUIT") > -1)  {
				   Console.WriteLine("종료메시지 수신됨");

				   break;
			}

				   Console.WriteLine("수신메시지 :" + tmpStr);

				   tmpStr += "\r\n";
				   byte [] buff = Encoding.ASCII.GetBytes(tmpStr);

				   sendStrm.Write(buff, 0, buff.Length);
			}
				   tcpClt.Close();
		}
	}

	class Program
	{
		static void Main(string [] arg)
		{
			string hostName = "localhost";
			int portNum = 3000;

			try {
			    IPHostEntry local = Dns.GetHostEntry(hostName);
			    IPAddress  locIp = local.AddressList[0];
			    IPEndPoint  locEnd = new IPEndPoint(locIp, portNum);
```

```
                TcpListener tcpListen = new TcpListener(locEnd);

                tcpListen.Start();

                Console.WriteLine("서버 대기 중...포트번호:" + portNum);

                while(true) {
                    TcpClient  tcpClt2 = tcpListen.AcceptTcpClient();
                    CtProc cproc = new CtProc();
                    cproc.tcpClt = tcpClt2 ;

                    Thread ct_Thread = new Thread(new ThreadStart(
                                cproc.ct_proc));
                    ct_Thread.Start();
                }

            } catch(Exception excp) {
              Console.WriteLine(excp.ToString());
            }
        }
    }
}
```

위 소스에서 Main() 메서드 내의 다음 문은 주어진 포트번호(portNum)를 사용해 서버에서 로컬 엔드포인트를 얻는다.

```
IPHostEntry local = Dns.GetHostEntry(hostName);
IPAddress  locIp = local.AddressList[0];
IPEndPoint  locEnd = new IPEndPoint(locIp, portNum);
```

다음 문은 서버의 로컬 엔드포인트를 사용해 TcpListener 인스턴스를 생성하고, Start() 메서드를 사용해 TcpListener 인스턴스 생성 시 주어진 포트번호(3000)에서 클라이언트로부터의 연결 요청을 기다리는 리스너 동작을 시작한다.

```
TcpListener tcpListen = new TcpListener(locEnd);
tcpListen.Start();
```

클라이언트로부터의 연결 요청이 있으면 while() 루프 내의 다음 문에서 연결 요청을 받아들이고 이를 처리하기 위한 TcpClient 인스턴스(tcpClt2)를 생성한다.

```
TcpClient  tcpClt2 = tcpListen.AcceptTcpClient();
```

다음 문에서 스레드로 실행할 메서드(ct_proc())를 가진 클래스 CtProc의 TcpClient 인스턴스(tcpClt)에게 위에서 생성한 TcpClient 인스턴스(tcpClt2)를 전달한다.

```
CtProc cproc = new CtProc();
cproc.tcpClt = tcpClt2 ;
```

다음 문에서는 스레드를 생성하고 시작시킨다.

```
Thread ct_Thread = new Thread(new ThreadStart(cproc.ct_proc));
ct_Thread.Start();
```

클래스 CtProc에서는 다음 문에서 GetStream() 메소드를 사용하여 송신을 위한 NetworkStream과 수신을 위한 StreamReader를 얻는다.

```
NetworkStream sendStrm = tcpClt.GetStream();
StreamReader recvStrm = new StreamReader(tcpClt.GetStream());
```

다음 문에서는 NetworkStream으로부터 수신을 위한 StreamReader 클래스의 인스턴스(recvStrm)를 얻는다.

```
StreamReader recvStrm = new StreamReader(tcpClt.GetStream());
```

클래스 CtProc의 while() 루프 내의 다음 문에서 StreamReader 클래스의 ReadLine() 메소드를 사용하여 수신된 문자열을 얻는다(이때 문자열에 “QUIT”이 포함되어 있으면 while() 루프를 종료한다).

```
string tmpStr = recvStrm.ReadLine();
```

클래스 CtProc의 while() 루프 내의 다음 문에서 수신된 문자열을 바이트 열로 변환하고, NetworkStream의 Write() 메소드를 사용하여 이 바이트 열을 다시 클라이언트에게 송신한다.

```
buff = Encoding.ASCII.GetBytes(tmpStr);
sendStrm.Write(buff, 0, buff.Length);
```

9-6 C# UDP 관련 클래스

여기서는 System.Net.Sockets 네임스페이스의 클래스들 중 Socket 클래스보다 하이레벨 클래스인 UDPClient에 대해 설명한다. 이를 사용하면 Socket 클래스보다 더 간단하게 UDP 클라이언트 응용 프로그램을 작성할 수 있다. UDPClient 클래스 주요 생성자를 [표 9-20]에 보였다.

표 9-20 UdpClient 클래스 주요 생성자

생성자	기능
UdpClient()	UdpClient 인스턴스를 생성한다.
UdpClient(Int32)	주어진 포트번호에 바인드된 UdpClient 인스턴스를 생성한다.
UdpClient(IPEndPoint)	주어진 로컬 엔드포인트(IP 주소, 포트번호)와 바인드된 UdpClient 인스턴스를 생성한다.
UdpClient(String, Int32)	UdpClient 인스턴스를 생성하고 주어진 원격 호스트(호스트명, 포트번호)와 연결한다.

UDPClient 클래스 생성자의 사용 예를 다음에 보였다.

```
UdpClient  udpClt = new UdpClient("test1.kumoh.ac.kr", 4000);
```

여기서는 원격 호스트명과 원격 포트번호를 사용해 UdpClient 인스턴스를 생성한 경우이다. 이때는 생성자에서 Connect() 메서드를 호출해 원격 호스트와 연결하므로 이 메서드를 다시 호출할 필요가 없다.

```
IPAddress locIp = IPAddress.Parse("202.31.128.99");
IPEndPoint locEnd = new IPEndPoint(locIp, 8800);
UdpClient udpClt = new UdpClient(locEnd);
```

위 예에서는 주어진 로컬 엔드포인트(IPEndPoint 타입)를 사용해 UdpClient 인스턴스를 생성한 경우이다.

```
UdpClient udpClt  = new UdpClient(8800);
```

위 예에서는 주어진 로컬 포트번호를 사용해 UdpClient 인스턴스를 생성한 경우이다.

```
UdpClient  udpClt  = new UdpClient();
```

위 예에서는 생성자에 포트번호를 지정하지 않은 UDPClient()를 사용한 경우이며, 이때는 임의의 포트번호가 할당된다.

위에서 처음 예를 제외한 나머지 경우는 원격 호스트와의 연결을 위해 Connect() 메서드를 사용하거나 Send() 메서드에 원격 호스트 주소를 표시해 주어야 한다. [표 9-21]에 UdpClient 클래스의 주요 메서드를 보였다. 여기서 JoinMulticastGroup() 메서드는 멀티캐스트 그룹에 가입할 때 사용한다.

표 9-21 UdpClient 클래스 주요 메서드

메서드	기능
Connect(IPEndPoint)	엔드포인트 주소(IPEndPoint)로 주어진 원격 호스트와 연결을 맺는다.
Connect(IPAddress, Int32)	주어진 IP 주소(IPAddress)와 포트번호(Int32)를 사용해 원격 호스트와 연결을 맺는다.
Connect(String, Int32)	문자열로 주어진 호스트 이름(String)과 포트번호((Int32)를 사용해 원격 호스트와 연결을 맺는다.
Send(Byte[], Int32)	원격 호스트로 UDP 데이터그램(datagram)을 전송한다. 두 번째 파라미터(Int32)는 전송하는 바이트 길이이다.
Send(Byte[], Int32, IPEndPoint)	엔드포인트 주소(IPEndPoint)로 주어진 원격 호스트로 UDP 데이터그램을 전송한다.
Send(Byte[], Int32, String, Int32)	주어진 호스트 이름과 포트번호를 사용해 원격 호스트로 UDP 데이터그램을 전송한다.
Receive()	원격 호스트로부터 수신된 UDP 데이터그램을 리턴한다.
BeginSend(Byte[], Int32, AsyncCall-back, Object)	원격 호스트로 비동기 UDP 데이터그램 전송을 시작한다.
BeginSend(Byte[], Int32, IPEndPoint, AsyncCallback, Object)	엔드포인트 주소(IPEndPoint)로 주어진 원격 호스트로 비동기 UDP 데이터그램 전송을 시작한다.
BeginSend(Byte[], Int32, String, Int32, AsyncCallback, Object)	문자열로 주어진 호스트 이름(String)과 포트번호를 사용해 원격 호스트로 비동기 UDP 데이터그램 전송을 시작한다.
EndSend()	비동기 UDP 데이터그램 전송을 종료한다.
BeginReceive()	원격 호스트로부터 비동기 UDP 데이터그램 수신을 시작한다.
EndReceive()	비동기 UDP 데이터그램 수신을 종료한다.
JoinMulticastGroup(IPAddress)	주어진 멀티캐스트 그룹 주소(IPAddress)에 가입한다.
JoinMulticastGroup(IPAddress, Int32)	주어진 멀티캐스트 그룹 주소(IPAddress)에 가입한다. 두 번째 파라미터(Int32)는 IP 헤더의 TTL 값이다.
JoinMulticastGroup(Int32, IPAddress)	주어진 멀티캐스트 그룹 주소(IPAddress)에 가입한다. 첫 번째 파라미터(Int32)는 멀티캐스트 그룹에 가입 할 때 사용할 인터페이스 번호이다.
Close()	UDP 연결을 종료한다.

UdpClient의 사용법은 간단해서 먼저 UdpClient 인스턴스를 생성한 후 Connect() 메서드를 사용해 상대방과 연결하고(이 두 단계는 앞에서 설명한 첫 번째 예의 클래스 생성자 한 라인으로도 가능하다), 다음 Send()나 Receive() 메서드를 사용해 데이터를 교환하면 된다. 또는 송신 시에는 UdpClient 인스턴스를 생성 후 Send() 메서드에 원격호스트를 표시해 주어도 된다.

Connect() 메서드 사용 예는 다음과 같다.

```
UdpClient  udpClt = new UdpClient();
IPAddress  remoteIp = IPAddress.Parse("202.31.128.99");
try {
      udpClt.Connect(remoteIp, 4000);
}
catch (Exception e) {
      Console.WriteLine(e.ToString());
}
```

위 예에서는 Connect()에 원격호스트의 IP 주소(IPAddress 타입)와 포트번호를 사용한 경우이다.

```
UdpClient  udpClt = new UdpClient();
try {
      udpClt.Connect("test1.kumoh.ac.kr", 5000);
}
catch (Exception e) {
      Console.WriteLine(e.ToString());
}
```

위 예에서는 IPAddress나 IPEndPoint의 인스턴스를 생성할 필요 없이 직접 원격호스트의 이름과 포트번호를 사용한 경우이다.

```
UdpClient  udpClt = new UdpClient(8500);
IPAddress  remoteIp = IPAddress.Parse("202.31.128.99");
IPEndPoint  remoteEnd = new IPEndPoint(remoteIp, 5000);
byte[] buff = Encoding.ASCII.GetBytes("hello this is a test message.");
try {
      udpClt.Connect(remoteEnd);
      udpClt.Send(buff, buff.Length);
      udpClt.Close();
}
catch (Exception e) {
      Console.WriteLine(e.ToString());
}
```

위 예에서는 주어진 로컬 포트번호(8500)를 사용해 UdpClient 인스턴스를 생성한 후 Connect() 메서드에 원격호스트의 IPEndPoint 값을 사용하여 연결하고, 이어서 Send() 메서드로 데이터를 전송한 경우이다.

Connect() 메서드를 사용하지 않는 경우는 Send() 메서드에 원격 호스트를 표시해 주어야 한다. 이러한 경우의 예는 다음과 같다.

```
UdpClient  udpClt = new UdpClient();
IPAddress  remoteIp = IPAddress.Parse("202.31.128.99");
IPEndPoint  remoteEnd = new IPEndPoint(remoteIp, 4000);
byte[] buff = Encoding.ASCII.GetBytes("hello this is a test message.");
try {
      udpClt.Send(buff, buff.Length, remoteEnd);
      uudpClt.Close();
}
catch (Exception e) {
      Console.WriteLine(e.ToString());
}
```

위 예에서는 Connect() 메서드를 사용하지 않고 Send() 메서드에 원격 호스트의 엔드포인트 주소(IPEndPoint 타입)를 사용한 경우이다.

```
UdpClient  udpClt  = new UdpClient();
byte[] buff = Encoding.ASCII.GetBytes("hello this is a test message.");
try {
      udpClt.Send(buff, buff.Length, "test1.kumoh.ac.kr", 8000);
      udpClt.Close();
}
catch (Exception e) {
      Console.WriteLine(e.ToString());
}
```

위 예에서는 Connect() 메서드를 사용하지 않고 Send() 메서드에 원격 호스트 이름과 포트번호를 직접 사용한 경우이다.

Receive() 메서드 사용 예는 다음과 같다.

```
UdpClient  udpClt = new UdpClient(8000);
IPEndPoint  remoteEnd = null;
try {
      Console.WriteLine("대기중 ...");

      byte[] buff = udpClt.Receive(ref remoteEnd);
      string recvStr = Encoding.ASCII.GetString(buff);

      Console.WriteLine("수신 메시지 : " + recvStr + "상대방 주소 : " + remoteEnd.
                  ToString());
      udpClt.Close();
}
catch (Exception e) {
      Console.WriteLine(e.ToString());
}
```

위 예에서는 포트 8000번으로 UdpClient 인스턴스를 생성하고, Receive() 메서드에 레퍼런스(reference) 인수로 넘겨줄 null 값의 IPEndPoint 인스턴스를 생성한다. 다음 udpClt.Receive()에서 원격 호스트로부터 데이터를 수신한다. 이때 Receive()의 인수 remoteEnd에는 데이터를 보내온 상대방(원격 호스트)의 주소가 들어 있다.

9-7 C# HTTP 관련 클래스

HTTP 관련 클래스들은 System.Net 네임 스페이스에 속하며 대표적으로 추상 클래스인 WebRequest와 WebResponse가 있고 WebClient 클래스도 많이 사용된다.

● WebRequest 클래스와 WebResponse 클래스

WebRequest 클래스는 서버에 요청을 할 때 사용하고 WebResponse 클래스는 서버로부터의 응답을 수신할 때 사용한다. [표 9-22]에 WebRequest 클래스의 주요 메서드를 보였고, [표 9-23]에 주요 속성을 보였다.

표 9-22 WebRequest 클래스의 주요 메서드

메서드	기능
Create(String)	정적 메서드이며 주어진 URI에 대한 인스턴스를 생성한다. 단 WebRequest가 추상 클래스이므로 실제로는 WebRequest로부터 파생된 클래스의 인스턴스를 생성한다.
Create(Uri)	정적 메서드이며 위의 Create(String)과 동일한 기능을 한다.
GetRequestStream()	주어진 인터넷 리소스에 대해 출력할 스트림을 얻는다.
GetResponse()	주어진 인터넷 요청에 대한 응답을 얻는다. 여기서는 서버로부터의 데이터를 수신하는 데 사용할 WebResponse 인스턴스를 리턴한다.
BeginGetRequestStream()	GetRequestStream()에 대한 비동기 버전이다.(시작)
EndGetRequestStream()	GetRequestStream()에 대한 비동기 버전이다.(종료)
BeginGetResponse()	GetResponse()에 대한 비동기 버전이다.(시작)
EndGetResponse()	GetResponse()에 대한 비동기 버전이다.(종료)

ToString()	현 객체를 나타내는 문자열을 리턴한다.
GetType()	현 인스턴스의 타입을 얻는다.

표 9-23 WebRequest 클래스의 주요 속성

속성	기능
ContentLength	요청 메시지의 콘텐츠 길이를 얻거나 설정한다.
ContentType	요청 메시지의 콘텐츠 타입을 얻거나 설정한다.
Method	요청 메시지에 사용되는 메서드를 얻거나 설정한다. Http-WebRequest 클래스 경우는 GET, POST, HEAD 등이 된다.
Headers	요청 메시지의 헤더값을 얻거나 설정한다.
RequestUri	요청 메시지에 사용되는 인터넷 리소스 URI를 얻는다.

[표 9-24]에 WebResponse 클래스의 주요 메서드를 보였고, [표 9-25]에 주요 속성을 보였다.

표 9-24 WebResponse 클래스의 주요 메서드

메서드	기능
GetResponseStream()	인터넷 리소스로부터의 스트림을 리턴한다. 이 스트림을 사용해 서버로부터의 응답 메시지를 얻는다.
GetType()	현 인스턴스의 타입을 얻는다.
ToString()	현 객체를 나타내는 문자열을 리턴한다.
Close()	응답 스트림을 닫는다.

표 9-25 WebResponse 클래스의 주요 속성

속성	기능
ContentLength	응답 데이터의 콘텐츠 길이를 얻는다.
ContentType	응답 데이터의 콘텐츠 타입을 얻는다.
Headers	응답 메시지의 헤더값을 얻는다.
RequestUri	응답한 인터넷 리소스 URI를 얻는다.

WebRequest 클래스와 WebResponse 클래스의 파생 클래스로 HTTP 관련 속성과 메서드가 일부 추가된 HttpWebRequest 클래스와 HttpWebResponse 클래스가 있다. 다음은 이를 이용해 웹 페이지를 가져오는 간단한 예이다.

```
using System;
using System.Net;
using System.Text;
using System.IO;
using System.Net;

namespace Test_httpWeb
{
      class Program
      {
            static void Main(string[] args)
            {

                  string webAddr = "http://www.kumoh.ac.kr";

                  HttpWebRequest request = (HttpWebRequest)WebRequest.
                                          Create(webAddr);

                  HttpWebResponse response = (HttpWebResponse)request.GetResponse();
                  Stream stream = response.GetResponseStream();

                  StreamReader reader = new StreamReader(stream);

                  Console.WriteLine("웹서버 응답: " + reader.ReadToEnd());

                  response.Close();
                  reader.Close();
            }

      }
}
```

위 소스에서 다음 문에서는 WebRequest 클래스의 정적 메서드 Create()의 인수로 서버 주소(webAddr)를 사용해 HttpWebRequest 타입의 인스턴스를 생성한다.

```
HttpWebRequest request = (HttpWebRequest)WebRequest.Create(webAddr);
```

다음 문에서 WebRequest 클래스의 GetResponse() 메서드를 사용해 서버로부터의 데이터를 수신하는 데 사용할 HttpWebResponse 인스턴스를 얻는다.

```
HttpWebResponse response =      (HttpWebResponse)request.GetResponse();
```

다음 문에서 WebResponse 클래스의 GetResponseStream() 메서드를 사용해 서버로부터 데이터를 수신할 스트림을 얻는다.

```
Stream stream = response.GetResponseStream();
```

다음 문에서 StreamReader 클래스를 사용해 콘솔 화면으로 결과를 출력한다.

```
StreamReader reader = new StreamReader(stream);
Console.WriteLine("웹서버 응답: " + reader.ReadToEnd());
```

● WebClient 클래스

WebClient 클래스는 웹 서버와의 사이에서 데이터나 파일을 다운로드하거나 업로드할 때 편리하게 사용할 수 있는 메서드들을 제공한다. [표 9-26]에 WebClient 클래스의 주요 메서드를 보였고, [표 9-27]에 주요 속성을 보였다.

표 9-26 WebClient 클래스의 주요 메서드

메서드	기능
DownloadData(String)	문자열로 지정된 URI 리소스(String)에서 데이터를 바이트 배열 형태로 다운로드한다.
DownloadData(Uri)	지정된 URI 리소스(Uri)에서 데이터를 바이트 배열 형태로 다운로드한다.
DownloadFile(String, String)	문자열로 지정된 URI 리소스(첫 번째 파라미터)에서 파일을 다운로드하여 로컬 호스트에 지정된 이름(두 번째 파라미터)으로 생성한다.
DownloadFile(Uri, String)	지정된 URI 리소스(첫 번째 파라미터)에서 파일을 다운로드하여 로컬 호스트에 지정된 이름(두 번째 파라미터)으로 생성한다.
OpenRead(String)	문자열로 지정된 URI 리소스(String)에서 데이터를 읽기 위한 스트림을 생성한다.
OpenRead(Uri)	지정된 URI 리소스(Uri)에서 데이터를 읽기 위한 스트림을 생성한다.
OpenWrite(String)	문자열로 지정된 리소스(String)에 데이터를 쓰기 위한 스트림을 생성한다.
OpenWrite(Uri)	지정된 URI 리소스(Uri)에 데이터를 쓰기 위한 스트림을 생성한다.
OpenWrite(String, String)	문자열로 지정된 리소스(첫 번째 파라미터)에 지정된 HTTP 메서드(두 번째 파라미터)를 사용해 데이터를 쓰기 위한 스트림을 생성한다.
OpenWrite(Uri, String)	지정된 리소스(첫 번째 파라미터)에 지정된 HTTP 메서드(두 번째 파라미터)를 사용해 데이터를 쓰기 위한 스트림을 생성한다.
UploadData(String, Byte[])	문자열로 지정된 URI 리소스(첫 번째 파라미터)에 데이터(두 번째 파라미터)를 업로드한다.
UploadData(Uri, Byte[])	지정된 URI 리소스(첫 번째 파라미터)에 데이터(두 번째 파라미터)를 업로드한다.
UploadData(String, String, Byte[])	문자열로 지정된 URI 리소스(첫 번째 파라미터)에 지정된 HTTP 메서드(두 번째 파라미터)를 사용해 데이터(세 번째 파라미터)를 업로드한다.
UploadData(Uri, String, Byte[])	지정된 URI 리소스(첫 번째 파라미터)에 지정된 HTTP 메서드(두 번째 파라미터)를 사용해 데이터(세 번째 파라미터)를 업로드한다.

UploadFile(String, String)	문자열로 지정된 URI 리소스(첫 번째 파라미터)에 로컬 파일(두 번째 파라미터)을 업로드한다.
UploadFile(Uri, String)	지정된 URI 리소스(첫 번째 파라미터)에 로컬 파일(두 번째 파라미터)을 업로드한다.
UploadFile(String, String, String)	문자열로 지정된 URI 리소스(첫 번째 파라미터)에 지정된 HTTP 메서드(두 번째 파라미터)를 사용해 로컬 파일(세 번째 파라미터)을 업로드한다.
UploadFile(Uri, String, String)	지정된 URI 리소스(첫 번째 파라미터)에 지정된 HTTP 메서드(두 번째 파라미터)를 사용해 로컬 파일(세 번째 파라미터)을 업로드한다.

표 9-27 WebClient 클래스의 주요 속성

속성	기능
Encoding	데이터를 업로드/다운로드하는 데 사용되는 인코딩 방식을 얻거나 설정한다.
Headers	요청 메시지의 헤더 값을 얻거나 설정한다.
QueryString	요청 메시지에 사용되는 질의 문자열의 NAME/VALUE 쌍을 얻거나 설정한다.
ResponseHeaders	응답 메시지의 헤더 값을 얻거나 설정한다.

다음은 WebClient 클래스의 DownloadData()를 사용한 간단한 예이다.

```
using System;
using System.Text;
using System.Net;

namespace Test_webClientDownloadData
{
    class Program
    {
        static void Main(string[] args)
        {
            string addr, tmp;

            try {
```

```
                    WebClient webClt = new WebClient();

                    addr = "http://localhost/test.htm";

                    byte[] buff = webClt.DownloadData(addr);

                    tmp = Encoding.ASCII.GetString(buff);
                    Console.WriteLine("웹서버 메시지 : " + tmp);
                    }
                    catch (Exception excp) {
                            Console.WriteLine(excp.ToString());
                    }
            }
        }
}
```

위 소스에서는 다음 문에서 WebClient 클래스의 인스턴스를 생성하고 DownloadData() 메서드를 사용해 웹 서버(여기서는 로컬 호스트를 대신 사용)로부터 데이터를 가져와 바이트 열로 리턴한다.

```
WebClient webClt = new WebClient();
addr = "http://localhost/test/reply.htm";
byte[] buff = webClt.DownloadData(addr);
```

다음 문에서는 바이트 열을 문자열로 변환해 콘솔 화면에 출력한다.

```
tmp = Encoding.ASCII.GetString(buff);
Console.WriteLine("서버 메시지 : " + tmp);
```

다음은 WebClient 클래스의 OpenRead() 메서드를 사용해 웹 서버로부터 가져온 내용을 로컬 호스트에 파일로 쓰는 간단한 예이다.

```
using System;
using System.Text;
using System.IO;
using System.Net;

namespace Test_webClientOpenRead
{
      class Program
      {
             static void Main(string[] args)
             {
                    string addr = "http://localhost/test.htm";
                    string filePath = "C:\\Temp\\test_local.htm";


             try {
                    WebClient webClt = new WebClient();

                    Stream strm = webClt.OpenRead(addr);
                    StreamReader strmRd = new StreamReader(strm);

                    FileInfo file = new FileInfo(filePath);

                    StreamWriter strmWr = file.CreateText();

                    strmWr.WriteLine(strmRd.ReadToEnd());
                    Console.WriteLine("파일쓰기 종료");
                    strm.Close();
                    strmWr.Close();
                    }
                    catch (Exception excp) {
                       Console.WriteLine(excp.ToString());
                    }
             }
      }
}
```

위 소스에서는 다음 문에서 WebClient 클래스의 인스턴스를 생성하고 OpenRead() 메서드를 사용해 웹 서버(여기서는 로컬 호스트를 대신 사용)로부터 데이터를 가져올 스트림을 생성한다.

```
WebClient webClt = new WebClient();
Stream strm = webClt.OpenRead(addr);
StreamReader strmRd = new StreamReader(strm);
```

다음 문에서는 FileInfo 클래스의 인스턴스를 생성하고 CreateText() 메서드를 사용해 텍스트 파일에 대한 쓰기 스트림(StreamWriter)을 얻는다(FileInfo 클래스는 System.IO 네임스페이스에 속한다).

```
FileInfo file = new FileInfo(filePath);
StreamWriter strmWr = file.CreateText();
```

다음 문에서는 웹 서버로부터 데이터를 읽어오는 스트림(strmRd)의 내용을 텍스트 파일에 쓴다.

```
strmWr.WriteLine(strmRd.ReadToEnd());
```

실행 결과 로컬 호스트의 C:\Temp 폴더에 웹 서버에서 가져 온 내용이 test_local.htm 파일로 생성된다.

C# 네트워크 프로그래밍 응용

CHAPTER

10

10-1 UDP 응용 - 채팅 프로그램

여기서는 네트워크 동작 부분에 집중하기 위해 가능하면 콘솔 프로그램 형식으로 작성하였다. 윈도우 화면 폼을 가진 프로그램은 이벤트 핸들러 부분에 이 콘솔 프로그램 코드를 적용하면 된다. 먼저 응용 예로써 UDPClient 클래스를 사용한 채팅 프로그램을 설명한다. 다음에 소스를 보였다.

```
using System;
using System.Text;
using System.Net;
using System.Net.Sockets;
using System.Threading;

namespace Test_udpClientChat
{
    class Program
    {
        private static int recvPort = 9000;
        private static int sendPort = 9100;
        private static IPAddress remoteIp;

        [STAThread]
        static void Main(string[] args)
        {
            try {

                Console.WriteLine("상대방 IP 주소 : ");
                remoteIp = IPAddress.Parse(Console.ReadLine());

                Thread recvThr = new Thread(new ThreadStart(thr_Recv));

                recvThr.Start();
```

```
            while(true) {
                    data_Tx(Console.ReadLine());
            }
        }
        catch (Exception excp) {
            Console.WriteLine(excp.ToString());
        }
}

private static void data_Tx(string msg)
{
        UdpClient udpCltLocal = new UdpClient();

        IPEndPoint remoteEnd = new IPEndPoint(remoteIp, recvPort);

        try {
            byte[] buff = Encoding.ASCII.GetBytes(msg);

            udpCltLocal.Send(buff, buff.Length, remoteEnd);
        }
        catch (Exception excp)  {
            Console.WriteLine(excp.ToString());
        }
        finally {
            udpCltLocal.Close();
        }
}

public static void thr_Recv()
{
        UdpClient udpCltRemote = new UdpClient(sendPort);

        IPEndPoint remoteEnd2 = null;

        try {
            Console.WriteLine( "수신 메시지 : ");

            while(true)  {
                    byte[] buff2 = udpCltRemote.Receive(ref remoteEnd2);

                    string recv_str = Encoding.ASCII.GetString(buff2 );
                    Console.WriteLine(recv_str.ToString());
            }
        }
        catch (Exception excp) {
```

```
                    Console.WriteLine (excp.ToString ());
                }
            }
        }
    }
```

위 소스에서는 다음 문에서 상대방 IP 주소를 직접 입력 받아 IPAddress 타입의 원격 주소(remoteIp)를 얻는다(Main() 메서드 위의 [STAThread]는 이 프로그램이 COM 형식을 이용하는 경우에 STA(single threaded apartment) 모델로 설정되어야 한다는 것을 런타임에게 알려준다).

```
Console.WriteLine("상대방 IP 주소 : ");
remoteIp = IPAddress.Parse(Console.ReadLine());
```

다음 문에서 수신을 위한 스레드를 생성하고 스레드를 시작한다.

```
Thread recvThr = new Thread(new ThreadStart(thr_Recv));
recvThr.Start();
```

data_Tx()에서는 다음 문에서 데이터 송신을 위한 UdpClient 인스턴스를 만들고, 주어진 IP 주소와 WWW를 사용해 상대방의 원격 엔드포인트 주소 값(IPEndPoint 타입)을 생성한다.

```
UdpClient udpCltLocal = new UdpClient();
IPEndPoint remoteEnd = new IPEndPoint(remoteIp, recvPort);
```

다음 문에서 Send() 메서드를 사용해 상대방에게 입력된 문자열을 전송한다.

```
udpCltLocal.Send(buff, buff.Length, remoteEnd);
```

스레드로 실행되는 thr_Recv()에서는 다음 문에서 데이터 수신을 위한 UdpClient 인스턴스를 만들고, Receive() 메서드를 사용해 상대방으로부터의 데이터를 수신한다.

```
UdpClient udpCltRemote = new UdpClient(sendPort);
udpCltRemote.Receive(ref remoteEnd2);
```

다음 문에서 바이트열을 문자열로 변환하고, 수신된 메시지를 화면에 출력한다.

```
string recv_str = Encoding.ASCII.GetString(buff2 );
Console.WriteLine(recv_str.ToString());
```

두 개의 호스트가 서로 채팅을 하려면 위의 소스에서 아래와 같이 송신 포트번호와 수신 포트번호만 서로 바꾸어 주면 된다.

```
private static int recvPort = 9100;
private static int sendPort = 9000;
```

10-2 직렬화(serialization) 응용 프로그램

직렬화(serialization)란 인스턴스를 가져와 이 정보를 쉽게 저장/전달할 수 있는 형태로 변환하는 것이다. 직렬화를 하면 복잡한 형태를 가진 인스턴스라도 네트워크를 통해 쉽게 전달할 수 있다. 원래 상태로 복구하려면 역직렬화(de-serialization)를 사용한다. 직렬화 방법에는 XML 형식으로 하는 방법과 바이너리 포맷터(binary formatter)를 사용하는 방법 두 가지가 있으나, 여기서는 XML 형식으로 직렬화하는 방법을 설명한다.

XML 형식으로 직렬화하기 위해서는 System.Xml.Serialization 네임 스페이스의 XmlSerializer 클래스를 사용한다. XmlSerializer 클래스의 주요 생성자 포맷은 XmlSerializer(Type)이며 주어진 타입에 대한 XmlSerializer 인스턴스를 생성한다. [표 10-1]에 XmlSerializer 클래스의 주요 메서드를 보였다.

표 10-1 XmlSerializer 클래스의 주요 메서드

메서드	기능
Serialize(Stream, Object)	지정된 객체를 직렬화하고 주어진 스트림을 사용해 XML 문서를 파일에 쓴다.
Serialize(TextWriter, Object)	지정된 객체를 직렬화하고 주어진 TextWriter를 사용해 XML 문서를 파일에 쓴다.
Serialize(XmlWriter, Object)	지정된 객체를 직렬화하고 주어진 XmlWriter를 사용해 XML 문서를 파일에 쓴다.
Deserialize(Stream)	지정된 스트림에 들어 있는 XML 문서를 역직렬화한다.

Deserialize(TextReader)	지정된 TextReader에 들어 있는 XML 문서를 역직렬화한다.
Deserialize(XmlReader)	지정된 XmlReader에 들어 있는 XML 문서를 역직렬화한다.
GetType()	현 인스턴스의 타입을 얻는다.
ToString()	현 객체를 나타내는 스트링을 얻는다.

다음에 임의의 클래스를 직렬화/역직렬화(serialization/de-serialization)하는 간단한 예를 보였다.

```
using System;
using System.Text;
using System.IO;
using System.Xml.Serialization;

namespace  Test_serialization
{
      public  class Program
      {

             public class Student {
                    public int Student_Number;        //학번
                    public string Name;               //이름
                    public string Department;         //학과
             }

             public static void Main()  {

                    Student  stdnt = new Student();

                    stdnt.Student_Number = 20120432;
                    stdnt.Name = "Hong Gildong";
                    stdnt.Department= "Computer Engineering";

                    TextWriter tmpWrt = new StreamWriter("student_test.xml");

                    XmlSerializer tmpSerial = new XmlSerializer(typeof(Student));

                    tmpSerial.Serialize(tmpWrt, stdnt);       //Serialization(직렬화)
                    tmpWrt.Close();
```

```
                    Stream tmpFileStrm = new FileStream("student_test.xml",
                                   FileMode.Open,  FileAccess.Read);

                    Student stdInfo = (Student)tmpSerial.Deserialize(tmpFileStrm);
                    // De-Serialization(역직렬화)

                    tmpFileStrm.Close();

                    Console.WriteLine ("Student Number : " + stdInfo.Student_
                                  Number + "Student Name : " + stdInfo.Name
                                  + "Department : " + stdInfo.Department);

              }
       }
}
```

위의 Main() 메서드에서 먼저 Student stdnt = new Student(); 문에서 클래스 Student의 인스턴스를 만들고 다음 문에서 xml 파일(student_test.xml)을 생성한다.

```
TextWriter tmpWrt = new StreamWriter("student_test.xml");
```

다음 문에서는 주어진 타입(Student)에 대한 XmlSerializer 클래스의 인스턴스를 생성한다.

```
XmlSerializer tmpSerial = new XmlSerializer(typeof(Student));
```

다음 문에서 Serialize() 메서드를 사용해 직렬화를 행한다(이때 주 클래스가 public으로 선언되어 있지 않으면 보안 관련 예외가 발생한다). 이때 TextWriter 객체(tmpWrt)가 가리키는 파일(student_test.xml)에 Student 클래스 인스턴스의 정보(학번, 이름, 학과)가 저장된다.

```
tmpSerial.Serialize(tmpWrt, stdnt);
```

이상에서 행한 직렬화 동작의 확인을 위해 역직렬화를 한다. 이를 위해 먼저 다음 문에서 student_test.xml 파일을 연다.

```
new FileStream("student_test.xml", FileMode.Open, FileAccess.Read);
```

다음 문에서 Deserialize() 메서드를 사용해 역직렬화를 행한다.

```
Student stdInfo = (Student)tmpSerial.Deserialize(tmpFileStrm);
```

다음 [그림 10-1]은 위 소스를 실행 후 생성된 파일(student_test.xml) 내용이다. 직렬화 결과로 xml 파일에 Student 클래스 인스턴스의 정보(학번, 이름, 학과)가 들어 있음을 알 수 있다.

```
  <?xml version="1.0" encoding="utf-8" ?>
- <Student xmlns:xsi="http://www.w3.org/2001/XMLSchema-i
    <Student_Number>20120432</Student_Number>
    <Name>Hong Gildong</Name>
    <Department>Computer Engineering</Department>
  </Student>
```

그림 10-1 생성된 파일(student_test.xml) 내용

10-3 UDP 응용 - 파일 송수신 프로그램

여기서는 UDP 응용으로 UDPClient 클래스를 사용해 파일 송수신을 위한 서버와 클라이언트 프로그램을 구현한다. 이 프로그램에서는 파일 정보(파일 확장자, 파일 크기)를 네트워크로 전송하기 위해 앞 절에서 설명한 직렬화(serialization)를 사용한다.

직렬화(serialization) 기능을 사용한 UDP 파일 송수신 프로그램에서 파일 송신 측의 소스를 아래에 보였다.

```
using System;
using System.Text;
using System.IO;
using System.Net;
using System.Net.Sockets;
using System.Xml.Serialization;
using System.Threading;

namespace Test_udpFileSender
{
      public class Program
      {

            public class FileInfo {
                  public string fExt = "";     //파일 확장자
                  public long size = 0;        //파일 크기
            }

            private static FileInfo fileinfo= new FileInfo();
```

```
        private static IPAddress remoteIp;
        private static int  remotePort ;
        private static IPEndPoint remoteEnd;
        private static FileStream fStrm ;

        private static UdpClient udpClt = new UdpClient();

        [STAThread]
        public static void Main(string[] args)
        {
                try {
                    Console.WriteLine("상대방 IP 주소 : ");
                    remoteIp = IPAddress.Parse(Console.ReadLine().ToString() );
                    Console.WriteLine("상대방 포트번호 : ");
                    remotePort = Convert.ToInt16(Console.ReadLine());

                    remoteEnd = new IPEndPoint(remoteIp, remotePort);

                    Console.WriteLine("파일이름(파일크기 8KB이하) : ");

                    fStrm  = new FileStream(Console.ReadLine().ToString(),
                              FileMode.Open, FileAccess.Read);

                if (fStrm.Length > 8192) {
                    Console.WriteLine("파일크기 8KB초과 !! ");
                    fStrm.Close ();
                    return;
                }

                tx_info();

                Thread.Sleep(1000);

                tx_file();
                Console.WriteLine("파일 전송 완료");
        }
        catch (Exception excp) {
                Console.WriteLine(excp.ToString());
        }
}

public static void  tx_info()
{
        fileinfo.fExt = fStrm.Name.Substring((int)fStrm.Name.Length-3,3);
        fileinfo.size = fStrm.Length;
```

```
            XmlSerializer  fSerial = new XmlSerializer(typeof(FileInfo));
            MemoryStream mStrm = new MemoryStream();

            fSerial.Serialize(mStrm, fileinfo); //serialization(직렬화)

            mStrm.Position = 0;
            Byte [] buff = new Byte [mStrm.Length];

            mStrm.Read(buff, 0, Convert.ToInt32(mStrm.Length ));

            udpClt.Send(buff, buff.Length, remoteEnd);
            mStrm.Close();

        }

        private static void tx_file()
        {
            Byte [] buff = new Byte[fStrm.Length];

            fStrm.Read(buff, 0, buff.Length);

            try {
                udpClt.Send(buff,  buff.Length, remoteEnd);
            }
            catch (Exception excp) {
                Console.WriteLine(excp.ToString());
            }
            finally {
                fStrm.Close();
                udpClt.Close();
            }
          }
        }
    }
```

위 소스에서 내부 클래스 FileInfo에서는 파일 타입(확장자)과 파일 크기를 정의하고 private static FileInfo fileinfo = new FileInfo(); 문에서 이 클래스의 인스턴스를 생성한다. 다음 문에서 임의의 포트번호를 가진 UdpClient 인스턴스를 생성하여 상대방과의 UDP 통신에 사용한다.

```
UdpClient udpClt = new UdpClient();
```

Main() 메서드에서는 Console.ReadLine()을 사용해 파일을 전송할 원격 호스트의 IP 주소와 포트번호를 읽어들여 상대방의 주소(IPEndPoint 타입)를 얻는다. 다음 문에서 파일 경로와 이름을 읽어 들인다. 여기서는 하나의 UDP 데이터그램으로 파일을 전송하기 위해 파일 크기를 8KB로 제한하였다.

```
new FileStream(Console.ReadLine().ToString() , FileMode.Open , FileAccess.Read);
```

tx_info() 메서드에서는 다음 문을 사용하여 파일 확장자(파일 이름 마지막 세 글자)를 추출하고 파일 크기를 얻는다.

```
fileinfo.fExt = fStrm.Name.Substring((int)fStrm.Name.Length-3, 3);
fileinfo.size = fStrm.Length;
```

다음 문에서 Serialize() 메서드를 사용해 이 파일 정보(파일 확장자, 파일 크기)를 직렬화(serialization)한다. 이때 직렬화 결과는 메모리 스트림(MemoryStream)으로 출력된다.

```
XmlSerializer  fSerial = new XmlSerializer(typeof(FileInfo));
MemoryStream mStrm = new MemoryStream();
fSerial.Serialize(mStrm , fileinfo); //serialization(직렬화)
```

다음 문에서 메모리 스트림에 들어 있는 직렬화된 파일 정보를 UdpClient의 Send() 메서드를 사용해 상대방에게 전송한다.

```
mStrm.Read(buff, 0, Convert.ToInt32(mStrm.Length ));
udpClt.Send(buff, buff.Length, remoteEnd);
```

tx_file() 메서드에서는 다음 문에서 파일 스트림(FileStream)으로부터 파일 내용을 읽어들인다.

```
fStrm.Read(buff, 0, buff.Length);
```

다음 문에서는 이 내용을 상대방에게 전송한다.

```
udpClt.Send(buff,  buff.Length, remoteEnd);
```

다음에 UDP 파일 수신측의 소스를 보였다.

```
using System;
using System.Text;
using System.IO;
using System.Net;
using System.Net.Sockets;
using System.Xml.Serialization;

namespace Test_udpFileReceiver
{
    public class Program
    {
        public class FileInfo {
            public string fExt = "";
            public long size = 0;
    }

    private static FileInfo fileinfo= new FileInfo();
```

```
        private static FileStream fStrm ;
        private static IPEndPoint  remoteEnd = null ;
        private static int  recvPort = 5000 ;
        private static Byte[] buff = new Byte[0];

        private static UdpClient  udpClt = new UdpClient(recvPort);

        static void Main(string[] args)
        {
                Console.WriteLine("파일 수신 대기중...");

                try {

                    buff = udpClt.Receive(ref remoteEnd);
                    XmlSerializer fSerial = new XmlSerializer(typeof(FileInfo));
                    MemoryStream mStrm = new MemoryStream();

                    mStrm.Write(buff, 0, buff.Length);
                    mStrm.Position =0 ;

                    fileinfo = (FileInfo)fSerial.Deserialize(mStrm);

                    Console.WriteLine("파일정보 : " + fileinfo.fExt + " 크기 : "+
                                      fileinfo.size.ToString());

                    buff = udpClt.Receive(ref  remoteEnd);

                    fStrm = new FileStream("__received_file." +  fileinfo.fExt,
                            FileMode.Create, FileAccess.ReadWrite);

                    fStrm.Write (buff, 0, buff.Length );
                    Console.WriteLine("수신 파일 저장...");

                    fStrm.Close();
                    udpClt.Close ();

                }
                catch (Exception excp) {
                    Console.WriteLine (excp.ToString ());
                }

        }
    }
}
```

위 소스에서 내부 클래스 FileInfo는 파일 타입(파일 확장자)과 크기를 정의한다. 다음 private static FileInfo fileinfo = new FileInfo(); 문에서 이 클래스의 인스턴스를 생성한다. 다음 문에서는 주어진 포트번호를 사용하여 통신에 사용할 UdpClient 인스턴스를 생성한다.

```
UdpClient  udpClt = new UdpClient(recvPort);
```

다음 문에서 원격 호스트(파일 서버)로부터 직렬화된 FileInfo 인스턴스를 수신한다.

```
buff = udpClt.Receive(ref remoteEnd);
```

다음 문에서는 주어진 타입(FileInfo)에 대한 XmlSerializer 인스턴스를 생성한다.

```
XmlSerializer fSerial = new XmlSerializer(typeof(FileInfo));
```

다음 문에서는 메모리 스트림(MemoryStream)에 수신 받은 파일 정보를 쓴다.

```
MemoryStream mStrm = new MemoryStream();
mStrm.Write(buff, 0, buff.Length);
```

다음 문에서는 XmlSerializer 클래스의 Deserialize() 메서드를 사용해 수신 받은 파일 정보를 역직렬화한다.

```
fileinfo = (FileInfo)fSerial.Deserialize(mStrm);
```

다음 문에서 원격 호스트(파일 서버)로부터 파일을 수신한다.

```
buff = udpClt.Receive(ref  remoteEnd);
```

다음 문에서 '__received_file.xxx'와 같은 파일 이름(xxx는 fileinfo.fExt에서 얻은 확장자)을 가진 FileStream을 생성하고 이 파일에 수신된 내용을 쓴다.

```
fStrm = new FileStream("__received_file." +  fileinfo.fExt, FileMode.
                       Create, FileAccess.ReadWrite);

fStrm.Write (buff , 0, buff.Length );
```

10-4 SMTP 응용 프로그램

SMTP(simple mail transfer protocol) 프로토콜은 인터넷 메일 전달에 사용되는 통신 방식이며 TCP 상에서 동작한다. 메일 서버와 클라이언트, 또는 메일 서버와 메일 서버 사이에 메일을 전달하는 데 사용되며, 몇 개의 간단한 명령어 및 이에 대한 응답 코드로 구성되어 있다. SMTP 메일 서버는 25번 TCP 포트를 사용하며 클라이언트가 보낸 명령어가 서버에서 정상적으로 처리되면 서버는 250번 응답 코드를 보내온다. [표 10-2]에 SMTP의 명령어를 보였다.

표 10-2 SMTP 명령어

명령어	기능
HELLO	양단 간 SMTP 통신을 초기화한다. (예: HELLO mail.mail-test.net)
MAIL	메일 송신 주소를 알린다. (예: MAIL FROM:〈gildong@mail.mail-test.net〉)
RCPT	메일 수신 주소를 알린다. (예: RCPT TO:〈test386.gmail.com〉)
QUIT	SMTP 연결을 종료한다.
DATA	메일 본문이 시작됨을 알린다. ('.' 만 있는 라인은 본문의 끝을 의미한다.)

다음에 클라이언트와 메일 서버 사이에 오가는 SMTP 명령어 및 이에 대한 응답 코드 예를 보였다. 클라이언트는 명령어 HELLO에 이어 명령어 MAIL과 RCPT를 사용해 자신의 메일 주소와 보낼 메일 주소를 서버에게 알려주고, 이어서 명령어 DATA를 사용해 메일의 제목과 내용을 서버에게 전송한다. 'Subject:' 다음에 메일

제목이 오고 〈CR〉〈LF〉는 줄바꿈 제어문자이다. 다음 서버로부터 메일 내용을 모두 받았다는 250 OK 응답이 오면 명령어 QUIT로 SMTP 연결을 종료한다. 응답 코드 400번대와 500번대는 에러 상태를 의미한다. 예컨대 응답 코드 502번은 없는 명령어 (command not implemented)라는 의미이다.

```
클라이언트 : HELLO mail.mail-test.net
메일 서버 : 250 OK
클라이언트 : MAIL FROM:<gildong@mail.mail-test.net>
메일 서버 : 250 <gildong@mail.mail-test.net>...Sender OK
클라이언트 : RCPT TO:<test1886.gmail.com>
메일 서버 : 250 <test1886.gmail.com>...Recipient OK
클라이언트 : DATA
메일 서버 : 354 Enter Mail
클라이언트 : Subject: mail-test<CR><LF>Hi I'm gildong from KIT<CR><LF>.<CR><LF>
메일 서버 : 250 OK
클라이언트 : QUIT
메일 서버 : 221 Closing Connection
```

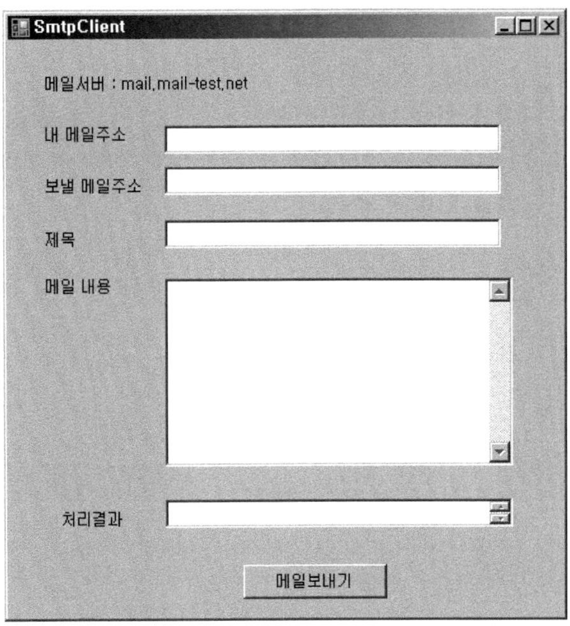

그림 10-2 메일 클라이언트 프로그램 화면폼

여기서는 SMTP 프로토콜을 사용하는 메일 클라이언트 프로그램 예를 설명한다. 소스는 비주얼 C#에서 작성하였으며 [그림 10-2]에 화면폼 디자인을 보였다. 먼저 미리 등록한 메일 서버 주소 레이블이 표시되고, 다음 입력을 위한 세 개 텍스트 박스는 각각 내 메일 주소, 보낼 메일 주소, 메일 제목이다. 다음 보낼 메일의 내용을 입력할 스크롤바를 가진 멀티라인 텍스트 박스가 오고, 메일 처리 결과를 표시하기 위한 텍스트 박스와 메일 전송을 위한 버튼 1개를 가지는 구조이다.

주요 소스는 다음과 같다.

```
using System;
using System.Windows.Forms;
using System.Net;
using System.Net.Sockets;
using System.IO;
...............

public class TestSmtp : Form
{

      //레이블 콘트롤명(메일서버주소):mLableSvr
      //텍스트박스 콘트롤명(자신메일주소):mMyAddr
      //텍스트박스 콘트롤명(보낼메일주소):mAddr
      //텍스트박스 콘트롤명(메일제목):mSubject
      //텍스트박스 콘트롤명(메일내용):mContent
      //버튼 콘트롤명(메일전송):mSend
      //텍스트박스 콘트롤명(처리결과):mResult

      private System.Windows.Forms.Label mLableSvr;
      private System.Windows.Forms.TextBox mMyAddr;
      private System.Windows.Forms.TextBox mAddr;
      private System.Windows.Forms.TextBox mSubject;
      private System.Windows.Forms.TextBox mContent;
      private System.Windows.Forms.ListBox mResult;
      private System.Windows.Forms.Button mSend;

      .....................

private void mSend_Click(object sender, System.EventArgs e)
{
```

```
string tmpMsg, tmpStatus;
byte [] byteBuff;

try {

    TcpClient tcpClt = new TcpClient("mail.mail-test.net",25);

    NetworkStream strmOut = tcpClt.GetStream();
    StreamReader strmIn = new StreamReader(tcpClt.GetStream());

    tmpMsg = "MAIL FROM: " + "<" + mMyAddr.Text + ">\r\n";

    byteBuff = Encoding.ASCII.GetBytes(tmpMsg);
    strmOut.Write(byteBuff, 0, byteBuff.Length);


    tmpMsg = "RCPT TO: " + "<" + mAddr.Text + ">\r\n";

    byteBuff = Encoding.ASCII.GetBytes(tmpMsg);
    strmOut.Write(byteBuff, 0, byteBuff.Length);

    tmpMsg = "DATA " + "\r\n";

    byteBuff = Encoding.ASCII.GetBytes(tmpMsg);
    strmOut.Write(byteBuff, 0, byteBuff.Length);

    tmpMsg = "SUBJECT: " + mSubject.Text + "\r\n" + mContent.
             Text + "\r\n" + "." + "\r\n";

    byteBuff = Encoding.ASCII.GetBytes(tmpMsg);
    strmOut.Write(byteBuff, 0, byteBuff.Length);

    tmpStatus = strmIn.ReadLine();
    mResult.Text = tmpStatus;

    tmpMsg = "QUIT " + "\r\n";

    byteBuff = Encoding.ASCII.GetBytes(tmpMsg);
    strmOut.Write(byteBuff, 0, byteBuff.Length);

    strmOut.Close();
    strmIn.Close();
    tcpClt.Close();
    }
```

```
                    catch(Exception excp) {
                        MessageBox.Show(excp.ToString());
                    }
            }
}
```

위 소스에서 mSend_Click()은 전송버튼을 누르면 실행되는 이벤트 핸들러이다(전송버튼의 콘트롤명은 mSend이다). 여기에서 다음 문은 메일 서버와의 연결을 위한 TcpClient 인스턴스를 생성한다(여기서 사용된 메일 서버 주소는 가상의 주소이다). 이때 포트번호는 SMTP 서버의 기본 포트번호인 25번을 사용한다.

```
TcpClient tcpClt = new TcpClient("mail.mail-test.net", 25);
```

다음 문은 위에서 얻은 TcpClient 인스턴스를 사용해 메일 서버로 데이터를 보내기 위한 네트워크 스트림(NetworkStream)과 메일 서버로부터 데이터를 받기 위한 스트림(StreamReader)을 각각 생성한다(송수신에 모두 NetworkStream을 사용해도 되지만 StreamReader 클래스는 라인 단위로 읽을 수 있는 ReadLine() 메서드를 제공하므로 수신 시에는 더 편리하다).

```
NetworkStream strmOut = tcpClt.GetStream();
StreamReader strmIn = new StreamReader(tcpClt.GetStream());
```

다음 문은 텍스트 박스에서 입력 받은 보낼 메일 주소(mAddr.Text)를 사용해 SMTP의 RCPT 명령문을 생성한다(RCPT TO: 다음에 메일 주소가 오고 \r\n은 줄바꿈 제어문자이다).

```
tmpMsg = "RCPT TO: " + "<" + mAddr.Text + ">\r\n";
```

다음 문은 RCPT 명령문을 바이트 열로 변환 후 NetworkStream 클래스의 Write() 메서드를 사용해 메일 서버에게 전송한다.

```
byteBuff = Encoding.ASCII.GetBytes(tmpMsg);
strmOut.Write(byteBuff, 0, byteBuff.Length);
```

다음 문은 DATA 명령을 바이트 열로 변환 후 메일 서버에게 전송한다.

```
tmpMsg = "DATA " + "\r\n";
byteBuff = Encoding.ASCII.GetBytes(tmpMsg);
strmOut.Write(byteBuff, 0, byteBuff.Length);
```

다음 문은 DATA 명령에 이어 보내지는 메일 본문이며 여기서는 'SUBJECT:' 다음에 텍스트 박스에서 입력 받은 메일 제목(mSubject.Text)이 오고 이어서 텍스트 박스에서 입력 받은 메일 내용(mContent.Text)이 온다. 다음 메일 끝을 표시하기 위해 '.'만으로 구성된 라인을 보낸다.

```
tmpMsg = "SUBJECT: " + mSubject.Text + "\r\n" + mContent.Text +
         "\r\n" + "." + "\r\n";
byteBuff = Encoding.ASCII.GetBytes(tmpMsg);
strmOut.Write(byteBuff, 0, byteBuff.Length);
```

다음 문은 메일 내용을 모두 서버에게 전송 후 서버로부터의 응답 메시지를 받아 이를 텍스트 박스에 표시한다. 메일이 성공적으로 처리된 경우 응답 코드 250번의 메시지가 표시된다.

```
tmpStatus = strmIn.ReadLine();
mResult.Text = tmpStatus;
```

다음 문은 QUIT 명령을 메일 서버에게 전송하여 연결을 종료한다.

```
tmpMsg = "QUIT " + "\r\n";
byteBuff = Encoding.ASCII.GetBytes(tmpMsg);
strmOut.Write(byteBuff, 0, byteBuff.Length);
```

10-5 멀티캐스트 응용 프로그램

UdpClient 클래스에는 멀티캐스트 그룹 가입/탈퇴를 위한 메서드가 제공된다(9-6절 참조). 멀티캐스트 그룹 가입을 위한 메서드 JoinMulticastGroup()의 포맷은 다음과 같다. 여기서 파라미터 IPAddress는 가입할 멀티캐스트 그룹 주소이고, Int32는 IP 헤더의 TTL 값이다(TTL 값이 생략되면 1이다).

```
JoinMulticastGroup(IPAddress)
JoinMulticastGroup(IPAddress, Int32)
```

사용 예는 다음과 같다.

```
UdpClient  udpClt = new UdpClient();
IPAddress  multiGroup = IPAddress.Parse("235.1.1.9");
udpClt.JoinMulticastGroup(multiGroup);
```

멀티캐스트 그룹 탈퇴를 위한 메서드 DropMulticastGroup()의 포맷은 다음과 같다. 여기서 파라미터 IPAddress는 탈퇴할 멀티캐스트 그룹 주소이다.

```
DropMulticastGroup(IPAddress)
```

이들 메서드를 사용해 멀티캐스트 채팅 프로그램을 구현한다. [그림 10-3]에 화면 폼 디자인을 보였다. 입력을 위한 4개 텍스트 박스는 각각 닉네임, 메시지 입력, 멀티캐스트 그룹 주소, 사용할 UDP 포트번호이다. 버튼은 각각 메시지 전송, 멀티캐스트 그룹 가입, 멀티캐스트 그룹 탈퇴용이다. 주요 소스 부분을 다음에 보였다.

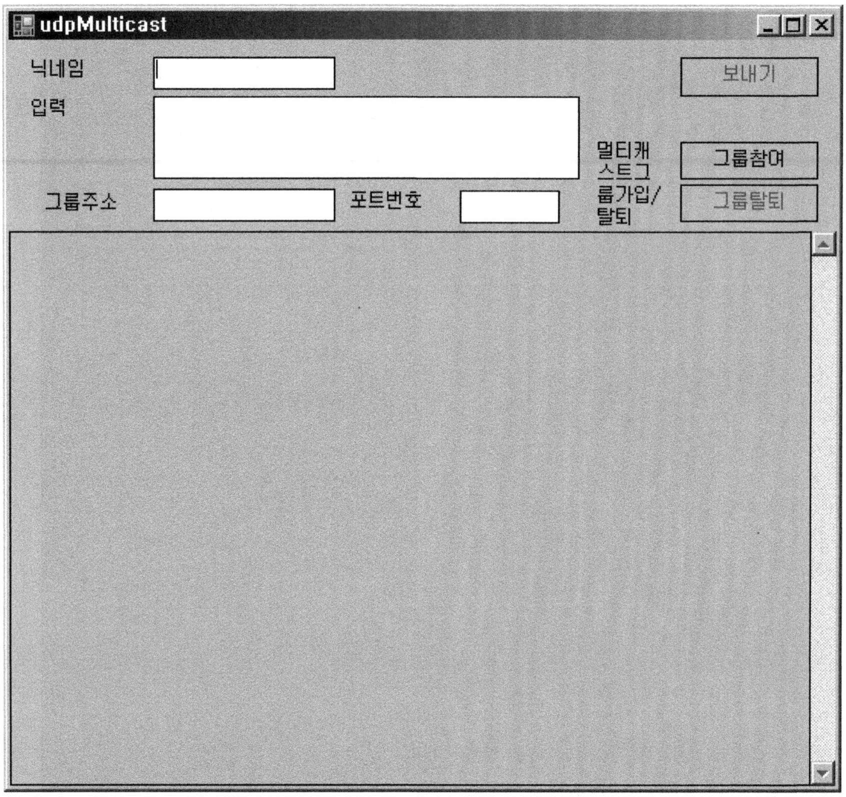

그림 10-3 프로그램 화면폼

```
public class Program : System.Windows.Forms.Form
{

      private UdpClient sockClt;
      private IPAddress multiGroup;
      private int portNum;
      private int remotePort;
```

```
private IPEndPoint endPt;

private string name;
private string msg;
private bool flg = true;

//텍스트박스 콘트롤명(멀티캐스트 그룹주소):txtAddr
//텍스트박스 콘트롤명(UDP 포트번호):txtPort
//텍스트박스 콘트롤명(이름):txtName
//텍스트박스 콘트롤명(입력메시지):txtMsg
//텍스트박스 콘트롤명(수신메시지):txtRecv
//버튼 콘트롤명(메시지송신):btnTx
//버튼 콘트롤명(멀티캐스트 그룹가입):btnJoin
//버튼 콘트롤명(멀티캐스트 그룹탈퇴):btnDrop

private System.Windows.Forms.TextBox txtAddr;
private System.Windows.Forms.TextBox txtPort;
private System.Windows.Forms.TextBox txtName;
private System.Windows.Forms.TextBox txtMsg;
private System.Windows.Forms.TextBox txtRecv;
private System.Windows.Forms.Button btnTx;
private System.Windows.Forms.Button btnJoin;
private System.Windows.Forms.Button btnDrop;

........................

private void btnJoin_Click(object sender, System.EventArgs e)
{
        name = txtName.Text;
        txtName.ReadOnly = true;

        try
        {

                IPAddress multiGroup = IPAddress.Parse(txtAddr.Text.ToString());
                portNum = int.Parse(txtPort.Text);

                sockClt = new UdpClient(portNum);

                sockClt.JoinMulticastGroup(multiGroup);
                endPt = new IPEndPoint(multiGroup, portNum);

                Thread recvThr = new Thread(new ThreadStart(thrRcv));
                recvThr.IsBackground = true;
                recvThr.Start();
```

```
                byte[] buff = encoding.GetBytes(name + " 참가");
                sockClt.Send(buff, buff.Length, endPt);

                btnJoin.Enabled = false;
                btnDrop.Enabled = true;
                btnTx.Enabled = true;
        }
        catch (Exception excp)
        {
                MessageBox.Show(excp.ToString());
        }
}


private void thrRcv()
{
        flg = false;
        try
        {
                while (!flg)
                {
                    IPEndPoint tmpEndPt = null;
                    byte[] byteBuff = sockClt.Receive(ref tmpEndPt);

                    msg = encoding.GetString(byteBuff);

                    this.Invoke(new MethodInvoker(WrMsg));
                }
        }
        catch (Exception excp)
        {
                MessageBox.Show(excp.ToString());
        }
}


private void WrMsg()
{

        txtRecv.Text = msg + "\r\n" + txtRecv.Text;
}

private void btnTx_Click(object sender, System.EventArgs e)
{
```

```
        try
        {

                byte[] buff = encoding.GetBytes(name + ": " + txtMsg.Text);
                sockClt.Send(buff, buff.Length, endPt);
                txtMsg.Clear();
                txtMsg.Focus();
        }
        catch (Exception excp)
        {
                MessageBox.Show(excp.ToString());
        }
}


private void btnDrop_Click(object sender, System.EventArgs e)
{
        try
        {

                byte[] buff = encoding.GetBytes(name + " 탈퇴");
                sockClt.Send(buff, buff.Length, endPt);

                sockClt.DropMulticastGroup(multiGroup);
                sockClt.Close();

                flg = true;

                btnJoin.Enabled = true;
                btnDrop.Enabled = false;
                btnTx.Enabled = false;
        catch (Exception excp)
        {
                MessageBox.Show(excp.ToString());
        }
}

private void OnClosing(object sender,
        System.ComponentModel.CancelEventArgs e)
{
        if (!flg) {
                sockClt.DropMulticastGroup(multiGroup);
                sockClt.Close();
        }
```

```
    }
}
```

위 소스에서 btnJoin_Click() 메서드는 멀티캐스트 그룹 가입 버튼을 눌렀을 때 실행되는 이벤트 핸들러이다. 여기서는 name = txtName.Text; 문에서 입력된 참가자 이름(닉네임)을 가져오고, 다음 문에서는 사용자가 입력한 멀티캐스트 그룹 주소와 포트번호를 가져온다.

```
IPAddress multiGroup = IPAddress.Parse(txtAddr.Text.ToString());
portNum = int.Parse(txtPort.Text);
```

다음 문에서는 UdpClient의 JoinMulticastGroup() 메서드를 사용해 멀티캐스트 그룹에 가입하고(여기서는 서브넷 내에서만 테스트 용으로 사용하기 위해 TTL 값을 1로 하였다), 다음 멀티캐스트 그룹 주소와 포트번호(portNum)를 사용해 원격 엔드포인트(IPEndPoint 타입)를 생성한다.

```
sockClt = new UdpClient(portNum);
sockClt.JoinMulticastGroup(multiGroup);
endPt = new IPEndPoint(multiGroup, portNum);
```

다음 문에서는 메시지 수신을 위한 새로운 스레드를 생성한 후 시작한다(여기서 스레드의 IsBackground 속성 값을 true로 하여 주 스레드가 중단될 때 이 스레드도 중단되도록 하였다).

```
Thread thrRcv = new Thread(new ThreadStart(thrRcv));
thrRcv.IsBackground = true;
thrRcv.Start();
```

다음 문에서는 전체 참가자에게 새로운 참가자를 알리기 위해 입력 받은 참가자 이름 뒤에 " 참가"를 덧붙여 멀티캐스트 그룹 주소로 송신한다.

```
byte[] buff = encoding.GetBytes(name + " 참가");
sockClt.Send(buff, buff.Length, endPt);
```

다음 문은 멀티캐스트 그룹에 가입 후 그룹 가입 버튼을 비활성화시키고 메시지 송신 및 그룹 탈퇴 버튼을 활성화시킨다.

```
btnJoin.Enabled = false;
btnDrop.Enabled = true;
btnTx.Enabled = true;
```

스레드 thrRcv()에서는 다음 문에서 가입된 멀티캐스트 주소로 온 메시지를 수신하고 바이트 열을 문자열로 변환한다.

```
byte[] byteBuff = sockClt.Receive(ref tmpEndPt);
msg = encoding.GetString(byteBuff);
```

다음 문에서는 수신된 문자열을 원래 스레드에서 생성된 화면 폼에 표시하기 위해 Form 클래스의 Invoke() 메서드를 사용한다.

```
this.Invoke(new MethodInvoker(WrMsg));
```

btnTx_Click()은 메시지 송신 버튼을 눌렀을 때 실행되는 이벤트 핸들러이다. 여기서는 다음 문에서 UdpClient의 Send() 메서드를 사용해 멀티캐스트 그룹 주소로 입력 받은 메시지를 송신한다. 다음 메시지 텍스트 박스를 지우고 다시 입력 받을 준비를 한다.

```
byte[] buff = encoding.GetBytes(name + ": " + txtMsg.Text);
sockClt.Send(buff, buff.Length, endPt);
txtMsg.Clear();
txtMsg.Focus();
```

btnDrop_Click()은 멀티캐스트 그룹 탈퇴 버튼을 눌렀을 때 실행되는 이벤트 핸들러이다. 여기서는 다음 문에서 전체 참가자에게 탈퇴를 알리기 위해 참가자 이름 뒤에 " 탈퇴"를 덧붙여 멀티캐스트 그룹 주소로 송신한다.

```
byte[] buff = encoding.GetBytes(name + " 탈퇴");
sockClt.Send(buff, buff.Length, endPt);
```

다음 문에서 DropMulticastGroup() 메서드를 사용해 멀티캐스트 그룹에서 탈퇴한다.

```
sockClt.DropMulticastGroup(multiGroup);
sockClt.Close();
```

다음 문은 멀티캐스트 그룹에 탈퇴 후 그룹 가입 버튼을 활성화시키고 메시지 송신 및 그룹 탈퇴 버튼을 비활성화시킨다.

```
btnJoin.Enabled = true;
btnDrop.Enabled = false;
btnTx.Enabled = false;
```

[그림 10-4]는 동작 화면이다.

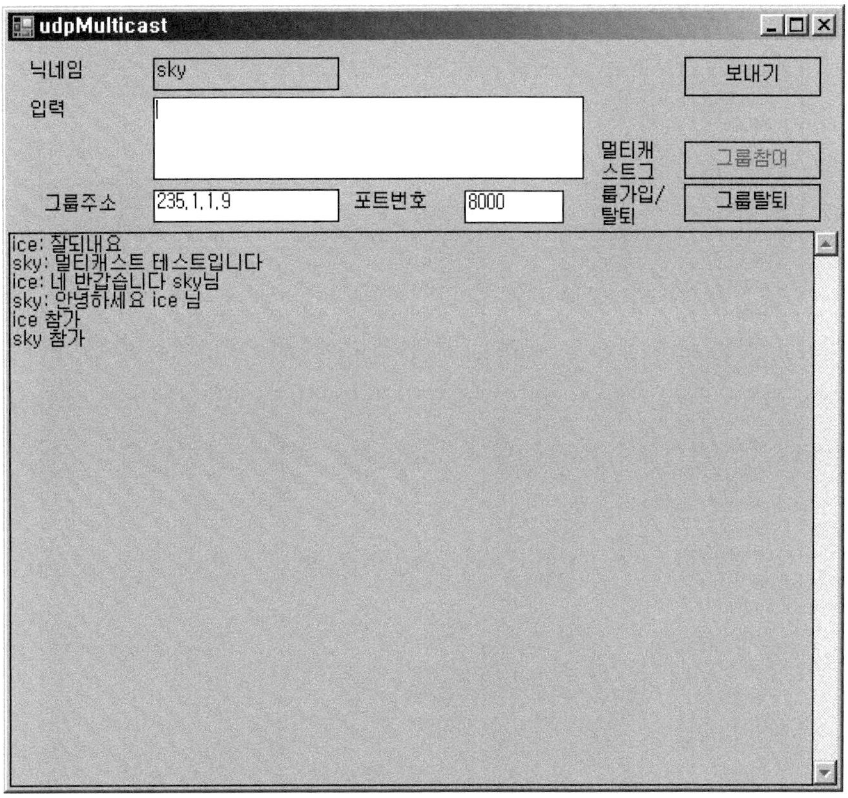

그림 10-4 동작 화면

10-6 HTTP 응용 프로그램(1)

여기서는 HttpWebRequest와 HttpWebResponse 클래스(9-7절 참고)를 사용해 웹 서버로 데이터를 보내는 예를 다룬다. 웹 서버로 데이터를 보내기 위해서 HTTP의 POST 메서드를 사용하는데, 이를 위해서 HttpWebRequest 클래스의 Method 속성에 POST를 넣으면 된다. [그림 10-5]에 화면 폼을 보였다. 사용자 등록 화면으로써 이름, 학년, 학과, 전화번호를 입력하고 등록 버튼을 누르면 웹 서버로 해당 내용이 전송된다. 웹 서버로부터의 처리 결과는 응답메시지 란에 표시된다.

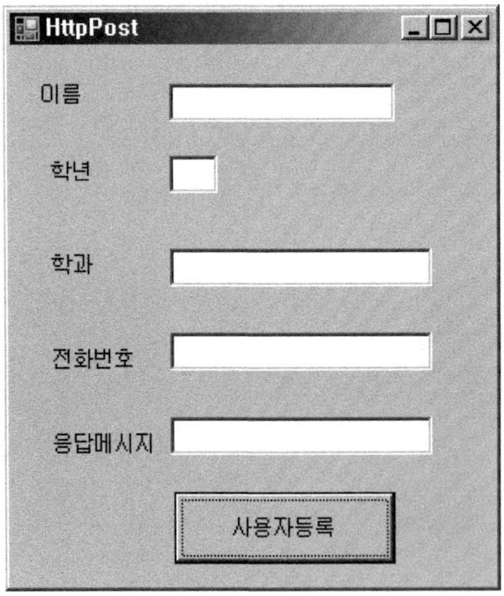

그림 10-5 프로그램 화면 폼

그런데 입력 받은 데이터가 웹 서버로 전달될 때는 URL 인코딩 과정을 거쳐야 한다. URL 인코딩에서는 웹 서버로 전달될 데이터가 'NAME = VALUE'의 형태로 된다. 이때 두 개 이상의 NAME/VALUE 쌍이 있으면 '&'로 연결하고 공백(space)은 '+'로 변환되며 제어문자나 한글, 특수문자들은 %다음에 2자리 16진수코드가 오는 식으로 인코딩된다. URL 인코딩을 위해서는 HttpUtility 클래스의 정적 메서드 UrlEncode()를 사용하면 된다(HttpUtility 클래스는 System.Web 네임스페이스에 속한다).

» **URL 인코딩 예**

주민등록번호가 841231 1032482, 나이는 29, 회사는 [KEOS]라고 입력된 경우 URL 인코딩 과정을 거치면 다음과 같은 NAME/VALUE 쌍으로 변환된다.

number=841231+1032482&age=29&company=%5BKEOS%5D

여기서 각 NAME/VALUE 쌍은 '&'로 연결되었고 공백(space)은 '+'로, 특수문자 ' ['는 16진수 5B로, '] '는 5D로 각각 대치되었다.

주요 소스는 다음과 같다.

```
using System;
................
using System.Net;
using System.IO;
using System.Web;

namespace Test_httpPost
{
     public partial class HttpPost : Form
     {
          ..............

          private void btnReg_Click(object sender, EventArgs e)
          {
```

```
                string serverAddr = "http://localhost/cgi/register.cgi";
                string msgSend;
                Stream stream;

                StreamWriter strmOut = null;

                try {

                    msgSend = "name=" + HttpUtility.UrlEncode(textBox1.Text) +
                              "&year=" + HttpUtility.UrlEncode(textBox2.Text) +
                              "&dept=" + HttpUtility.UrlEncode(textBox3.Text) +
                              "&phone=" + HttpUtility.UrlEncode(textBox4.Text);


                    HttpWebRequest request = (HttpWebRequest)WebRequest.
                                             Create(serverAddr);

                    request.Method = "POST";
                    request.ContentType = "application/x-www-form-urlencoded";
                    request.ContentLength = msgSend.Length;

                    stream = request.GetRequestStream();
                    strmOut = new StreamWriter(stream);

                    byte[] buff = Encoding.ASCII.GetBytes(msgSend);
                    strmOut.Write(buff);

                    HttpWebResponse response = (HttpWebResponse)request.
                                               GetResponse();

                    stream = response.GetResponseStream();

                    StreamReader sreader = new StreamReader(stream);
                    textBox5.Text = sreader.ReadToEnd();

                    strmOut.Close();
                    response.Close();
                    sreader.Close();
                }
                    catch(Exception excp) {
                            MessageBox.Show(excp.ToString());
                }
            }
        }
}
```

위에서 btnReg_Click()은 사용자등록 단추를 누르면 실행되는 이벤트 핸들러이다. 다음 문은 접속할 URL 주소인데 여기서는 사용자가 입력한 데이터를 받아 처리할 웹 서버 CGI 프로그램을 나타낸다(여기서는 로컬 호스트에 설치된 웹 서버의 CGI 프로그램을 사용하는 것으로 하였다).

```
string serverAddr = "http://localhost/cgi/register.cgi";
```

다음 문은 4개의 텍스트 박스에서 입력받은 이름, 학년, 학과, 전화번호를 웹 서버에게 전송하기 전에 NAME/VALUE 쌍으로 URL 인코딩 과정을 거치기 위한 것이다. 이를 위해 HttpUtility 클래스의 UrlEncode() 메서드가 사용되었는데, 소스에서 'using System.Web;' 문이 있어도 HttpUtility 클래스를 인식하지 못하는 경우, 비주얼 C#의 주 화면에서 '프로젝트 → 참조 추가' 메뉴의 '찾아보기' 탭에서 System.Web.dll 파일을 선택해 주면 된다(System.Web.dll 파일은 C:\Windows\assembly\GAC_32\System.Web 폴더 아래에 위치한다).

```
msgSend = "name=" + HttpUtility.UrlEncode(textBox1.Text) + "&year=" +
                    HttpUtility.UrlEncode(textBox2.Text) + "&dept=" +
                    HttpUtility.UrlEncode(textBox3.Text) + "&phone=" +
                    HttpUtility.UrlEncode(textBox4.Text);
```

다음 문에서는 WebRequest 클래스의 정적 메서드 Create()의 파라미터로 서버 주소(serverAddr)를 사용해 HttpWebRequest 타입의 인스턴스를 생성한다.

```
HttpWebRequest request = (HttpWebRequest)WebRequest.Create(serverAddr);
```

다음 문에서는 WebRequest 클래스의 Method 속성을 웹 서버로 데이터를 올릴 때 사용하는 HTTP 요청 메서드 POST로 설정하고, ContentType 속성은

'application/x-www-form-urlencoded'로 설정한다. ContentLength 속성에는 메시지의 크기가 들어간다.

```
request.Method = "POST";
request.ContentType = "application/x-www-form-urlencoded";
request.ContentLength = msgSend.Length;
```

다음 문에서는 WebRequest 클래스의 GetRequestStream() 메서드를 사용해 웹 서버로 출력할 스트림(StreamWriter)을 얻는다.

```
stream = request.GetRequestStream();
strmOut = new StreamWriter(stream);
```

다음 문에서는 URL 인코딩된 데이터를 바이트 열로 변환하고 StreamWriter의 Write() 메서드로 이 데이터를 웹 서버로 보낸다.

```
byte[] buff = Encoding.ASCII.GetBytes(msgSend);
strmOut.Write(buff);
```

다음 문에서 WebRequest 클래스의 GetResponse()와 WebResponse 클래스의 GetResponseStream() 메서드를 사용해 웹 서버로부터 데이터를 수신할 스트림을 얻는다.

```
HttpWebResponse response = (HttpWebResponse)request.GetResponse();
stream = response.GetResponseStream();
```

다음 문에서 StreamReader 클래스를 사용해 폼 화면의 텍스트 박스(textBox5)로 웹 서버가 보내온 응답 메시지를 출력한다.

```
StreamReader sreader = new StreamReader(stream);
textBox5.Text = sreader.ReadToEnd();
```

10-7 HTTP 응용 프로그램(2)

여기서는 WebClient 클래스(9-7절 참고)를 사용해 웹 서버에서 파일을 다운로드 및 업로드하는 예를 설명한다. 프로그램은 두 개의 탭으로 구성되어 있으며 [그림 10-6]과 [그림 10-7]에 각 탭을 보였다. 파일다운로드 탭에서는 웹 서버 주소, 파일 이름, 다운로드한 파일을 저장할 로컬 호스트 폴더 이름을 입력하고 파일다운로드 버튼을 누르면 웹 서버에서 파일을 다운로드하여 지정된 폴더에 저장한다. 웹 서버로부터의 처리 결과는 처리메시지란에 표시된다.

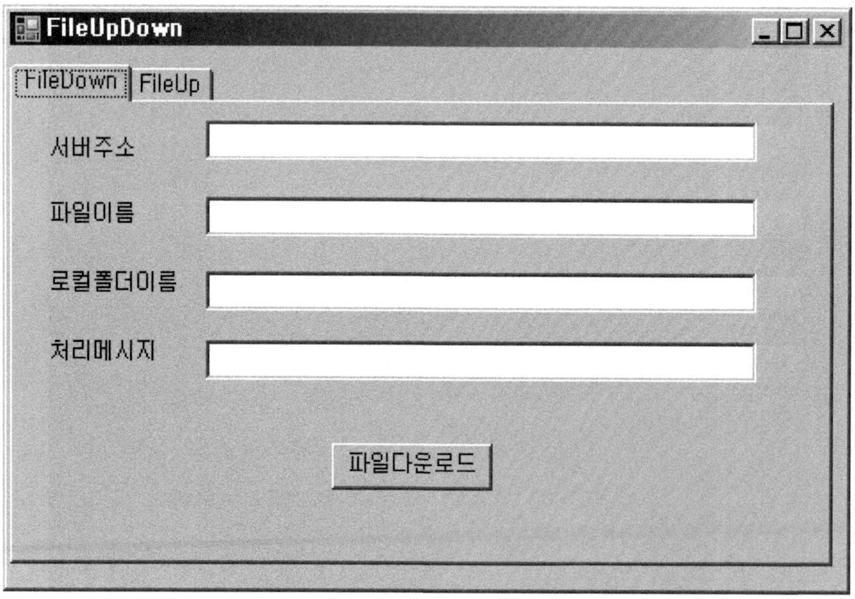

그림 10-6 파일 다운로드 탭 화면 폼

파일업로드 탭에서는 파일을 수신할 프로그램이 포함된 웹 서버 주소, 업로드할 로컬 파일 이름을 입력하고 파일업로드 버튼을 누르면 로컬 호스트의 파일이 서버로 업로드된다. 업로드 처리 결과는 처리메시지란에 표시된다.

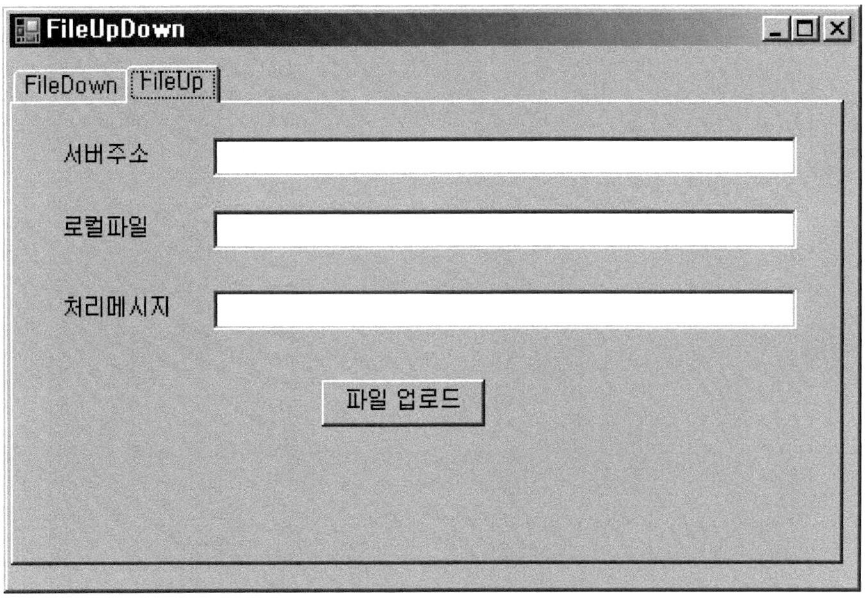

그림 10-7 파일 업로드 탭 화면 폼

주요 소스는 다음과 같다.

```
using System;
..........
using System.Net;


namespace Test_httpFileUpDown
{
      public partial class Http_FileUpDown : Form
      {
            ............
```

```
private void btnDown_Click(object sender, EventArgs e)
{

        string serverAddr = textBox1.Text;
        string fileName = textBox2.Text;
        string folderName = textBox3.Text;

        string fullAddr, localFile, tmp;

        try {
            WebClient webCl = new WebClient();

            fullAddr = "http://" + serverAddr + "/" + fileName;
            localFile = "C:\\" + folderName + "\\" + fileName;

            webCl.DownloadFile(fullAddr, localFile);
            tmp = "파일 " +  fileName + " 다운로드 완료";
            textBox4.Text = tmp;

        }
            catch(Exception excp) {
                    MessageBox.Show(excp.ToString());
        }

}

private void btnUp_Click(object sender, EventArgs e)
{

        string upAddr = textBox5.Text;
        string localFile = textBox6.Text;
        string tmp;

        try {
            WebClient upCl = new WebClient();

            NetworkCredential netCrd = new NetworkCredential("gildong",
                                         "1234");
            upCl.Credentials = netCrd;

            byte[] resp = upCl.UploadFile(upAddr, "PUT", localFile);
            tmp = Encoding.ASCII.GetString(resp);
            textBox3.Text = tmp;
        }
            catch(Exception excp) {
```

```
                    MessageBox.Show(excp.ToString());
                }

            }

        }
}
```

위에서 btnDown_Click()은 다운로드 단추를 누르면 실행되는 이벤트 핸들러이다. 여기서는 세 개의 텍스트 박스(textBox1 ~ textBox3)로부터 웹 서버 주소, 파일 이름, 다운로드한 파일을 저장할 로컬 호스트 폴더 이름을 입력 받고 다음 문에서 WebClient 인스턴스를 생성한다.

```
WebClient webCl = new WebClient();
```

다음 문에서는 WebClient 클래스의 DownloadFile() 메서드를 사용해 첫 번째 파라미터로 주어진 파일 URI 위치에서 파일을 다운로드하여 두 번째 파라미터로 주어진 로컬 호스트 폴더에 파일을 저장한다.

```
webCl.DownloadFile(fullAddr, localFile);
```

위에서 btnUp_Click()은 업로드 단추를 누르면 실행되는 이벤트 핸들러이다. 여기서는 두 개의 텍스트 박스(textBox5, textBox6)로부터 파일을 수신할 프로그램이 포함된 웹 서버 주소, 업로드할 로컬 파일 이름을 입력 받고 다음 문에서 업로드에 사용 할 WebClient 인스턴스를 생성한다.

```
WebClient upCl = new WebClient();
```

다음 문에서는 서버 업로드를 위한 클라이언트 인증을 위하여 NetworkCredential 클래스를 사용한다. 여기서는 사용자명과 비밀번호를 각각 “gildong”과 “1234”로 주었다.

```
NetworkCredential netCrd = new NetworkCredential("gildong", "1234");
upCl.Credentials = netCrd;
```

다음 문에서는 WebClient 클래스의 UploadFile() 메서드를 사용해 첫 번째 파라미터로 주어진 웹 서버 URI로 HTTP PUT 메서드를 사용하여 세 번째 파라미터로 주어진 로컬 파일을 업로드한다.

```
byte[] resp = upCl.UploadFile(upAddr, "PUT", localFile);
```

이때 파일의 전송은 multipart/form-data 형식으로 이루어진다.

INDEX

ㅋ

ㅌ

ㅍ

ㅎ